泉州师范学院桐江学术丛书出版基金
泉州师范学院青年博士预研基金、历史学重点学科基金

基于价值链视角的创意产业发展问题研究

黄志锋 著

中国财经出版传媒集团
经济科学出版社
Economic Science Press

图书在版编目（CIP）数据

基于价值链视角的创意产业发展问题研究/黄志锋著.
—北京：经济科学出版社，2017.11
ISBN 978-7-5141-8690-1

Ⅰ.①基… Ⅱ.①黄… Ⅲ.①文化产业-产业发展-研究 Ⅳ.①G114

中国版本图书馆 CIP 数据核字（2017）第 283347 号

责任编辑：周国强　程辛宁
责任校对：王苗苗
责任印制：邱　天

基于价值链视角的创意产业发展问题研究
黄志锋　著
经济科学出版社出版、发行　新华书店经销
社址：北京市海淀区阜成路甲 28 号　邮编：100142
总编部电话：010-88191217　发行部电话：010-88191522
网址：www.esp.com.cn
电子邮件：esp@esp.com.cn
天猫网店：经济科学出版社旗舰店
网址：http://jjkxcbs.tmall.com
北京财经印刷厂印装
710×1000　16 开　15.5 印张　260000 字
2017 年 11 月第 1 版　2017 年 11 月第 1 次印刷
ISBN 978-7-5141-8690-1　定价：56.00 元
（图书出现印装问题，本社负责调换。电话：010-88191510）
（版权所有　侵权必究　举报电话：010-88191586
电子邮箱：dbts@esp.com.cn）

前　　言

文化产业是以文化资源为基础，文化创意为核心，文化科技为动力，充分发挥人的智慧，进而创造社会财富与就业的新兴产业。随着改革开放以来我国社会经济的快速发展，文化产业在社会经济发展中的地位越来越重要，如今已成为世界公认的"朝阳产业"。党中央有关文件特别指出："文化是民族的凝聚力和创造力的重要源泉，是综合国力竞争的重要因素，是经济社会发展的重要支撑。……推动文化建设、加快文化产业发展和经济建设、社会建设协调发展，已经成为实现科学发展的必然要求。"

2017年4月19日，文化部2017年全国文化产业工作会议在江苏省苏州市召开，会议正式发布了《文化部"十三五"时期文化产业发展规划》（以下简称《规划》）。《规划》明确了"十三五"时期文化产业发展的总体要求、主要任务、重点行业和保障措施，并以8个专栏列出22项重大工程和项目，是指导"十三五"时期文化系统文化产业工作的总体规划。通过对《规划》进行深度解读，我们相信"2020年文化产业成为国民经济支柱性产业"的目标指日可待。经济发展必然会有新旧动能迭代更替的过程，当传统动能由强变弱时，需要新动能异军突起和传统动能转型，形成新的"双引擎"，才能推动经济持续增长、跃上新台阶。"三期叠加"的新常态呼唤经济回归理性发展，而由信息技术革命带动、以高新技术产业为龙头的"新经济"必然会带来产业发展的全新变革。此次《规划》的出台正是在经济发展步入新常态的背景下对"十三五"时期文化产业发展的蓝图初绘。毋庸置疑，呼啸而来的信息技术革命正在颠覆和重构文化产业，推动文化产业结构性调整，催生文化产业新兴业态。

当前，我国社会经济的知识取向日益强烈，创意推动文化资源转化为财富。"知识的经济化"和"经济的知识化"这两种趋势的合流形成了当今的知识经济。文化创意产业是知识经济时代的高端产业，是智能化、知识化的智慧型产业，它以文化内容和创意成果的转换为核心，其本质就是把文化思想、知识技能、创造力综合起来，形成新的产品、新的市场，提供新的服务，创造新的就业机会。它的知识密集型、高附加值、技术整合性的特性，对于增加传统产业的综合竞争力、提升产业发展水平、优化产业整体结构具有日益重要的作用。研究文化产业相关问题正当其时。

本书借助波特的价值链理论框架，全书分为7章，从价值链的视角对文化创意产业发展进行了探讨。

（1）梳理了文化创意产业理论脉络。从文化创意产业内涵、产业特质、创意阶层、创意城市和文化创意产业聚集等方面，对国内外近年来有关文化创意产业的研究进行梳理，突出国内外学者近年来的研究成果，为后续章节的撰写夯实理论基础。

（2）探讨了文化创意产业的一般理论。首先，界定了创意、创新和创造的概念区别，分析文化创意产业的内涵及与其他产业之间的关系。其次，介绍不同国家对于文化创意产业的分类，探索文化创意产业所蕴含的独特价值。再次，围绕文化创意产业的市场主体展开分析，探讨文化创意产业市场的形成及其运行机理。最后，结合我国实际现状，分析了文化创意产业的发展模式。

（3）从价值链视角分析文化创意产业的价值。文化创意产业是以创意作为主体投入资源，其发展的基础就是文化资源。文化创意则根据现有的文化资源，对其进行挖掘、整合并进行适当的创新，产生新的创意价值点，凝结在有形的产品和无形服务之上，最终形成文化创意产品或服务，通过市场交易完成向消费者传递凝结在产品中的使用价值和观念价值，以满足消费者的各种精神需求。文化创意产业价值的创造、开发和实现的过程，决定其产业价值增值的最终结果。价值创造是文化创意转化为产业的核心，也是文化创意产业实现市场效益的关键所在。价值开发是文化创意产业市场化的前提。文化创意产业的价值开发是实现文化创意产业价值的基础，同时也是文化创意产业价值链中的关键一环。在文化创意产业价值链运动过程中，需要文化创意产业运行的组织保证、动力机制和调控机制，为文化创意产业价值链的健康运行创造必要的外部条件。

（4）文化创意产业聚集是未来产业发展的重点。文化创意产业的发展需要集体的互动和合作，以聚集的方式形成规模经济效应，以此促进行业的聚集和产业链的完整打造。通过横向的关联和纵向的合作，共同参与到文化创意产业价值链的缔结过程中，以形成整条产业链的核心竞争力。目前我国文化创意产业聚集区的发展仍处于起步阶段，需要通过完善要素供给、激发消费需求、加大资金支持力度、构建创意人才培养机制等措施，为文化创意产业聚集区的发展与建设创造条件。

（5）文化创意产业是可以实现可持续运营的。文化创意产业的运营过程决定着文化创意产业整体价值的最终实现。加快文化创意产业的发展，促进其可持续运营是一项长期的、系统的工程，需要包括政府在内的各方面力量的协调，需要社会环境、投融资体系、知识产权保护和人才开发等多方面工作的协调推进。加强政府的宏观调控功能，使市场在政府的宏观调控下实现对文化创意资源的配置起到基础性的作用。在文化创意产业的运营过程中，应加大力度引入各种新兴的信息技术，促进文化创意产业与信息技术的融合，由此推动整个文化创意产业结构的调整，为文化创意产业发展及可持续运营提供强有力的技术支撑。同时，激励创新在文化创意产业发展中的作用，以观念创新带动创新思想的解放，以运行机制与模式创新带动市场运行模式的优化，以制度、管理创新带动文化创意产业经营绩效的改善和资源的充分利用。另外，培育创意阶层、建设创新城市都是文化创意产业未来可持续发展必不可少的环境要件。

本书致力于深入而系统地研究我国文化创意产业的价值形成、创造和实现机制，旨在为国有企业文化建设与培植来推动与实现文化创意产业的可持续发展提供理论依据与实践指导。本书从分析文化创意产业在社会经济发展中的地位入手，全面系统地梳理了文化创意产业理论与价值链理论，并对现有文献进行了述评；重点论述了我国文化创意产业的价值形成、创造与实现以及可持续运营，并获得若干重要研究结论。本书丰富和拓展了文化创意产业的研究视角，对文化创意产业理论与实践具有积极的启示，对不断提高文化创意企业竞争力都有一定的指导作用和参考价值。

  本书的特色与创新包括：首先，提出从价值链视角上研究文化创意产业的发展问题。本书结合相对成熟的价值链理论，从价值链视角分析了文化创意产业领域的相关问题，为文化创意产业的研究开拓了一个新的视角。应该说，本书的命题在我国相对还是一个比较新颖的领域。其次，提出文化创意产业价值链中价值的创造、开发和实现的过程。本书结合波特的价值链理论，根据文化创意产业生产运行过程的实际特点，对该过程进行了一定程度上的分析和探讨，论证了文化创造产业的价值链运行机制、市场价值实现的过程，这一过程是以文化创意为核心，以各种高新技术和新颖的经营模式为辅助，实现以内容创意的产生、创意的生产、市场的经营、独特的创意传播方式以及创意的最终消费为中心环节的价值创造。

  本书研究的不足：一是缺乏对地区差异上的考量。二是定性的研究多，定量的研究相对较少。另外，文化创意产业的聚集与区域经济发展问题的研究和文化创意产业价值的评估是本书有待进一步研究的问题。

目录

第1章 绪论 / 1
1.1 问题的提出 / 1
1.2 本书研究的现实意义 / 8
1.3 文化创意产业理论研究述评 / 17
1.4 研究的基本思路、结构与方法 / 27

第2章 文化创意产业的一般理论 / 30
2.1 文化创意产业的含义 / 30
2.2 文化创意产业的分类及特点 / 41
2.3 文化创意产业市场的形成和运行机理 / 52
2.4 文化创意产业的发展模式 / 64

第3章 文化创意产业价值链 / 70
3.1 价值链理论的相关研究 / 70
3.2 文化创意产业价值概述 / 76
3.3 文化创意产业在经济价值链中的价值定位 / 83
3.4 文化创意产业的价值链 / 91

3.5　创意产业价值链的演化 / 94

3.6　案例分析：动漫产业价值链 / 100

| 第4章 | **文化创意产业价值的创造、开发和实现** / 104

4.1　文化创意产业的价值创造 / 104

4.2　文化创意产业的价值开发 / 112

4.3　文化创意产业的价值实现 / 121

4.4　文化创意产业价值实现的管理流程 / 132

| 第5章 | **创意产业价值评价研究** / 136

5.1　综合评价方法研究现状 / 136

5.2　创意产业价值评价体系的建立 / 141

5.3　创意产业价值评价体系的计算 / 153

5.4　结果与讨论 / 158

| 第6章 | **基于价值链视角的文化创意产业聚集** / 159

6.1　产业聚集和文化创意产业聚集的概念 / 159

6.2　我国文化创意产业聚集的发展现状 / 173

6.3　文化创意产业聚集的发展对策 / 179

| 第7章 | **基于价值链视角的文化创意产业的可持续运营** / 186

7.1　文化创意产业运营概述 / 186

7.2　文化创意产业发展的投融资策略 / 196

7.3　利用信息技术促进文化创意产业的发展 / 201

7.4　文化创意产业发展的可持续运营方式 / 208

| 第 8 章 | **总结与展望** / 212

8.1　本书的主要结论 / 212

8.2　本书的创新之处 / 216

8.3　本书研究的不足及有待进一步研究的问题 / 216

8.4　有待进一步研究的问题 / 217

参考文献 / 218

后记 / 236

第 1 章
绪　　论

1.1　问题的提出

文化是维系一个民族的基因，创意则是发展一个国家的动力。当前，文化创意已经作为一种资本走向国家发展政策的中心，文化创意产业也相应地逐渐成为新经济时代的经济增长的引擎。有关学者甚至把文化创意产业看作独立于传统产业领域的第五产业。这些因素客观上要求研究文化创意产业的发展问题。

1.1.1　文化创意产业将成为新经济时代的经济增长引擎

20 世纪 90 年代以来，世界经济走向全球化，这一趋势不可逆转，它深刻地改变了经济运行的特点。近年来，信息和计算机网络技术的突飞猛进给人类的生产和生活方式带来巨大的变革，以信息技术为主导，以互联网络为基础，以全球化为支撑的新知识型经济形态的演进以及科技与文化的融合使得创意产业在综合国力和城市竞争力中的地位愈发凸显。当今的世界，经济与文化的深度融合，特别是在"全球化"环境下，创意产业经过多年的发展，证明了其是最具前景、最具发展潜力的朝阳产业之一。我们经过研究发现，许多发达国家的创意产业，不仅在发展速度上超过传统产业，而且在发展速度上快于传统产业,发展规模上也呈现出成为国家支柱产业的趋势,如表1-1所示。

表1-1　　　　部分国家(地区)文化创意产业发展现状比较

国家 (地区)	产业概念	年份	产业增加值 (亿美元)	产业占GDP 之比(%)	产业年增 长率(%)	产业就业人数 (万人)
美国	版权产业	2002	12500	12	3.19	1026
加拿大	版权产业	2002	534.08	5.38	4.22	近90
澳大利亚	版权产业	2002	192	3.30	5.70	34.50
英国	创意产业	2002	1322	8.32	9.20	130
新西兰	创意产业	2002	35.26	3.10	3.26	4.90
新加坡	创意产业	2002	50	3.20	17.20	7.90
中国香港	创意产业	2002	65.86	3.80	8.38	10.08
中国台湾	创意产业	2002	412.36	5.90	10.01	33.75

资料来源:《香港创意产业基础研究》(2003年)。

以部分发达国家的数据为例,1999年,全球范围内,文化创意产业的产值估计已经达到2200亿美元,占全球GDP的7.75%。[1] 2006年文化创意产业在英国的经济总量中接近10%,2006年英国文化创意产业提供了190万个就业机会;[2] 在美国的GDP中文化创意产业创造的价值超过15%,文化创意产业雇用了1147.6万人,占美国就业总人数达到8.41%。[3] 可见在西方国家的经济构成中,文化创意产业已经成为GDP、出口和就业的重要的组成部分。2006年,国家统计局首次发布了根据经济普查的基础数据重新测算的我国文化创意产业的统计数据。2005年我国文化创意产业实现增加值3440亿元,占GDP的2.15%,从业人员996万人(其中个体从业人员89万人),占我国全部的从业人员(7.52亿人)的1.3%,占城镇从业人员(2.65亿人)的3.8%。[4]

---

[1] Howkins, J. The Creative Economy: How People Make Money from Ideas. London: Allen Lane, 2001:116.

[2] http://www.hm-treasury.gov.uk/budget/budget_06/bud_bud06_speech.cfm.

[3] www.cluture.gov.uk/global/press_notices/archive_2006/creative_economy_conference.htm.

[4] 中国社科院文化研究中心课题组.开阔视野　创新机制　加快文化产业发展——2006~2007年中国文化产业形势分析与预测[J].中国经贸导刊,2006(3):6-9.

可见，文化创意产业对推动国民经济增长、增加就业机会、提高普通民众生活质量等方面，将发挥越来越重要的作用。因此，可以断言，在现代产业体系中，文化创意产业必将成为核心产业部门，将扮演着经济发展的引擎作用。在这样的背景下，研究文化创意产业及其发展规律具有深远的意义。

1.1.2 发展文化创意产业是转换经济增长方式的必由之路

20世纪90年代以来市场竞争表现为以创新为主的竞争，进入21世纪，企业的市场竞争表现为以知识和创新为主的多元化竞争态势。文化创意产业的出现和发展是知识和文化在经济发展中地位日益增强的必然结果，是当前人们面临能源危机、环境恶化等一系列难以调和的问题下提出的一条新的可持续发展的道路。现在，凡是经济发展到一定程度的国家和地区，都纷纷将文化创意产业定为其战略发展目标。在一些发达的西方国家，文化创意产业的发展尤为迅猛。从目前的实际情况来看，按照世界银行的数据显示，2009年全球创意经济创造的价值约为3.8兆亿美元，占世界经济总量的9.6%，可以看出，创意已经成为财富的新源泉。

从生产要素的角度来看，新经济增长理论主张用内生的人力、技术等生产要素资源和规模收益递增的方法来促进一国经济的增长。在传统粗放型的经济发展模式中，推动产业发展的生产要素是土地、劳动、资本等要素的投入，这就决定了产业的发展会更多地依赖传统的生产要素资源，久而久之资源的急剧消耗会对经济的发展形成"瓶颈"。在这种情况下追求相对较高的经济增长就如同海市蜃楼，可望而不可即。正如著名的经济学家保罗·罗默（Paul Romer，1993）所言，"人类历史教育我们……经济增长要靠更好的（烹饪）方法，而不是简单地靠增加烹调的次数"[1]。由此可见，在新经济条件下，经济增长的最好结果就是产品和生产流程的创新以及将各种投入联合起来以生产新型产品的方法的创新。文化创意产业强调的是将生产要素内化，以各种无形资产进入生产环节，可以有效地突破各种传统生产要素等资源的限制，如智力资源、文化资源、科技资源等，从而为经济增长打开一条全新

---

[1] Romer, P. (1993) Economic Growth. In D. R. Henderson (ed.), The Fortune Encyclopedia of Economic. Warner Books, New York: 183-189.

的通道。而且，文化创意还能够为产品的服务注入新的文化要素，为消费者提供与众不同的新体验，从而提高产品与服务的观念价值，并且因品牌的作用而大大提高产业的附加值。更重要的是，文化创意产业可以通过应用技术的嫁接，比较深入地融入传统产业，实现传统产业的价值创新和产业创新，促进整个经济结构的优化和发展方式的转变。①

综观国内外经济发展的实践，可以清晰地看到经济增长方式在主导要素的演进与升级的变迁中不断地转型。在工业化国家中，现代经济增长方式总共经历了五次大的转型。② 从驱动要素的变化来看，由18世纪的投资驱动到20世纪中期的技术驱动，再从20世纪末期的信息、知识驱动到21世纪的文化驱动，驱动经济发展的主导因素发生了变化。文化创意已成为推动经济增长的驱动要素。特别是对于当前我国经济建设，如何有效地发展文化创意产业，利用各种具有活力的创意，实现对各种资源的深度利用、整体产业结构的优化和升级、产业价值的提升，以及市场规模的扩大和拓展方面更是意义重大。

1.1.3　发展文化创意产业是我国产业振兴规划的重大举措

文化创意产业对于当代中国具有重要的特殊作用，它可以为我国经济发展提供新的引擎。尤其是现在处于建设社会主义和谐社会的关键时期，如何更好地满足人民群众日益增长的精神文化方面的需求，对于社会的稳定和人民生活质量的提高也不容忽视。

党的十七大吹响了促进我国文化创意产业发展的号角，胡锦涛总书记关于"文化"和"软实力"③ 的精辟论述，为我们发展文化创意产业指明了方向。可以说文化软实力在当代不仅已经成为综合国力的构成要素之一，而且

---

① 厉无畏. 积极发展创意产业　推进产业创新和结构优化 [EB/OL]. http：//www.scic.gov.cn/cms/Article_Show.asp? ArticleID =1311.
② 石杰，司志浩. 文化创意产业概论 [M]. 北京：海洋出版社，2008：前言.
③ "软实力"一词最早是由美国哈佛大学教授约瑟夫·奈在2004年出版的《软实力——国际政治的制胜之道》一书中首先提出的，对软实力理论做了较为完整的阐述。按照约瑟夫·奈教授的观点，文化软实力是指一个国家维护和实现国家利益的决策和行动的能力，其力量源泉是基于该国在国际社会的文化认同感而产生的亲和力、吸引力、影响力和凝聚力。相对于传统的"硬实力"依靠"施压"迫使他国非自愿接受而言，软实力则是依靠"吸引"得到他国自愿认同，是间接的和隐性的。

也是衡量一个国家综合竞争力的重要标志。党的十八届五中全会通过的《中共中央关于制定国民经济和社会发展第十三个五年规划的建议》明确提出，"坚定文化自信，增强文化自觉，加快文化改革发展"的战略任务，顺应时代发展潮流，增强改革创新意识，全面加强文化建设，激发全民族文化创造活力，为协调推进"四个全面"战略布局和实现中华民族伟大复兴的中国梦提供强大文化力量。[①] 为此，党中央调整了相关政策，制定了国家文化发展战略，许多省市如北京、上海等地也纷纷将文化创意产业的发展纳入了本地的"十一五"规划中，将其作为重要的产业加以扶持。[②] 2006年8月，《国家"十一五"时期文化发展规划纲要》的出台，标志着文化产业的发展问题成为我国"十一五"时期引人瞩目的事件。其中，文化创意这个概念也首次在中央文件中正式提及。文化创意产业的发展由此提升到了政策性的高度。自此，文化创意产业的发展在我国各地方兴未艾。

2009年10月16日，以"创意和城市未来"为主题的文化创意产业国际论坛在上海举行，2009年11月25日第四届中国北京国际文化创意产业博览会主论坛在北京举行，而后每年在我国国内各个主要城市大都举办相关的文化创意产业论坛会议或博览会等，这些事件都说明了文化创意产业在我国正从"事业"走向"产业"。特别是在当前文化创意产业浪潮席卷全球的大背景下，文化创意产业以其独特的产业价值取向、领域和方式迅速发展，成为一个国家或一个城市未来发展和竞争的制胜法宝。立足于各国现有传统文化资源，有效地发展文化产业已经成为经济增长的引擎，成为经济新支柱。随之而来的问题是如何使这些文化资源有效地转化为文化创意产品，从而实现经济与文化发展的良性互动和社会效益、经济效益的双赢。

1.1.4 发展文化创意产业将有助拉动我国经济的快速发展

文化创意产业对经济发展具有明显的拉动作用。从全球范围看，以传媒、

---

① 黄志锋. 基于福建省区域发展视角的城市文化软实力提升研究[J]. 科技与产业，2017(5)：17-22.

② 有关资料显示，截至2008年，我国已形成长江三角洲、珠江三角洲、环渤海地区三大文化产业密集区。其中，北京、广东、上海、浙江、江苏、山东等六省市的文化创意产业资产拥有量均超过千亿元，北京市文化创意产业资产达到8000多亿元。

娱乐、旅游、教育、服装设计等为代表的文化创意产业的发展速度已经远远超过其他产业。在文化创意产业快速发展的同时，对经济社会的发展也产生了综合的联动效应，带动了经济的快速发展。文化创意产业在创造自身所蕴含的文化创意价值的同时，带动了相关产业的发展，促进了经济的腾飞。例如，广播影视产业的发展带动了音像、影像、通信设备和广告展览等产品和市场的发展；娱乐业带动旅游、餐饮、交通和演艺等市场的发展。因此，文化创意产业的发展，对于我国21世纪经济发展不容忽视。各级政府和各行业都应重视文化创意产业带来的产业联动效应，出台相关政策并积极地参与其中，为文化创意产业的发展创造良好的条件。

以福建省为例，福建省在21世纪提出全面推进海峡西岸经济区建设，以此带动福建省经济的发展。海峡西岸经济区与台湾地区一水相隔，北承长江三角洲，南接珠江三角洲，是我国沿海经济带的重要组成部分，在全国区域经济发展布局中处于重要位置。海峡西岸经济区是福建省委省政府立足全国发展大局，审视福建省发展空间、发展现状所面临的激烈竞争态势而提出的战略构想。近年国务院已通过《关于支持福建省加快建设海峡西岸经济区的若干意见》，福建省正处于全面推进海峡西岸经济区建设的关键时期，而推进自主创新，大力发展文化创意产业是推动海峡西岸经济区又好又快发展的内在要求和根本动力。加快文化创意产业发展，对建设海峡西岸创新型省份、调整优化经济结构、转变经济增长方式、提高区域综合竞争力都具有十分重要的现实意义。同时，福建省是我国率先进行改革开放的省份之一，处于海峡西岸经济区的中心地位，具有区位优势、港口优势、对台"五缘"优势等得天独厚的条件，产业聚集优势突出、区域文化特色鲜明、外向型经济发达、后发优势明显，这些都为福建省借鉴其他国家和地区先进的文化创意产业发展经验和成功做法提供了有利的条件。

特别是2007年福建省人民政府出台的文件《关于加快我省文化创意产业发展指导意见》中表明，福建省规划将经过5~10年的努力，以福州、厦门、泉州等沿海中心城市为文化创意产业发展的重点区域，逐步构筑和完善创意研发设计、产品生产、推广销售等创意产业链。同时，扩大文化创意产业规模、优化文化创意产业布局、提升文化创意产业影响力，形成若干个整体优势明显、区域特色鲜明、产业集聚突出、充满生机活力的海峡西岸经济区文化创意产业聚集,以涵盖所有产业高端环节的"创意设计"为龙头,重点发展制造业设计创意、数字服务创意、文化传媒创意、建筑设计创意、咨询策划创意和休闲消费创意六大领域。以厦门为例,2007年,全市文化产业(包括新闻出版、广播电视、体育等行业)的增加值约占全市GDP的9%,这一比例已远远高于全国文化创意产业发展的平均水平。[①] 厦门的文化创意产业的发展,进一步推动了厦门产业结构的优化升级,促进了经济社会的跨越发展。

1.1.5 经济增长模式的改变需要文化要素的参与

第一,文化与经济的结合,将为经济增长与发展提供精神动力、价值导向和现代人力资源。在政治、经济、文化三大系统中,文化起着基础的导向作用,社会经济的发展必须有文化的精神支撑和价值导航。[②] 经济发展的基础是具有相当文化知识的人力资源,经济增长和发展对高水平的人力资源的倚重尤为突出。在我国各地,特别是传统文化资源丰富的地区往往也是区域生产力水平较高或区域经济发展较快的地区。文化对经济发展具有深远的意义,未来世界的竞争不仅是经济上的竞争,更多的是文化优势上的竞争。[③]

第二,文化与科技结合,提升经济发展的技术手段和能力。当今高新技术的高速发展、文化与科学的创新融合,进一步推进了作为上层建筑的文化事业与作为经济基础的生产体系实现了融合交汇。加快文化与科技的融合,可以掌握文化发展和文化传播的主动权,极大地提升文化和文化产业的创新力、影响力、表现力、传播力和吸引力,丰富文化工作的新形态。同时文化科技的新载体和新业态的快速发展演变,要求我们"运用高新技术创新文化生产方式,培育新的文化业态"。加快文化与科技的融合,就是为了提升文

---

① 陈顺龙. 厦门发展文化创意产业的思路 [J]. 发展研究,2008 (4): 11-13.
② 李建平等. 提升文化软实力促进广西经济社会发展对策研究 [J]. 沿海企业与科技,2011 (11): 53-64.
③ 黄志锋. 基于福建省区域发展视角的城市文化软实力提升研究 [J]. 科技与产业,2017 (5): 17-22.

化和文化产业的竞争力，开发和引进高新技术，努力培育和获得具有自主知识产权的核心技术，在以高新技术的优势改造传统文化产业的同时，加快发展新兴文化业态。

第三，文化创意产业的发展，改变经济发展的结构模式。在当今我国倡导的产业结构转型发展过程中，文化创意产业将发生革命性的作用。它是以人类的智力资源作为产业发展的资源，用"无形"的人文创意来实现"有形"的价值。当前，积极发展文化创意产业，是转变我国发展模式的客观需要。改革开放以来，虽然我国经济取得了巨大成就，但也应充分认识到我们的增长很大程度上是一种粗放型的增长模式。发展文化创意产业将改变传统产业对资源的高度依赖、工业发展对生态环境的破坏，改变资源高消耗、环境高污染、经济低效益的传统经济增长模式，真正实现集约化的经济增长，掌握文化发展的自主权，变"中国制造"为"中国创造"和"中国智造"，推进形成文化创意产业的核心竞争力意义重大。

基于以上的背景和原因，对我国文化创意产业发展进行深入研究，寻找适合我国文化创意产业发展方式和路径，将有助于推进我国经济的快速、持续、健康的发展。

1.2 本书研究的现实意义

1.2.1 文化创意产业的发展研究，有利于形成文化产业的核心竞争优势

文化创意产业的兴起和发展是当代经济、文化、科技融合发展在产业层面上的具体表现。它以独特的形态演变和运行，并与其他产业发生广泛而复杂的联系。文化创意产业已经打破了传统的产业界限，超越了一般的产业概念，它是对产业链中创意环节的提炼、分解与重组。任何产业都会因成功的创意而获得其价值的提升。而我们对于文化创意产业的理解，不应该仅仅停留在传统的产业层面上，而应该将其融合到现有产业里，并以一种新的思维

方式寻找新的发展模式，在价值链理论指导下实现产业的升级和创新，实现价值增值。

目前，我国的文化创意产业刚刚起步，发展程度与先进国家和地区相比仍有一定差距。这不仅表现在一些具体的指标如文化创意产业在GDP所占的比重、文化创意产业就业人数及比例、文化创意产业产品的出口等方面，而且还表现在发展文化创意产业的观念、体制、机制、政策、人才等方面。我国政府多年来一直提倡要大力发展文化创意产业，但是文化创意产业在我国GDP比重中却不足3%，反观发达国家则占10%以上，有的甚至达到25%。而且，目前和发达国家创意人才占总人才百分之十几的比重相比，即便在号称"创意之都"的北京，创意人才也占不到1%。[1] 现在，西方发达国家正在凭借其文化创意产业对我国该产业的发展进行渗透，并以其处于价值链高端地位，借助于新技术并以其分配利润的特权，对其所渗透的产业按价值链进行重组，处于价值链下端的服务业或制造业将出现交易量最大但价值增长最小的趋势。国际一些著名的跨国公司实现国际分工的主要手段就是依靠文化创意产业，这是为何我国在向世界出口的产品生产规模急剧扩大的同时，但劳动力工资并未获得同步增长的主要原因。[2] 在这种情况下，只有发展文化创意产业，才能形成文化创意产业的核心竞争优势，同时我国产业发展规划中必须加入创意因素，才能有效扭转"中国创造"不足的劣势。

当然，不可否认的是，我国的文化创意产业结构还相对落后，纵观我国的产业布局，仍然是以传统的演出业、影视业、音像业、广告业为主，而在发达国家已广泛开展的动漫产业、创意设计业、网络游戏等相关产业在我国仍旧处于起步状态。[3] 我国的文化资源极其丰富。但文化资源丰富的优势并不能自动地转化为产业发展的优势，其中关键点就是创意。文化资源只有经过一定形式的加工和再创造，才能成为具有附加价值的文化创意产品。

相关统计数据显示，我国与西方发达国家的文化贸易还存在着巨大的

---

[1] 龚亚夫. 改善分配吸引人才 加强文化教育创意产业 [EB/OL]. http://www.scic.gov.cn/cms/Article_Show.asp? ArticleID = 1984.
[2] 石杰，司志浩. 文化创意产业概论 [M]. 北京：海洋出版社，2008：40.
[3] 应该说，我国的文化创意产业近年来发展势头是比较迅猛的。以数字出版业为例，2008年底整体收入就到达200多亿元，其中网络游戏收入就达到了65亿元，手机彩铃、手机游戏、手机动漫收入达到80多亿元。但相对于拥有超过3.5亿人的潜在目标市场而言，这一数字就显得偏少。

"贸易赤字"。虽然我国已然成为世界工厂，但我国在文化、媒体、出版、设计、文化遗产、软件等文化创意产业领域的出口方面还相当薄弱。虽然我国历史悠久，各种文化资源丰富，但由于缺乏创意，导致大量的文化资源处于闲置浪费的状态，还有不少资源被国外利用并用来谋取利润。最为典型的例子就是美国制作的大型动画片《花木兰》，就是取材于我国传统历史文化，在《花木兰》的制作中加入了大量现代人的创意，向世人演绎了女子代父从军的美丽篇章，从而为美国赢得了巨额的票房收入和利润。

所以，只要有创意，在不涉及知识产权保护的情况下，全世界范围内的文化资源皆可为我所用。基于这种原因，对文化创意产业发展进行深入研究，就具有极其重要的现实意义。

1.2.2 文化创意产业的发展研究，有利于更好地满足人们日益增长的物质和文化生活的需要

人类的需要是多层次、多样化和多方面的。从人类社会发展的历史来看，人类的需要和满足需求的能力伴随着社会经济的发展不断地向前推动。随着社会经济的发展和人们物质生活水平的提高，精神文化消费的比重也日趋增大。从人类社会发展的轨迹来看，需求是人类文明演进的永恒动力。[①]

著名的管理学者亚伯拉罕·马斯洛（Abraham Harola Maslow）在其需要层次理论中把人类的需求依据生存发展的关系的密切程度，从低级到高级分为五个不同的层次。参见图1-1[②]。

马斯洛认为，一个国家人的需要可分为五个层次，这五种需要可按其优先次序排列成阶梯式的层次，呈"金字塔"分布。他指出，在同一时期内可能同时存在着几种需要，但总有一种需要占主导、支配地位，并且是同这个国家的整体经济发展水平、科学技术发展现状、社会文化事业发展水平和人民受教育程度等因素直接相关的。一般而言，人类的需要存在着层次性，并且表现为人类行为的先后选择次序，即人首先必须满足物质需要，然后再满足精神需要。

---

① 焦兴国. 产业塔论 [M]. 北京：经济科学出版社，2003：32-35.
② [美] 弗兰克·戈布尔. 第三思潮：马斯洛心理学 [M]. 上海：上海译文出版社，1987：57.

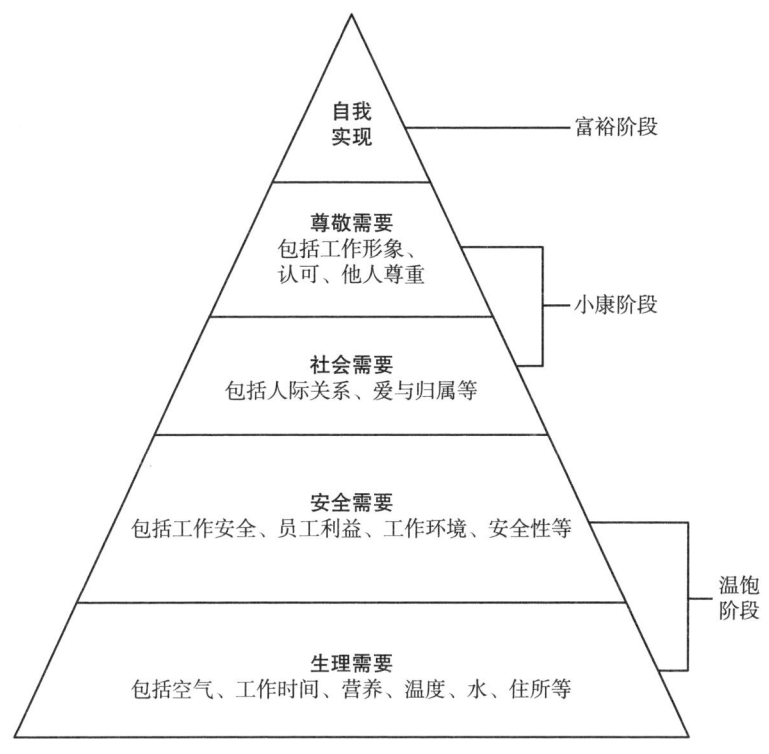

图 1-1 马斯洛的需要层次理论

马斯洛的需要层次理论,可以从供给和需求两个方面对创意产业的发展提供理论支持。

首先,从供给的角度来看,按照马斯洛的观点,在人类满足低层次的需求后,将会产生高层次需求的满足愿望,其中自我实现需要则是马斯洛所说的最高需求层次。而恰恰正是对这一高层次需求满足的追求,驱动了人类对未知世界的探索,不断地运用人类智慧、经验在现有基础上进行不断地创新;而这样的创新与文化结合形成的文化创意产业,正是人类对于自我价值实现的追求和实现的结果。

其次,从需求的角度来看,当前的文化创意产业是以满足现代人们的精神文化需求为目的的产业,是一种满足消费者精神乃至情感需要的体验经济,这种精神文化层次的需求则是人类高层次需求的一个重要的外在表现。虽然目前各国对于文化创意产业的分类存在着不同的看法,但不否认的是,正是这种精神文化需求的消费促进了文化创意产业的蓬勃发展。

目前,随着经济的发展,我国人民生活水平不断地提高,早在20世纪末我国就已基本解决人民的温饱问题。早在2009年我国的人均GDP已超过3000美元,我国已步入小康阶段。在人民物质生活水平不断提高的过程中,人们开始更多地关注文化精神消费,对文化消费提出了更高的要求。在现实社会中,通常经济越发达、收入越高的国家或地区,文化产品的消费需求也就越旺盛,其消费规模也就越大。国外发达国家的发展经验无一例外地证明了这一事实。

特别是当前我国各地逐步掀起了文化创意的消费热,文化创意的消费在日常消费支出中所占的比重越来越大,对文化创意的消费需求不仅是多层次的,而且是丰富多样的。这种持续增长的文化创意的消费需求,客观上需要文化创意产业有一个大的发展,同时也为文化创意产业的发展开拓了广阔的市场空间,成为文化创意产业持续发展的强大的"推动力"。

按照国家统计局2016年2月25日公布的数据显示(见图1-2和图1-3[①])。2012~2016年,我国农村和城镇居民人均纯收入与日俱增,收入的增加又带来了需求结构的变化,根据恩格尔定律[②]所提示的规律,在人们收入水平不断增长的过程中,用于基本生活必需品的支出的比重也就越低,而用于非基本生活必需品的比重也就随之增加。近几年,我国恩格尔系数逐年下降,在居民消费结构中,教育文化娱乐服务方面的实际支出和所占的比例都在不断地增加。以2007年的数据为例,2007年我国城镇居民每人全年消费性支出为9997.47元,其中教育文化娱乐服务方面的支出平均是1329.16元,在总的消费结构中所占比例为13.29%。[③] 到2015年,中国国内生产总值63.59万亿元,较2014年增长6.9%。其中全年城镇居民人均可支配收入31195元,比上年增长8.2%,扣除价格因素实际增长6.6%;农村居民人均

---

① 中华人民共和国国家统计局:《中华人民共和国2009年国民经济和社会发展统计公报》。

② 恩格尔(1821~1896)是德国的统计学家,他于1857年在一个研究报告中提出了该定律。恩格尔发现,在一个家庭或在一个国家中,食物支出在收入中所占的比例随着收入的增加而减少,这一比例我们称之为恩格尔系数。当一个国家或家庭恩格尔系数越低,其代表的富裕程度就越高,其收入中用于除食品以外的开支数额也就越大。

③ 中华人民共和国国家统计局:《中国统计年鉴(2007)》。

可支配收入11422元，比上年增长8.9%，扣除价格因素实际增长7.5%。①
2015年，全国居民平均每人教育文化娱乐消费支出1723元，占全国居民人均消费总支出的11.0%。在这样的背景下，我国的文化消费市场也呈现出井喷的特点。目前，我国相当一部分居民群体的消费重点慢慢地转移到教育、科技、旅游及精神产品消费等领域，不仅在基本物质生活需要上提出了更高的要求，而且在文化娱乐、广播影视、图书出版、旅游休闲等消费生活方面也提出了更多更高的要求。

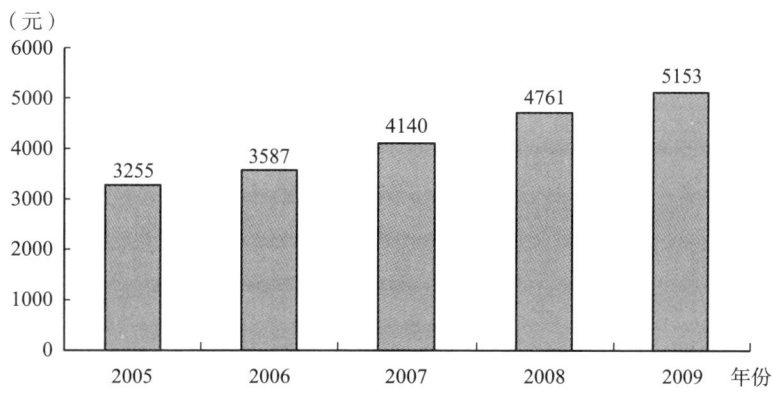

图1-2　2005~2009年农村居民人均纯收入

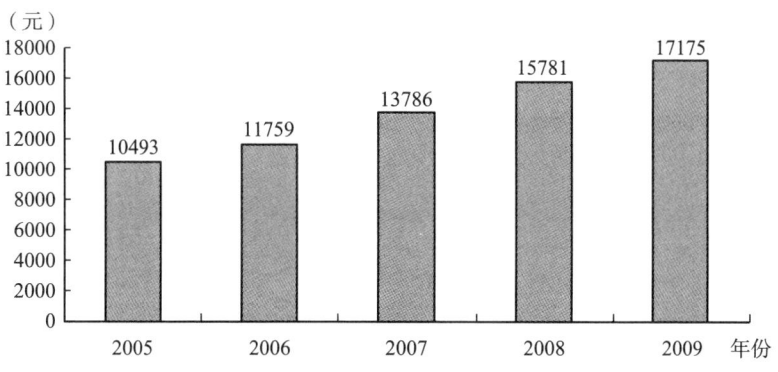

图1-3　2005~2009年城镇居民人均纯收入

---

① 中华人民共和国国家统计局：《中国统计年鉴（2016）》。

由此可见，我国文化创意的消费市场逐年增长的趋势已经成为不争的事实。因此，深入文化创意产业的发展研究，将有利于更好地满足人们日益增长的物质和文化生活的需要与当前文化创意产业在我国发展相对滞后的矛盾。这也是文化创意产业兴起的市场基础。

1.2.3 文化创意产业的发展研究，有利于更好地整合我国丰富的文化资源，促进文化产业的可持续发展

众所周知，文化也是一个国家综合实力和国际竞争力的重要表现形式之一，是一个国家文明的重要载体，文化产业发展的程度也是衡量国家文明程度的重要标志之一，是国家软实力的核心所在。未来，国家之间的文化影响力往往将表现在强势文化对弱势文化的流入、渗透和改造上。[①] 文化创意是软实力中的一部分。一个国家的崛起，从根本上说，在于它的综合国力的全面提升，特别是软实力的提升，文化创意所形成的价值认同和新观念具有感召力、辐射力和渗透力，利用相应的产品载体向市场扩张和推广，能够产生强大的国家影响力。[②]

我国具有连绵流长的五千年历史，文化积累十分深厚、文化类型极其丰富，积累了难以估量的文化资本。在文化资源上，我国是世界上最有优势的少数几个国家之一。我国文化资源体现了中华民族独特的思维方式和文化价值，是中华文明的重要载体。但我们的文化资源中很大一部分并没有转化成为推动经济发展、提升国家国际竞争力的资本。在世界经济发展中，我国在全球价值链中的多数产业均处于价值链的最低端，如何彻底扭转这一不利现象，对当前而言，深入发展创意产业是极为迫切。这一点正如李书文（2004）所言，"启动我国的历史文化资源，在中国独有的传统文化资源基础上，构造具有中国特色和优势的文化产业体系，将使我们在全球文化竞争中占据不可替代的独有地位"。[③] 这是我国发展文化产业的一个得天独厚的

---

① 按照哈佛大学政治学教授塞缪尔·亨廷顿的观点，未来国家之间的冲突将主要表现在文化和文明的不兼容因子上。
② 厉无畏．创意改变中国 [M]．北京：新华出版社，2009：20．
③ 李书文．文化产业化的战略问题 [J]．软科学，2004（2）：28–30．

条件。

中华文化源远流长、博大精深。但由于各种原因,我国长期以来看到的仅是文化的事业属性,即它的非营利性。但随着社会经济的发展和人们视野的进一步开拓,人们逐渐意识到了文化也有它的产业属性,而且文化的产业属性可以与文化的事业属性和谐共存并共同发展。[①] 如前所述,中国有非常悠久的历史文化底蕴,共同构成了我国文化创意产业宝贵的文化资源。

我国还有许多地区是民族文化的聚宝盆,是我们发展创意产业的优势,但是目前这些优势并没有转化为现实的产业优势和核心竞争力,各种历史文化资源和民族文化资源开发相对不力,这些都是当前我国文化创意产业发展研究过程中所要解决的问题。我们对于文化资源的利用和开发,不能简单地、廉价地出口这些文化资源,这种做法势必造成文化资源的流失,不利于文化产业的可持续发展。任何文化资源并不能天然地成为产品或商品,文化资源和自然资源一样,只有经过一定形式的再创作才能够成为具有知识产权和具有丰厚价值的创意产品,才能源源不断地为我们创造高附加价值。文化创意产业生产所依赖的文化资源可以反复地使用,不会用一点就少一点,但要具备真正地竞争力,就必须进行再创造和创新。因此,对于我国的丰富的文化资源不进行合理的开发和利用,不与创意相结合,以文化创意产业为平台,那么这些文化资源就将失去自身存在的价值,失去生命力。我们在此强调发展文化创意产业,就是强调对各种文化资源进行合理利用,并加以创新和再创造,打造具有中华民族特色的"文化创意品牌",走资源可持续发展道路。

1.2.4 深入文化创意产业的发展研究,将成为促进传统产业升级的"催化剂"

2008年国际金融危机爆发以来,对世界各国的经济造成了极大的冲击,至今仍在蔓延和扩散。国际金融危机对于传统产业,特别是本来发展水平就有待于进一步提高的我国传统产业更是造成了比较严重的冲击。我国的制造

---

① 王斌.禅宗少林:河南文化创意产业的"顿悟"[M]//范周,吕学武主编.文化创意产业前沿——韬略:变革的力量.北京:中国传媒大学出版社,2008:179.

业如家电、计算机通信、汽车、纺织服装、机械和成套设备、石油化工、钢铁、飞机制造、新型建筑材料、环保等十大主要产业，无论是技术装备水平、产业集中度、生产组织管理水平，还是生产效率，与世界上主要的一些发达国家相比较都存在着较大的差距，处于价值链的低端，也最容易受到金融危机的冲击。特别是当前金融危机仍在蔓延和扩散的大环境下，我国传统产业最经不住风暴的冲击，必然陷入困境。即使在受金融危机冲击较小的2008年上半年，我国累计已经有6.7万家规模以上中小企业倒闭，其中纺织行业中小企业倒闭了1万多家，有2/3的纺织业企业面临重组，制造业形势极为严峻。[①] 因此，如何以"创意"的理念或思维去促进传统制造业升级，改变当前传统产业的不利局面就成为当务之急。

2009年1月起，国务院陆续审议通过汽车、钢铁、造船、石化、轻工、纺织、有色金属、装备制造、电子信息、现代物流等十大重点产业调整和振兴规划，关键是解决这些行业发展中存在的突出矛盾和问题，推进结构调整和优化升级。进一步细读国务院的这些应急举措，我们经过分析可以看出，我国将在重工业、轻工业等材料工业为代表的传统工业中将更强调创意，在行业的发展中强调融入创意元素。同时，逐渐提高装备制造、电子信息业、运输物流业等制造业的信息技术含量的产业升级路径，表明了我国的产业结构调整已显露出向创意产业进化的迹象。文化创意产业以其强大的"跨界"渗透与融合能力和科技与文化创意的"两翼"，应该能在十大产业调整振兴规划的落实中获得进一步体现。在促进整个国民经济结构的优化和发展方式的转变过程中，文化创意产业将充分发挥与其他产业融合发展的特点，通过应用技术的嫁接，比较深入地融入传统产业，实现传统产业的价值创新和产业创新。

特别是随着传统产业发展模式的改造，文化创意产业的思维逻辑和跨界渗透与融合能力将在克服世界金融危机的影响，推进我国的产业结构调整与升级，实现经济的持续稳定增长中更加充分地体现出来。因此，金融危机对传统产业的冲击，恰好可以促使我们进一步深刻反思产业发展的思路。以科技创新打造产品独特的使用性能，以文化创意把握消费者的精神需求，将科

---

① 张京成. 中国创意产业发展报告[M]. 北京：中国经济出版社，2009：20.

技创新和文化创意的理念真正渗透到传统产业的经营过程，是当前我国传统产业走出困境的必然选择，也将成为促进传统产业变革的"催化剂"。

1.3　文化创意产业理论研究述评[①]

毫无疑问，创意将是 21 世纪社会和经济变革的主要推动力。佛罗里达（Florida，2002）认为，"创意……已经成为决定竞争优势的关键"。[②] 在当前的社会经济条件下，文化创意产业已经成为 GDP、出口和就业方面的重要组成部分。2001 年，美国的核心"版权"业大约为 7912 亿美元，占 GDP 的 7.75%，就业人员约 800 万人。版权业出口总额达 889.7 亿美元，超过化工、汽车、飞机制造、农业、电子元件和电脑行业的出口总额。[③] 同年，英国的文化创意产业收入到达 1125 亿英镑，提供了 130 万个就业岗位，出口额达到了 103 亿英镑，超过其 GDP 的 5%。[④] 在澳大利亚，文化创意产业的产值则高达 250 亿澳元，在其最具活力的一些领域，如数字媒体内容产业，其增长速度是整体经济增长幅度的两倍。[⑤] 可见，文化创意产业对推动国民经济增长、增加就业机会、提高普通民众生活质量等方面，都发挥越来越重要的作用。可以断言，在现代产业体系中，文化创意产业必将成为核心产业部门，将扮演着经济发展的引擎作用。在这样的背景下，研究文化创意产业及其发展规律具有深远的意义。

1.3.1　文化创意产业内涵研究

创意产业（creative industries），又称文化创意产业，近年已成为各国经

---

① 本部分的主要内容发表在《延边大学学报（社会科学版）》2010 年第五期。
② R. Florida. The Rise of the Creative Class [M]. New York: Basic Books, 2002: 5, 32 - 39.
③ Siwek, S. (2002) Copyright Industries in U. S. Economy: The 2002 Report. International Intellectual Property [EB/OL]. Alliance, Washington. http://www.iipa.com/copyright_us_economy.html.
④ DCMS (2001). Creative Industries: Mapping Document 2001. Department of Culture, Media and Sport [EB/OL]. HMSO, London. http://www.culture.gov.uk/creative/mapping.html.
⑤ NOIE (2003) Creative Industries Cluster Study. National Office for the Information Economy [EB/OL]. Department of Communications, IT and the Arts, Canberra. http://www.govonline.gov.au/publications/NOIE/DCITA/cluster_study_report_28may.pdf.

济中一个炙手可热的新概念。它是文化产业发展到一定阶段后裂变出来的新兴产业。著名的经济学家约瑟夫·熊彼特（Joseph Alois Schumpeter，1912）的长波理论提出，现代经济发展的根本动力不是资本和劳动力，而是创新；而创新的关键就是知识和信息的生产、传播和使用。[①] 熊彼特的创新思维对以后的学术研究影响深远。著名经济学家罗默（Romer，1982）认为，"新创意会衍生出无穷多的新产品、市场和财富创造的机会，所以创意才是推动一国经济增长的新动力"。[②] 目前，国际上不同国家对文化创意产业有着不同的概念内涵和统计范畴。英国创意产业特别工作组（Creative Industries Task Force，1998）将文化创意产业界定为任何源自个人创意、技术及才能，并有潜力通过知识创造和运用知识产权而创造财富及就业机会的产业。美国学者凯夫斯（Caves Richard，2000）认为文化创意产业提供给我们宽泛的与文化的、艺术的仅仅是娱乐的价值相联系的产品和服务。[③] 霍金斯（John Howkins，2001）[④] 则认为文化创意产业是其产品都在知识产权法的保护范围内的经济部门。他认为，文化创意产业组成了当今市场经济中非常庞大的部门。新加坡的创意产业工作组（2002）提出了第一份发展文化创意产业文件《创意产业发展战略：推动新加坡的创意经济》，基本上采用了英国的定义，但提出了"创意聚群"（creative cluster）的新概念，进一步丰富了文化创意产业的思维。[⑤] 2008年1月14～15日，在日内瓦召开的联合国贸易与发展会议（简称贸发会议）创意经济与产业带动发展问题秘书长高级别小组会议对创意产业的发展进行了广泛的讨论。贸发会议认为，创意经济是一个不断发展中的概念，其基础是创意资本。创意经济的核心是创意产业。贸发会议对创意产业下的定义是：以知识和智力资本为主要投入的产品和服务的创造、

[①] ［德］约瑟夫·熊彼特. 经济增长理论［M］. 北京：商务印书馆，1990：73-74.
[②] ［美］查尔斯·I. 琼斯. 经济增长导论［M］. 舒元等，译. 北京：北京大学出版社，2002：33-36.
[③] ［美］理查德·E. 凯夫斯. 创意产业经济学——艺术的商业之道［M］. 北京：新华出版社，2004：1.
[④] John Howkins. The Creative Economy: How people make from ideas［M］. London: Allen Lane, 2001: 68-84.
[⑤] 吕庆华. 文化资源的产业开发［M］. 北京：经济日报出版社，2006：92.

生产和商业的总和。[①]

中国香港特区委托香港大学文化政策研究中心研究完成了《香港创意产业基线研究报告》(2003)。该报告探讨了文化创意产业与经济发展的关系，分析了创意成长、制度与社会文化价值的关系。我国台湾地区"经济部工业局"(2006)将文化创意产业定义为源自于创意或文化积累，透过智慧财产的形式与运用，具有创造财富与就业机会潜力，并促进整体生活提升之行业。我国学者金元浦(2005)[②]是从全球化消费社会的视角来定义文化创意产业；徐清泉(2007)[③]则从产业分类视角定义文化创意产业；王缉慈(2006)[④]更是从产业政策层面上来突出文化创意产业；金元浦(2007)[⑤]则认为文化创意产业是全球化条件下，以消费时代人们的精神文化娱乐需求为基础，以高科技技术手段为支撑，以网络等新传播方式为主导的，以文化艺术与经济的全面结合为自身特征的跨国跨行业跨部门跨领域重组或创建的新型产业聚集。沈惠娜(2009)[⑥]从文化创意产业的内涵与外延着手，分析发展文化创意产业的重要性，分析文化创意产业在我国发展所存在的问题并提出了应对策略。张振鹏、王玲(2009)[⑦]从文化、创意以及产业三个相互联系相互作用的角度把创意产业定义为：源于文化元素的创意和创新，经过高科技和智力的加工产生出高附加值产品，形成的具有规模化生产和市场潜力的产业。金元浦从文化资本的角度认为，创意产业以消费时代人们的精神文化娱乐需求为基础，以高科技手段为支撑，以网络等新传播方式为主导，以文化艺术与经济的全面结合为自身特征的跨国跨行业跨部门跨领域重组或创建的新型产业集群。[⑧]

---

① 张晓明，胡惠林，章建刚. 2008年文化蓝皮书 [M]//2008年中国文化产业发展报告. 北京：社会科学文献出版社，2008：335-338.
② 金元浦. 创意产业的全球勃兴 [J]. 社会观察，2005 (2)：22-24.
③ 徐清泉. 创意产业：城市发展的又一引擎 [J]. 社会观察，2004 (9)：16-17.
④ 王缉慈. 创意产业集群的价值思考 [J]. 发展规划与结构调整，2006 (3)：24-27.
⑤ 金元浦. 创意时代：建设面向未来的创新型国家 [J]. 中国职工教育，2007 (1)：36.
⑥ 沈惠娜. 培育文化创意产业的宏观思考 [J]. 发展研究，2009 (7)：72-73.
⑦ 张振鹏，王玲. 我国文化创意产业的定义及发展问题探讨 [J]. 科技管理研究，2009 (6)：564-566.
⑧ 金元浦. 我国文化创意产业发展的三个阶梯与三种模式 [J]. 中国地质大学学报（社会科学版），2010 (10).

综上所述，学者们对创意产业内涵理解都是非常接近的，即"强调创造力对经济的贡献能力"，定义着眼于整个产业链，主要由三个要素构成：产业源头、产业化路径和产业的社会效果，特别强调核心源头，即创意。[1] 但在创造力范畴理解上有分歧，一类是以霍金斯为代表的较为宽泛的定义。他们认为，只要涵盖"个人创造力"和"知识产权"的活动就可以称为创意产业，因而部门界定也比较宽泛，涉及国民经济的所有行业。另一类是以凯夫斯为代表的较为狭隘的定义。他们认为创意产业内涵比较集中在文化艺术方面，强调文化对经济的贡献，某种程度上可等同于"文化产业"的内涵。

本书认为，以上国内外研究部门或学者对文化创意产业的认识在内涵和外延上来看都十分接近，也存在一定程度的分歧。但他们在文化创意产业的核心认识上则是一致的，即均认为文化创意产业应着眼于整个产业链，产业存在和发展由创意驱动。这一清晰的认识为我们认识文化创意产业，促进文化创意产业的发展奠定了坚实的理论基础。

1.3.2 文化创意产业的特质研究

国外学者对文化创意产业特点和归属的研究相对较少，比较完整的是凯夫斯（2004）[2]。他以创意产品作为切入点，对文化创意产业的特点从经济学的视角进行了较为深入细致的分析。我国学者金元浦（2004）[3] 认为文化创意产业的基本特点可以从创意需求、创意产品和创意人员三个方面进行分析；姚东旭（2007）[4] 则从创意与创新、创造区分的角度将创意界定于社会文化领域，进一步厘清文化创意产业与文化产业之间的关系；张京成、刘光宇（2007）[5] 认为，文化创意产业具有三位一体性、横向跨越性、高附加值性、鲜明的知识产权性等特点。并在此基础上分析了文化创意产业的两种存在方

---

[1] 贺亮，龚唯平. 文化创意产业研究文献综述 [J]. 产经研究，2011（2）：15－22.
[2] [美] 理查德·E. 凯夫斯. 创意产业经济学——艺术的商业之道 [M]. 北京：新华出版社，2004：7－12.
[3] 金元浦. 当今世界创意产业的概念及其特征 [J]. 创意产业与中国电影，2004：5－10.
[4] 姚东旭. 文化创意产业的界定及其意义 [J]. 商业时代，2007（8）：95－96.
[5] 张京成，刘光宇. 创意产业的特点及两种存在方式 [J]. 北京社会科学，2007（4）：3－8.

式。厉无畏、王惠敏（2004）[①]从与传统产业进行比较的角度概括了文化创意产业具有创新性、渗透性、高增值力、高辐射力、高科技含量和高风险的特点；荣跃明（2004）[②]认为，文化创意产业脱胎于文化产业，它随着社会经济的发展，逐步从文化产业各部门中游离出来。在文化产业的价值链联结中，它始终排文化产业价值链的上游。王振如、钱静（2009）[③]从产业融合的角度，以北京市为例探讨了都市农业、生态旅游与文化创意产业的融合模式，论证了文化创意产业的产业融合性的特征。金元浦（2010）[④]从文化创意产业的创新特点，探讨了我国文化创意产业发展的三个阶梯与三种模式。厉无畏（2010）[⑤]从文化创意产业的融合和产业渗透角度，认为发展文化创意产业应大力挖掘和整合利用文化资源，以创意推动文化资源向经营资源的转化，从而达到解放文化生产力的目的。

本书认为，目前文化创意产业的概念普遍被世界所接受，但不同国家或地区对创意产业的特质等问题却看法不一。以上国内外学者对文化创意产业的特质的理解对于我们准确把握文化创意产业的真正特质和归属提供了有益的借鉴。本书认为，文化创意产业的主要特征应该是其处于现代文化产业的最高端，通过其创意思维将现代文化产业同传统产业相结合，以增加传统产业的文化附加值，实现价值增值，在实现产业发展中，文化创意产业更侧重于知识、文化等智力资本的聚集。因此，文化创意产业是以个性化的创意和创新为基础的产业，它脱胎于文化产业政策，不仅与文化产业之间存在着千丝万缕的联系，通过创意它构建了与文化产业联系的桥梁，而且它与传统的三大产业之间均有交叉，是三次产业中居于价值链最顶端、富有创新思维并具文化内涵的行业融合，因此文化创意产业是无边界的产业。

[①] 厉无畏，王惠敏. 创意产业新论 [M]. 上海：东方出版社，2008：13-17.
[②] 荣跃明. 超越文化产业：创意产业的本质与特征 [J]. 毛泽东邓小平理论研究，2004（5）：18-24.
[③] 王振如，钱静. 北京都市农业、生态旅游与文化创意产业融合模式探析 [J]. 农业经济问题，2009：14-18.
[④] 金元浦. 我国文化创意产业发展的三个阶梯与三种模式 [J]. 中国地质大学学报（社会科学版），2010（1）：20-24.
[⑤] 厉无畏. 历史文化资源的开发利用与创意转化 [J]. 学习与探索，2010（4）：74-78.

1.3.3 创意阶层研究

著名经济学家理查·佛罗里达（2002）[①]提出创意阶层的概念。他认为，创意阶层是指所有从事需要创意的职业的人，这一阶层包括科学技术和人文艺术的精英。按照佛罗里达的观点，所有能产生新观念、新技术和新创意内容的人都应该属于创意阶层。而对于创意阶层发展要素的研究，佛罗里达提出了"3T模型"，即创意人才（Talent）的培养、创意技术（Technology）的培育以及城市文化的包容（Tolerance）。佛罗里达的"3T模型"为创意城市吸引创意人才，刺激经济发展，以提高城市的竞争力方面提供了新的理论支撑。配克（Peck，2005）[②]在佛罗里达研究的基础上，对佛罗里达的研究思想进行说明，他指出，在佛罗里达提出3T模型之前，技术和组织是城市发展的主要推动力，而现在则是人的力量，尤其是创意人才的推动，才是城市经济发展的主要推动力。[③]我国的研究者如李亚夫、孙萍（2005）[④]认为，创意阶层是由原创者、创制者、制造者、推动者和孕育者五个层面构成。蒋三庚、王晓红等（2009）[⑤]将创意阶层看作专门从事创意领域工作的人才，即创意人才。蒋三庚等人在创意产业链分析的基础上，将创意人才分为创意的生产者、创意的策划者和创意成果的经营管理者三类。这些划分为我们清楚地认知我国文化创意产业阶层的构成提供了一定的参考依据。华正伟（2009）[⑥]根据文化创意产业人才的属性与特点，科学分析文化创意产业人才结构和目标定位，探求构建知识经济时代的文化创意产业人才培养模式。亢清泉、娄雷（2010）[⑦]

---

① R. Florida. The Rise of the Creative Class [M]. New York: Basic Books, 2002: 46, 68-69.
② Peck. J. Struggling with the creative class [J]. International Journal of Urban and Regional Research, 2005, 19 (4): 740-770.
③ 佛罗里达认为，城市中心总是创意力之炉。综观全球有影响力的世界级城市，无一不是创意产业最集中、最发达的地区，它们都以独具特色的创意产业而闻名于世。
④ 李亚夫，孙萍. 创意如何成为产业？[J]. 21世纪商业评论，2005 (9): 150-157.
⑤ 蒋三庚. 文化创意产业研究 [M]. 北京：首都经济贸易大学出版社，2009: 250-252.
⑥ 华正伟. 我国文化创意产业人才培养模式的构建 [J]. 沈阳师范大学学报（社会科学版），2009 (3): 39-41.
⑦ 亢清泉，娄雷. 高校文化创意产业人才培养战略刍议 [J]. 中共青岛市委党校青岛行政学院学报，2010 (1): 110-112.

指出高校教育是文化创意人才培养的重要途径，论述了高校教育在文化创意产业背景下面临的挑战与对策，为高校教育发展提供新的思路。

从以上分析我们可以看出，国内外的学者在研究中均发现，在一个城市的可持续发展中，创意人才是培育是必不可少的。在当前我国发展创意产业的进程中，关注创意阶层就是强调创新型人才的培育，这些创新型人才就是特指那些掌握知识和技术的人才，他们为我国创意产业的发展提供夯实的智力支撑。因此，本书认为，吸引各种创新型人才，培育创意阶层是在当前创意经济时代下，增加城市竞争力的必要手段，它与城市化发展阶段是相辅相成，同时它也是未来几年来决定我国的产业结构调整，能否从传统产业向新经济转型的关键。

1.3.4 创意城市发展研究

文化创意产业的发展与区域经济发展程度相关，特别是城市的经济发展程度。创意城市的概念最早是由彼得·霍尔首先提出，他根据欧洲一些发达国家城市的发展的历史总结而出，他经研究发现创意城市一般都拥有财富、人才聚焦和处于较为动荡的社会、意识环境中等特点。[1] 格特·霍斯珀斯（Hospers，2003）[2] 在霍尔研究的基础上，根据经济和城市发展相互作用的历程，将创意城市分为4种类型：技术创新型城市（technological-innovative cities）、文化智力型城市（cultural-intellectual cities）、文化技术型城市（cultural-technological cities）、技术组织型城市（technological-organizational cities），并进一步在创意城市形成过程的3个重要因素，即集中性（concentration）、多样性（diversity）和非稳定状态（instability）。莫玛斯（Mommaas，2004）[3] 通过分析国际上一些创意城市的发展，认为，人们可以通过采取一些策略方法，培育创意环境，从而促进创意城市的形成。他们的研究为我们进一步认

---

[1] Peter Hall. Creative Cities and Economic Development [J]. Urban Studies，2000，37（4）：639 – 649.

[2] Gert. J. Hospers. Creative cities in Europe：urban competitiveness in the knowledge economy [J]. Intereconomic，2003，38（5）：260 – 269.

[3] Mommaas H. Cultural clusters and the post-industrial city：towards the remapping of urban cultural policy [J]. Urban Studies，2004，41（3）：507 – 532.

识创新城市的内涵提供了充分的理论依据,也为当前我国发展和建设创意城市提供了思路。加拿大学者查尔斯·兰德利(Charles Landry,2000)[①]在对创意城市进行研究时认为,创意城市的发展应具备一定的文化资本,"创意"才是城市发展的动力和血脉。斯科特(Scott,2006a)[②]从宽泛的角度分析创意城市经济系统的结构,斯科特(Scott,2006b)[③]同时指出,创意城市的发展应放在世界经济大背景下,去研究影响创意城市发展的因素,在此基础上采取相应对策去促进创意城市的发展。奥康纳(O'Conner,2006)[④]分析了创意城市概念演变的历程,指出创意城市已渗透到各个行业,从而带动了创意产业的发展,创意城市的发展对于提高城市竞争力的竞争作用,这一作用已超越以往文化产业的范畴。

本书认为,从以上学者的分析中为我国创意城市的发展提供了有益的借鉴。创意已是当今城市发展的一大主题,创意城市发展战略已然是城市发展摆脱传统发展路径的重要途径,创意城市的发展应着重融合文化、创意等影响创意城市发展的因素,结合相关的产业部门、通过出台有利的产业政策,提高城市的竞争力,促进自身的繁荣和发展。创意城市的最终状态应该是集区域文化、时尚的发源地,必定给源源不断地产业"创新思维"的集散地,而且这种创新思维最终能有效地同当地社会经济的发展相融合,最终才能真正地起到拉动区域经济发展的引擎作用。

1.3.5　文化创意产业聚集的研究

产业的发展不仅是单个企业的行为,从整个产业链的发展角度来看,它更需要整个行业的地理聚集和整个产业链的完整打造。[⑤] 对于文化创意产业

[①] Charles Landry. The Creative City: A Tool kit for Urban Innovators [J]. London: Earth scan, 2000: 220 - 245.

[②] Allen Scott. Entrepreneurship, Innovation and Industrial Development: Geography and the Creative Field Revisited [J]. Small Business Economics, 2006 (26): 1 - 24.

[③] Allen Scott. Creative cities: conceptual issues and policy questions [J]. Journal of Urban Affairs, 2006, 28 (1): 1 - 17.

[④] O'Conner, J. Art, Popular culture and cultural policy: Variations on a theme of John Carey [J]. Critical Quarterly, 2006, 48 (4): 49 - 104.

[⑤] 丁建辉. 创意产业与广告创意 [M]. 杭州:浙江大学出版社,2008: 33.

的发展而言也断无例外。文化创意产业聚集是指以创意为主的多元文化生态和创意服务产业链的一个特定的区域。自波特（Porter，1990）正式提出"产业聚集"的概念并把它上升到国家竞争力的高度，国内外学者更是掀起了从产业聚集的角度研究创意产业发展的热潮。按照波特的观点，产业聚集是一组在地理上相近、并具有相互联系的公司和关联机构，它们同处于一个特定的行业领域，由于具有共性或互补而联系在一起所形成的产业上的聚集。交易成本的降低、规模经济的实现、竞争优势的提高、知识溢出的效益是产业聚集形成的根本原因。[1] 自此之后，国内外学者从不同角度结合产业聚集思想研究了创意产业问题。

佛罗里达（Florida，2002）[2] 认为，文化创意产业聚集与一般产业聚集不同，它需要不同的政策和环境；阿伦·斯科特（Allen Scott，2004）[3] 认为文化创意产业具有城市聚焦化趋势，它的发展与城市经济发展水平密切相关，同时，他指出，不同文化创意产业区之间可以形成网络组织，即聚集；普拉特（Pratt，2004）[4] 则认为文化创意产业聚集是产业聚集的一个内部分支，与普通产业聚集没有本质差别；凯夫斯（Caves，2004）[5] 用制度经济学的合同理论和组织结构理论分析了创意行为的经济特点，并解释了为何生产无形资产的行业容易聚集提出了经济分析的框架；帕米兰（Pumhiran，2005）[6] 则从产业聚集的功能作用角度，分析了文化创意产业聚集对文化创意产业的发展所起的几大作用，论证了文化创意产业聚集建设的必要性。科瑞德（Currid，2006）[7] 通过对比分析在美国纽约文化和艺术行业的集中程度的分

---

[1] ［美］迈克尔·E. 波特. 国家竞争优势［M］. 李明轩，邱如美，译. 北京：华夏出版社，2002：139 – 159.

[2] R. Florida. The Rise of the Creative Class［M］. New York：Basic Books，2002：180 – 217.

[3] Allen Scott. Creative cities：conceptual issues and policy questions［J］. Journal of Urban Affairs，2006，28（1）：1 – 17.

[4] Pratt, A. Creative clusters：towards the governance of the creative industries production system［J］. Media International Australia：Culture and Policy，2004（112）：50 – 66.

[5] Caves, R. Creative Industries：Contracts between Arts and Commerce［M］. Cambridge，MA：Harvard University Press，2004：32 – 38.

[6] Pumhiran, N. Reflection on the Disposition of Creative milieu and its implications for cultural clustering strategies，Paper presented to the 41st. IsoCaRP Congress，2005. Rivkin – Fish，Ziggy.（2005）.

[7] Currid, E. New York as a Global Creative Hub：A Competitive Analysis of Four Theories on World Cities［J］. Economic Development Quarterly，2006（20）：330 – 350.

析发现，文化创意产业聚集主要集中在具有原创性和创新性的区域；哈顿（Hutton，2004）[1]则从地理学的角度对创意产业聚集进行研究，他发现文化创意产业聚集更倾向于大城市的内城及其边缘地区，且周边历史文化资料深沉较深厚，这些因素的存在都为文化创意产业聚集的发展提供了"新生产的空间"。

而我国国内在文化创意产业聚集上的研究则显得寥寥无几，现有的研究更多的是从案例分析的角度去进行经验的总结。例如，厉无畏、于雪梅（2005）[2]从实证的角度，结合上海文化创意产业基地发展的现状，分析了我国文化创意产业聚集的新特征及趋势，探讨了文化创意产业聚集发展的聚集优势效益问题，并在此基础上提出了促进文化创意产业发展的路径。陈倩倩、王缉慈（2005）[3]从音乐产业的领域，分析我国文化创意产业聚集发展所需的外部环境要素。潘瑾、李釜、陈媛（2007）[4]则从文化创意产业聚集的发展所产生的知识溢出效应分析了发展文化创意产业聚集的必要性。刘奕、马胜杰（2007）[5]从北京、上海文化创意产业聚集发展的现状剖析了发展我国文化创意产业聚集的政策思路。范桂玉（2009）[6]也从实证的角度，以北京为例分析了我国文化创意产业聚集形成所必需的条件。褚劲风（2009）[7]则把创意产业空间集聚看作一个复杂的空间组织系统，认为文化环境、科技水平、人力资源、知识产权等要素相互组合、交互影响着创意产业的空间集聚。并以上海文化创意产业聚集的现状为例，分析了文化创意产业聚集的影响因素。

本书认为，从以上学者的观点可以看出，目前国外对文化创意产业聚集的研究主要集中在实证研究上，但均没有从产业聚集角度说明文化创意产业聚集的形成机理。应该说，他们的研究为我国文化创意企业的发展问题提供了一定的理论支持，他们的研究以个别城市或地区的文化创意产业聚集发展的经验为模板，分析了文化创意产业聚集发展的路径，对于当前我国发展文

---

[1] Hutton, T. The new economy of inner city [J]. Cities21, 2004 (2): 89-108.
[2] 厉无畏，于雪梅. 关于上海文化创意产业基地发展的思考 [J]. 上海经济研究，2005 (8): 48-53.
[3] 陈倩倩，王缉慈. 论创意产业及其集群的发展 [J]. 地域研究与开发，2005 (5): 5-8, 37.
[4] 潘瑾，李釜，陈媛. 创意产业集群的知识溢出探析 [J]. 科技管理研究，2007 (8): 80-82.
[5] 刘奕，马胜杰. 我国创意产业集群发展的现状及对策 [J]. 学习与探索，2007 (3): 136-138.
[6] 范桂玉. 北京市文化创意产业集群发展机制研究 [J]. 特区经济，2009 (10): 84-86.
[7] 褚劲风. 上海创意产业空间集聚的影响因素分析 [J]. 中国人口·资源与环境，2009 (2): 170-174.

化创意产业聚集战略是有重要的借鉴意义。但研究的深度仍有所欠缺,对于文化创意产业聚集的构成要素、形成机理并未涉及或涉及较少,没有从这一角度得出文化创意产业发展的一般规律。对于文化创意产业应该在哪些城市或区域、产业形成聚集研究相对较少。这些领域需要在大部实证研究分析的基础上去分析和解决。

1.4 研究的基本思路、结构与方法

1.4.1 本书研究的基本思路

本书研究的基本思路如图1-4所示。

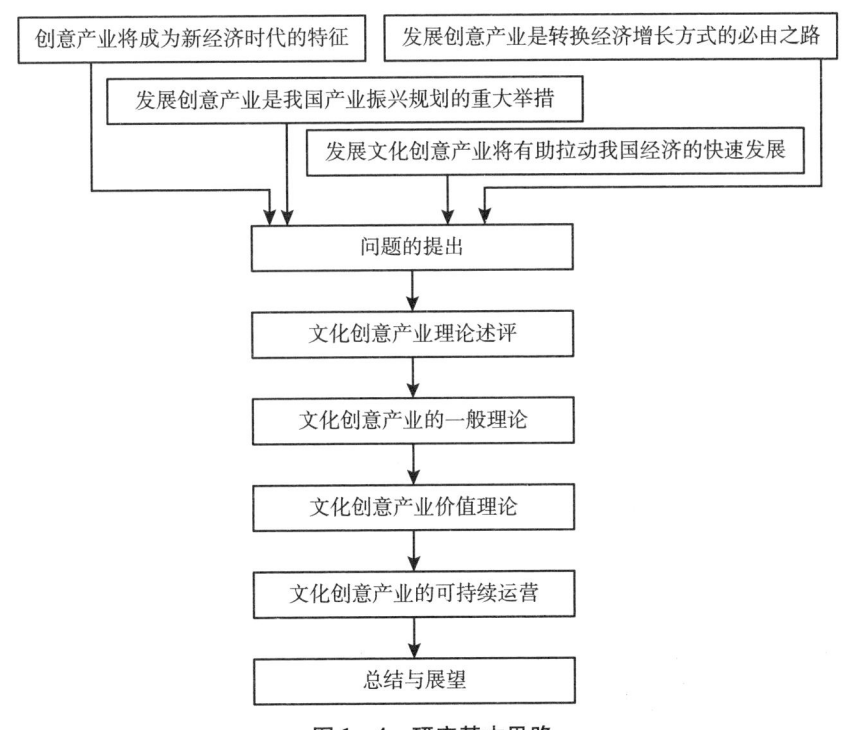

图1-4 研究基本思路

1.4.2 本书的篇章结构和主要内容

本书的主体结构分为8章，各章的主要内容如下。

第1章　绪论。本章主要讨论本书选题的时代背景——文化创意产业，将成为新经济时代的最具活力和发展前途的产业之一，文化创意产业将成为新经济时代的经济增长引擎、发展文化创意产业是转换经济增长方式的必由之路、发展文化创意产业是我国产业振兴规划的重大举措、促进文化产业的可持续发展需要以及提高我国文化产业整体核心竞争力的需要，分析了本书研究的现实意义，并通过国内外文化创意产业理论与价值链理论研究的述评，厘清文化创意产业理论和价值链理论的理论研究动态。主要从文化创意产业的内涵研究、创意产业的特质研究、创意阶层的研究、创意城市的研究、创意产业聚集研究、价值链理论研究等方面，分析了当前国内外文化创意产业理论研究和价值链理论发展的现状，为后续章节的撰写夯实理论基础。并进一步地分析了本书的研究思路、主要内容结构以及研究方法。

第2章　文化创意产业的一般理论。本章通过界定创意、创新和创造的概念，厘清文化创意产业的内涵，辨析文化创意产业与传统三大产业以及与文化产业、内容产业和版权产业的交叉与区别，并在这个基础上分析了文化创意产业的分类和特点，进一步探讨了文化创意产业的形成机理和发展模式。

第3章　文化创意产业价值链。本章通过探讨价值链理论脉络，探讨了文化创意产品、创意需求和文化创意产品价值，分析了文化创意产业在经济价值链中的价值定位，进一步剖析了文化创意产业价值链的构成、特点及其创新特征，借助经济学的相关理论，分析了文化创意产业价值链的演化进程。

第4章　文化创意产业价值的创造、开发和实现。本章通过分析文化创意产品的概念，厘清文化创意需求的层次，分析了文化创意产品的价值构成。探讨了文化创意产业在宏观、微观经济领域的定位，研究了文化创意产业价值的创造、开发和实现的过程，并从经济学的角度分析了文化创意价值的创造、开发和实现的机制。

第5章　创意产业价值评价研究。本章通过对模糊综合评判法和层次分析的研究现状进行简单分析和回顾，利用层次分析法的相关理论，建立创意产业的价值评价体系，另外，通过市场调查问卷所获取的相关数据对该模型进行检验，并在此基础上得出相关的结论和建议。

第6章　基于价值链视角的文化创意产业聚集。本章通过分析产业聚集和文化创意产业聚集的概念，明确文化创意产业聚集的内涵、特点，分析了文化创意产业聚集形成的条件和发展文化创意产业聚集区对我国社会经济发展的意义。在此基础上，进一步探讨了我国目前文化创意产业聚集的发展现状，并在此基础上，提出了发展我国文化创意产业聚集的对策和建议。

第7章　基于价值链视角的文化创意产业的可持续运营。本章通过分析文化创意产业运营的概念、必要性，说明了文化创意产业运营中文化创意产业发展不可或缺的市场条件。进而对比分析了计划经济时代和市场经济条件下我国文化创意产业的运营机制，论述了文化创意产业可持续发展的投融资策略、利用信息技术促进文化创意产业的可持续运营。并在此基础上，探讨了文化创意产业的可持续运营的方式。

第8章　总结与展望。本章简要地分析本书的主要结论和创新点及有待于进一步研究的问题。

1.4.3　本书的研究方法

本书采用的研究方法主要是处理好规范分析与实证分析、定性分析与定量分析、借鉴国外研究成果与立足我国实际之间的辩证关系分析等。具体如下：

（1）运用市场调查方法，资料收集与实际调研相结合，在拥有丰富资料的基础上，力求做到证据充分、分析深入、重点突出，并提出自己独特的见解。

（2）整合和集成多学科的研究方法。综合运用管理学、博弈论、经济学等学科的理论知识和相关方法进行研究。

（3）历史、现状与未来相结合，动态考察与静态考察相结合。本书考察创意产业的发展轨迹，分析国内外创意产业发展现状，并分析创意产业价值创造的市场机制，力求做到分析全面、综合、合理。

第 2 章
文化创意产业的一般理论

文化创意产业是一门新兴的学科,关于它的研究目前还处于不断探索深入的过程中,关于文化创意产业的内涵,国际上各个国家或地区根据各自的产业发展的实际提出了不同概念的界定范畴。本章将主要围绕这些说法,将其中的分歧梳理出来,为界定文化创意产业提供相应的概念框架,并在此其基础上分析其形成机理和发展模式。

2.1 文化创意产业的含义

"资本和技术主宰一切的时代即将终结,创意时代已经来临。"这句话是最近几年在美国的硅谷和华尔街比较流行的语言,目前业已引起了全世界的共鸣。在当前经济发展过程中,如何进行合理的经济转型,逐渐地将原来的以生产要素和投资为动力的经济发展特征,转向以创意为动力的经济发展的新阶段。面对文化创意产业发展的大趋势,除了适合趋势外,我们还应该从理论层面对文化创意产业进行深入思考,为文化创意产业在我国的发展奠定坚实的理论基础。

2.1.1 创意、创新和创造的区别

创意、创新和创造三个概念都是指通过人类的创造性劳动,产生一种前

所未有的事物或思想。尽管它们语义相近，但三个概念在外延上还是存在着明显的区别。

创意的含义来源于英文单词"creative"，指"创意出某种意义"。若从字面上来理解，创意是一种思维活动，是指具有创新的意识和思想，常含有"好点子"或"好主意"的意思。这些"点子""主意"或"想法"一般源于个人创造力、个人技能中个人才华。[①] 因此，创意应理解为在社会文化领域方面的各种新观念、新思想、新设计，它与人类的精神文化活动相联系。"创意"强调的是灵感与构思的过程，主要侧重于个人的想法。[②] 这正如霍金斯所说的，创意就是侧重某种新事物的能力，它表示一人或多人创意和发明的产生，它就是才能和智慧。[③]

创新则是目前经济领域中使用频率较高的概念，按照熊彼特的观点，创新是指"企业家对生产要素的新组合"。[④] 相比之下，创新并不等于发明，一种发明只有应用于经济活动并取得相应的经济效益或其他社会效益时才能算作创新。因此，"创新"更侧重于过程，主要指"通过组织人力、物力以及已有的知识经验，提出新的方案或程序，形成新的思维结果"。[⑤]创新不仅包括思想和观念上的创新，还包括更为广泛的技术、物质等所有层面的创造和更新。而创意是人的创新思维能力的具体体现，是比较宽泛意义上的创新更深一层的思想创新或理念创新，它是一切创新活动得以展开的前提和基础，一切有形无形的创新过程及其结果最终都可溯源到某一创意。

"创造"观念最早产生于古希腊时期，它所蕴含和所要表达的是"与客观世界、万物实存不同的，关于人的精神和思维能力的另一类含义和意

---

① 创意是科学技术和艺术结合的创造。它对于改变人们对科学的刻板、教条的认识，对认为科学只是无生命的、机械的、理性的、精确的、可以量化的旧认知是一次冲击。人们会重新认识到，科学当中也包含了感性、包含了艺术的气质、包含了美学的内涵。创意就是集逻辑思维、形象思维、逆向思维、发散思维、系统思维、模糊思维等多元思维为一体，以人的综合知识体系、经验、直觉和灵感为基础，通过多种认知方式综合运用现代技术手段和方法的创造性思维过程。

②⑤ 孙启明，郭玉锦，刘宇，曾静平. 文化创意产业前沿——希望：新媒体崛起 [M]. 北京：中国传媒大学出版社，2008：5.

③ [英] 约翰·霍金斯. 创意经济：如何点石成金 [M]. 洪庆福，孙薇薇，刘茂玲，译. 上海：上海三联书店，2006：3.

④ 石杰，司志浩. 文化创意产业概论 [M]. 北京：海洋出版社，2008：22.

蕴"。[1]"创造"则常常与发明联系在一起，指人们在自然科学和工程技术领域"首创前所未有的事物"，[2] 虽然目前"创造"一词也常被引申到其他领域，但其核心含义仍是指在科学技术上取得新的成果。所以，"创造"强调的是形成最终的成果，它是有目的的、有意识的活动，它是将思想转换成为现实的最后过程。[3] 一般来说，整个产业链条中，遵循的是创意—创新—创造的过程。创意为源头，创新为过程，创造为最后结果的形成。

在经济发展过程中，如何有效地辨析创意、创新和创造的概念，对于我们深刻地理解创意产业的内涵和特征有着重要的意义，如图 2-1 所示。

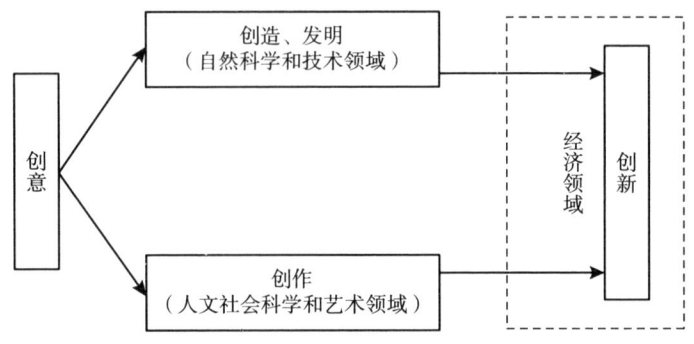

图 2-1　创意与创新、创造的概念辨析

如图 2-1 所示，人类思维领域产生了新的创意思维，一方面，通过自然科学和技术领域创造发明和管理技术的改进，不断地提高经济活动的效率，扩大经济活动的范围。克利斯·弗里曼（Chris Freeman，1995）曾指出非技术性的机构创新（即创意）极其重要，而且在批量生产和倾向性生产时，这种创新（创意）常常与技术创新联系起来，或者成为创意进入市场的契机。[4] 另一方面，创意通过人文社会科学和艺术的创作刺激或影响人的需求，提升

---

[1] 吴满意. 广告文化 [M]. 北京：中国经济出版社，1995：50.
[2] 夏征农. 辞海 [M]. 上海：上海辞书出版社，1999：212.
[3] 孙启明，郭玉锦，刘宇，曾静平. 文化创意产业前沿——希望：新媒体崛起 [M]. 北京：中国传媒大学出版社，2008：5.
[4] Chris Freeman. The "national system of innovation" in historical perspective [J]. Cambridge Journal of Economics，1995 (19)：5-24.

经济活力。克里斯腾斯（Christensen，1995）也曾提出，创新资源包括 4 类：科研资源、工艺创新资源、产品创新资源、美学设计资源，然而，"最后一类在工作能力（创作能力）的理论化时经常被忽略，但是在许多工业和服务业中却是极为重要的"。[①] 文化创意产业中的创新具有经济结构上的可融合性，它可以通过对旧行业在文化上的创新——这种创新引导的是产品、知识或技术的自主创新。

另外，创新的功能主要是为各类科技成果和文化艺术思想开拓和挖掘市场空间，将它们潜在经济价值转化为现实价值。在此突出创意的文化特征，并不是要把文化创意产业与文化产业混为一谈，事实上，当代的文化创意产业之所以备受关注，其根本原因在于创意本身，正是创意的巨大潜在经济价值吸引了人们对创意产业的关注。这正如未来学家阿尔文·托夫勒预言："资本的时代已经过去，创意时代即将来临；谁占领了创意的制高点谁就控制全球！主宰 21 世纪命脉的将是创意！创意！创意！除了创意还是创意！"目前已经进入 21 世纪，我们迎来的将是一个完全创意的时代。世界的生存法则已经发生了重大变化，工业经济时代的生产方式将不再决定一切，而靠创造力、脑力创新的知识密集型经济则发展迅猛，一个优秀的创意可以给企业带来丰厚的利润，甚至能够使濒临破产的企业起死回生。现代社会对创意的需求甚至已经改变了企业的组织结构和人们的工作、生活方式。从某种程度上来讲，是创意开启了新经济时代的大门。

2.1.2 文化创意产业的含义

创意思维、创意经济的产业浪潮并非空穴来风，而是有深刻的理论渊源。德国经济史学家及思想家约瑟夫·熊彼特早在 1912 年就曾明确指出，现代经济发展的根本动力不是资本和劳动力，而是创新；而创新的关键就是知识和信息的生产、传播、使用。[②] 1997 年，布莱尔当选为英国的首相后，为了缓解国内经济发展的压力，实现经济社会的全面发展，成立了由多个政府部门

[①] D. Pauly, V. Christensen. Primary production required to sustain global fisheries [J]. Nature, 1995 (374): 255-257.

[②] ［德］约瑟夫·熊彼特. 经济增长理论 [M]. 北京：商务印书馆，1990：73-74.

和产业界代表组成的创意产业工作组（the Creative Industries Task Force）。1998年11月，该工作小组在第一份《创意产业路径文件》中第一次提出"创意产业"（creative industries）的概念。

英国有关文化创意产业的定义（1998年布莱尔政府报告中提出创意产业的概念）为各国政府普遍接受。其定义如下：起源于个人创意、技巧及才能，透过智慧财产权的生成与利用，而有潜力创造财富和就业机会的产业。[①] 在这一概念中，强调下面几层意思：第一，文化创意产业的主体是人而不是原材料、土地或者机器，人的心智、技术、灵感是创意产业的主要资产；第二，文化创意产业的经济价值来自富于想象力的个人，来自个人的创造力；第三，文化创意产业的产成品并不完全是可见可触的实物，也包括某些特定的服务；第四，文化创意产业是与知识产权的产生和运用相结合的，知识产权成为创意过程中一个关键环节，并且对整个文化创意产业起了枢纽的作用；第五，文化创意产业不是单一的产业部门，是能够创造大量财富和就业机会的产业群。

另一著名的定义是国际杳无音信创意产业知名专家、英国文化创意产业之父霍金斯在《创意经济》（The Creative Economy）一书中，把文化创意产业办公室为其产品都在知识产权法的保护范围内的经济部门，包括版权、专利、商标和设计，这四个产业构成了创意产业和创意经济。[②] 根据此定义，文化创意产业组成了资本主义经济中非常庞大的部门。霍金斯的定义扩展了英国政府提出的文化创意产业的内涵，把属于自然科学中各个部门的专利研发活动也纳入了文化创意产业，有效地解决了创意活动中科学与文化艺术相分离的问题，同时把文化创意产业从产业层面提升到了整个经济更新与变革的层面上来。应该说，霍金斯的定义为确定一种给出的活动是否属于创造性部门提供了一种有效而又一致的方式和方法，为我们理解创意产业的内涵提供了依据。

澳大利亚亦是最早倡导文化创意产业的国家之一。昆士兰科技大学创意

---

① 其原文如下：Those industries which have their origin in individual creativity, skill and talent and which have a potential for wealth and job creation through the generation and exploitation of intellectual property.

② John Howkins. The Creative Economy: How people make from ideas [M]. London: Allen Lane, 2001: 68 - 84.

产业学院院长约翰·哈特利教授（John Hartley）对文化创意产业的认识也提出了其独到的见解，他在《创意产业读本》（Creative Industries）一书中分析指出，文化创意产业是一个历史性的概念，可以从其产生的过程区分出三个阶段，创意群集（产出）、创意服务（投入）、创意公民（消费者/用户/劳动力）。[1] 他试图以新知识经济中的新媒体技术发展为背景，描述"创意艺术"（个人才能）和"文化工业"在概念和实践层面上的融合，供新近才实现互动的"公民—消费者"所用。这一定义强调了艺术、科技的融合，强调了与消费者互动的新理念。

美国哈佛大学的凯夫斯教授将文化创意产业定义为"创意产业提供给我们宽泛的与文化的、艺术的仅仅是娱乐的价值相联系的产品和服务"。[2] "书籍杂志印刷业、视觉艺术（油画与雕刻）、表演艺术（戏剧、歌剧、演唱会、舞蹈）、电影和电视节目，以及时装、玩具和游戏等都包括在内。"[3] 凯夫斯在其著作中，将文化创意产业归纳为七个特点：第一，创意产品具有需求的不确定性；第二，创意产业的创意者十分关注自己的产品；第三，创意产品不是单一要素的产品，其完成需要多种技能；第四，创意产品特别关注自身的独特性和差异性；第五，创意产品注重纵向区分的技巧；第六，时间因素对于一个创意产品的传播销售具有重大意义；第七，创意产品的存续具有持久性与盈利的长期性。凯夫斯力图描述和总结当代文化创意产业的特征。在他看来，文化创意产业中的经济活动会全面影响当代商品的供求关系及产品价格。无疑，文化创意产业的提出建立了一种全新的、在全球经济、经济一体化、技术与文化背景下，适应当前新的发展格局，把握新的核心要素，建构新的产业构成的通道。

文化产业研究专家托斯则认为，"创意产业"这个词汇的含义应该包括音乐、戏剧、卡通、唱片、无线电、电视、建筑、软件设计、玩具、书籍、传统、旅游、广告、时装、工艺、摄影和电影，这些东西都是国民总收入或

---

[1] [澳]约翰·哈德利. 创意产业读本[M]. 曹书乐, 包建女, 李慧, 译. 北京: 清华大学出版社, 2007, 序言: 11-13.
[2] [美]理查德·E. 凯夫斯. 创意产业经济学——艺术的商业之道[M]. 北京: 新华出版社, 2004: 1.
[3] [美]理查德·E. 凯夫斯. 创意产业经济学——艺术的商业之道[M]. 北京: 新华出版社, 2004: 3.

国际贸易平衡的一部分（Towse，2002；UNESCO，2002）。[1]

2008年1月14~15日，在日内瓦召开的联合国贸易与发展会议（简称贸发会议）创意经济与产业带动发展问题秘书长高级别小组会议对创意产业的发展进行了广泛的讨论。贸发会议认为，创意经济是一个不断发展中的概念，其基础是创意资本。创意经济的核心是创意产业。贸发会议对创意产业下的定义是：以知识和智力资本为主要投入的产品和服务的创造、生产和商业的总和。

新加坡的创意产业工作组（2002）提出了第一份发展创意产业文件《创意产业发展战略：推动新加坡的创意经济》，基本上采用了英国的定义，但提出了"创意聚群"（creative cluster）的新概念，丰富了文化创意产业的思维。[2] 中国香港特区委托香港大学文化政策研究中心研究完成了《香港创意产业基线研究报告》（2003）。该报告探讨了文化创意产业与经济发展之间的关系，分析了创意成长、制度与社会文化价值的关系，由此定义了文化创意产业的概念。我国台湾地区"经济部工业局"（2006）将文化创意产业定义为源自于创意或文化积累，透过智慧财产的形式与运用，具有创造财富与就业机会潜力，并促进整体生活提升的行业。我国学者金元浦（2005）[3] 是从全球化消费社会的视角来定义文化创意产业；徐清泉（2007）[4] 则从产业分类视角定义文化创意产业；王缉慈（2006）[5] 更是从产业政策层面上来突出文化创意产业。

以上国内外研究部门或学者均是从不同角度去理解和认识文化创意产业，可谓"仁者见仁，智者见智"。但是，众多学者对文化创意产业的认识在内涵和外延上来看都十分接近，也存在一定程度的分歧。但他们在文化创意产业的核心认识上则是一致的，即均认为文化创意产业应着眼于整个产业链，产业存在和发展由创意驱动。这一清晰的认识为我们认识文化创意产业，促进文化创意产业的发展奠定了坚实的理论基础。根据以上论述，本书认为，

---

① 廖灿. 创意中国 [M]. 北京：中国经济出版社，2008：35.
② 吕庆华. 文化资源的产业开发 [M]. 北京：经济日报出版社，2006：92.
③ 金元浦. 创意产业的全球勃兴 [J]. 社会观察，2005（2）：22-24.
④ 徐清泉. 创意产业：城市发展的又一引擎 [J]. 社会观察，2004（9）：16-17.
⑤ 王缉慈. 创意产业集群的价值思考 [J]. 发展规划与结构调整，2006（3）：24-27.

理解文化创意产业内涵的关键是强调创意和创新,从更广义的角度来看,文化创意产业也是创新产业,它在客观上已成为知识经济时代的一个标志性产业,文化创意产业是无边界产业,可以涉及具有高科技含量、高文化附加值和丰富创新度的任何产业。因此,可以把以创意为核心增长要素的产业,或缺少创意就无法生存的相关产业称为文化创意产业。

2.1.3 文化创意产业与其他产业之间的关系

2.1.3.1 文化创意产业与三次产业之间的关系

发展文化创意产业对一国国家经济的增长的重要性毋庸置疑。但目前全世界各个国家对文化创意产业的界定尚无统一的定论,各国基本上是按照各自产业发展的需要,并结合各自的产业现状及特点提出重点或优先发展的文化创意产业的类别。而且,文化创意产业不像老派的产业那样,可以根据自己所生产的东西来命名。这是因为从产业角度来说,创意是一种投入,而非产出。因此,界定好文化创意产业的归属问题对于发展文化创意产业而言至关重要。在此,本书认为,文化创意产业无法直接归入三次产业中的哪一类,因为创意产品和创意过程可以贯穿于所有的三次产业之中。因此,可以说,文化创意产业是与三次产业均有交叉,是三次产业中居于价值链高端的、富有高新技术特征特别是信息化催生的高新技术特征和文化内涵的行业的深度融合。[①]

如图2-2所示,文化创意产业是从第一、第二、第三产业里所包含的知识创意和文化产品的生产、制造、销售的行业中分离出来,这些行业由于物质要素投入低,高新技术、管理、思想、艺术、制度等无形要素投入高,并使用高素质的人力资本,因而处于三产的产业价值链高端,这些行业的聚合、融合就形成了文化创意产业。[②]

所以说,文化创意产业没有非常明确的产业范围边界,它是以三次产业为基础,横贯众多行业,以创新和文化为元素的横向度串联而成和行业集合,

---

[①②] 贺寿昌. 创意学概念 [M]. 上海:上海人民出版社,2006:41.

随着三次产业的扩大而扩大，发展而发展。它是适应新的产业形态而出现的创新概念，是对新形态的概括、总结和发展。

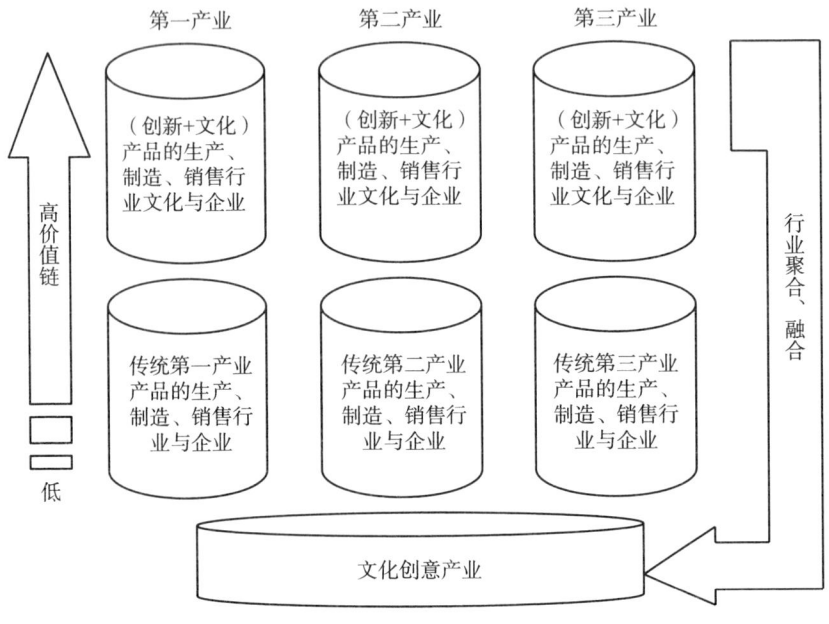

图2-2　文化创意产业与三次产业的关系

资料来源：根据贺寿昌．创意学概念［M］．上海：上海人民出版社，2006：41 整理而得。

文化创意产业是通过"越界"促成不同行业不同领域的重组与合作。这种越界主要是面对原有的第一、第二产业的升级调整，第三产业即服务业的进一步细分，打破了第一、第二、第三产业的原有的界限，通过越界，寻找提升第一、第二产业，融合三产的新的增长点，实现二产要三产化，要创意化、高端化、增值服务化，以推动文化发展与社会经济的发展，并且通过在全社会范围内全面有效地推动创造性发展，来促进社会机制的改革与创新。可以这么说，文化创意产业往往是在传统的制造业充分发展、服务业不断壮大的基础上形成的，是三大产业领域不断融合发展的最终结果。这种结果使得文化创意产业的创意内容中不仅有关于设计、研发、制造等生产活动领域的内容，也有传统三大产业领域中的一般服务业的内容。

总体上来讲，文化创意产业的出现本身就是产业结构优化和升级的必然结果,是社会分工和技术发展到了一定程度的产物。文化创意产业通过其创意内容对第一、第二和第三产业的所有的产业环节进行渗透和融合,而一举成为新兴的、独立的产业形态。

2.1.3.2 文化创意产业与文化产业、内容产业和版权产业的交叉与区别

文化创意产业与文化产业、内容产业和版权产业三者之间具有明显的交叉和重叠,从广义上看,它们都属于知识产权产业。如图2-3所示。

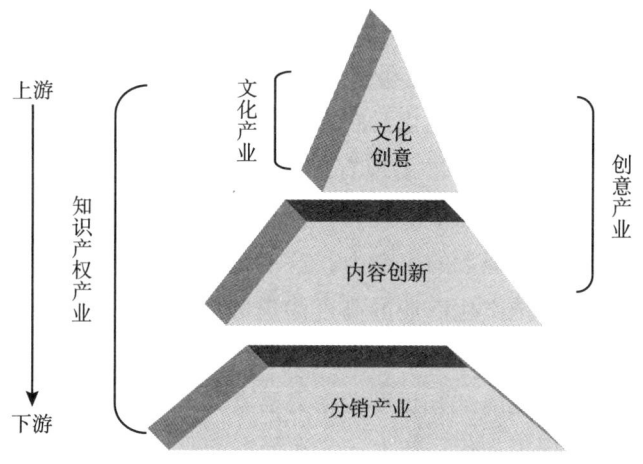

图2-3 知识产权产业的价值链

资料来源:根据厉无畏,王慧敏. 创意产业新论[M]. 上海:东方出版中心,2009:6修改而得。

文化产业、内容产业和版权产业本质上属于知识生产,而文化创意产业属于知识服务,它以文化创意对其他产业的进入融合和渗透,其表现将更具有广泛性、普遍性。[①] 文化产业能够提供文化创意产业发展所需的素材(即各种丰富的文化资源),创意则是实践观念与思维的力量,而这一力量需要文化所蕴藏的丰富资源进行支撑,因此,以上三大产业之间应该是相辅相成的、相互促进的、不可分割的。

在迄今为止的创意城市理论研究中,在国际学术界可以首推的是"全球

---

① 厉无畏,王慧敏. 创意产业新论[M]. 上海:东方出版中心,2009:7.

创意三巨头"之一的英国学者查尔斯·兰德利（Charles Landry，2008）。[1] 他在其代表作《创意城市：都市创新的工具书》开头就清楚点出其研究著作的诉求："本书描述一种新的都市规划策略方法，检视人们如何在城市中以创意的方式进行思考、计划与行动；探索我们如何可以通过驾驭人们的想象力与天分，使我们的城市更适合居住、更具活力。"兰德利指出，文化的重要性在于：它是创意的平台与资源，文化是创意源源不断的温床。同样，内容产业是与数字内容信息生产和多媒体技术服务相联系的行业的总称。学术界往往把它看成创意产业的物质载体。有了文化内涵，有了创意，内容产业才有了真正的意义，才能吸引市场的眼球，赢得市场。

因此，文化、创意及内容产业是相互渗透，共同构成了一个互动的系统。这种融合与渗透，把技术、文化、制造和服务融为一体，既有利于现有产业的延伸，又可以大幅度地拓展了现有产业的发展空间。[2] 一方面，文化创意产业与传统文化产业在互动中渗透。各种高新技术特别是信息化催生的新型文化创意产业表现出了强大的生命力，这一生命力不仅表现在它的高度成长性，而且表现为对传统文化产业的高度渗透和融合。另一方面，创意成果往往可以成为其他产业的要素投入。文化创意产业中知识和文化要素往往是和人力结合在一起的，形成"知识型劳动力要素"。[3] 文化创意产业资源消耗较少，附加值高，是属于文化、技术、艺术等多产业相融合的智力密集型产业。可以说，文化创意产业的提出，改变了原有产业产品的特征和市场需求，同时也导致企业之间竞争合作关系发生了变化，进一步导致了产业界限的模糊化，形成了以创意为中心的产业。[4] 当今世界经济发展逐步呈现文化化，文化等领域的发展也逐步呈现出经济化的趋势，由文化衍生而来的内容产业、信息经济提供的技术水平以及知识经济的背景，共同为文化创意产业的发展提供了理想的舞台。从这个角度上讲，可以将文化创意产业看作文化、经济和技术发展到一定阶段并相互融合的必然产物。

---

[1] Charles Landry. The Art of City Making [J]. European Planning Studies, 2008, 16 (9): 1325 – 1327.
[2] 厉无畏. 创意改变中国 [M]. 北京：新华出版社，2009：34.
[3] 张幼文. 知识经济的生产要素及其国际分布 [J]. 经济学动态，2004 (5)：20 – 24.
[4] 马健. 产业融合理论研究评述 [J]. 经济学动态，2002 (5)：78 – 82.

2.2 文化创意产业的分类及特点

随着知识经济的发展、信息技术的普及、经济一体化的完全显现，传统的产业结构演进规律已经很难从根本解释或描述经济发展的规律特征，特别是在当前创意经济飞速发展的时期。但目前国际上不同国家对于文化创意产业的类型尚未形成一致的看法。因此，在理解和认识文化创意产业之前，有必要界定文化创意产业的类别，并探索其本身所蕴含的独特价值。

2.2.1 文化创意产业的分类

文化创意产业是以文化创意、知识产权和高科技为核心内容的新兴产业。目前，全球各个国家或地区对于文化创意产业的划分，各有不同的说法。但对比各个国家或地区的分类方法，不难看出，首先提出文化创意产业概念定义的英国所指创意产业的13个行业，几乎全部已列入相关国家或地区的该类产业。

2.2.1.1 英国的划分

英国是世界上发展文化创意产业最早的国家之一，早在1991年英国就将文化创意产业归类为文字创造、视觉艺术、舞台美术、音乐、摄录、时装6类。到1997年又增至13个核心门类（广告、建筑、美术和古董市场、手工艺、设计、时尚、电影、互动休闲软件、音乐、表演艺术、出版、电脑软件、电视和广播）和3个外延领域（旅游、博物馆和美术馆、遗产和体育等部门）。英国划分的文化创意产业，强调的是人（即创意者）的创造力，文化艺术对社会经济的渗透和贡献。

2.2.1.2 美国的分类

美国虽然拥有强大的文化辐射能力，但至今没有文化创意产业的提法。美国所使用的更多的是"版权产业"的概念。指"生产及分销知识产权的产业"。在美国国内，其版权产业大体上被分为4类：第一类是核心版权产业，指创造享有版权的作品科威特为其主要产品的产业，包括出版与文学、音乐、剧场制作、歌剧、电影与录像、广播电视、摄影、软件与数据库、视觉艺术与绘画艺术、广告服务等领域；第二类是交叉版权产业，主要包括电视机、收音机、录像机、CD机、DVD、录音机、电子游戏设备以及其他相关设备的生产；第三类是部分版权产业，即其产品只部分享有版权，包括服装、纺织品与鞋类、珠宝与钱币、其他工艺品、家具、家用物品、瓷器及玻璃、墙纸与地毯、玩具与游戏、建筑工程与测量、室内设计、博物馆等领域；第四类是边缘版权产业，主要包括为发行版权产品的一般批发与零售、大众运输服务、电讯与因特网服务等领域。从美国的分类中，我们不难看出，如果说核心版权产业更多地体现在传统的广播电视与出版等行业和文化艺术类个性化的都市服务业的话，那么，交叉版权产业、部分版权产业所涉及的产业则是创意与现代制造业的结合；而边缘版权产业则是创意与现代都市仓储、物流业的结合。

2.2.1.3 日本的分类

日本是亚洲文化创意产业最发达的国家之一。在日本，文化创意产业被称作感性产业，它是由内容制造产业、休闲产业和时尚产业3部分共同组成。内容制造产业是指电脑、网络、电视、多媒体系统建构、数字影像处理、数字影像讯号发送、录影软件、音乐录制、书籍杂志、新闻等产业门类。[①] 休闲产业是指学习休闲、鉴赏休闲、运动设施和学校及补习班、体育比赛售票、国内旅游、电子游戏、音乐伴唱等7类产业。时尚产业是指时尚设计和化妆品这两类产业。在日本，其创意产业的主要支柱的行业有：第一，电影电视，也即传统意义上的文化产业；第二，动画产业。日本素有"动漫王国"之称，是世界上最大的动漫制作和输出国，目前全球播放的动漫作品有60%以上出自日本，在欧洲这个比例更高，达到80%以上。第三，报纸杂志出版业。在亚洲，唯一一个发展成熟并有期刊刊出能力的国家就是日本，日本也是全世界第二大期刊大国，仅次于美国。日本现有的相关出版社有4000多

---

① 张胜冰，徐向昱，马树华. 世界文化产业概要 [M]. 昆明：云南大学出版社，2006：117.

家,出版的杂志种类繁多,其数量长期保持在 2000~3000 种。① 第四,设计产业。日本设计业又分为三大部分,即产品设计、视觉设计和环境设计。第五,游戏产业。经过多年的努力,日本的游戏产业已经被培育成日本第一时尚娱乐产业,每年创造着 20000 亿日元的庞大市场,其产值也占到日本 GDP 总量的 20% 左右,已超过了汽车和家电两大传统产业。

2.2.1.4 澳大利亚的分类

澳大利亚对文化创意产业的界定是以英国的"创意产业"的概念内涵为蓝本,它使用"数字内容与应用产业"这一说法。早在 1994 年,澳大利亚联邦政府正式出台了代表其第一个国家文化发展战略的文件——《创造之国度》,力推创意产业,希望将澳大利亚构建为一个创意国度(creative nation)。② 2001 年,澳大利亚"版权委员会"联合"版权研究中心"委托公司发表报告《澳大利亚版权产业的经济贡献》。报告中指出:按照"澳大利亚与新西兰标准产业分类"(简称 ANZSIC)体系,"版权产业(也即创意产业)"分为三小类:核心版权产业、部分版权产业、版权分销产业。其中"核心版权产业"是指那些将版权作品的创作作为其原始产品的产业,包括报纸印刷或出版、广播服务、电视服务等 16 个产业。"部分版权产业"是指那些只有部分活动与版权作品的创作相关的产业,包括印刷、计算机咨询服务、测量服务、广告服务等 8 个产业。"版权分销产业"是指那些与版权产品的分销相关的产业,包括摄影设备批发、书籍杂志批发、报纸书籍文具零售、图书馆、博物馆等在内的 18 个产业。

2.2.1.5 新加坡的分类

1998 年,新加坡就将创意产业定为 21 世纪的战略产业,并出台了《创意新加坡》计划。2002 年 9 月,新加坡创意产业工作小组(Creative Industries Working Group,简称 CIWG)提出第一份针对新加坡现状撰写的创意产业发展策略——《创意产业发展策略:推动新加坡的创意经济》。CIWG 的这

---

① 曹永玖. 现代日本大众文化 [M]. 北京:中国经济出版社,2000:82.
② 张英保. 澳大利亚文化产业的发展概况及其商业赞助 [M]//张晓明,胡惠林,章建刚主编. 2001~2002 年:中国文化产业发展报告. 北京:社会科学文献出版社,2002:260.

份创意产业发展策略基本上采用英国定义,报告中提出将文化艺术、设计与媒体作为发展新加坡创意产业的 3 个重点。第一,文化艺术:涉及表演艺术、视觉艺术、文学艺术、摄影艺术、手工艺、图书馆、博物馆、画廊、档案、拍卖、文物遗址、艺术表演场所、各种艺术节及其他艺术辅助事业等行业。第二,设计:涉及广告、建筑、网络和软件、制图、工业产品、时装、室内外装修等行业。第三,媒体:涉及广播(包括电台、电视台和有线广播)、数字媒体(包括软件和电脑服务)、电影和录像、唱片发行和媒体印刷等行业。

2.2.1.6 中国香港的分类

2003 年中国香港特区政府中央政策组委托香港大学文化政策研究中心发布了《香港创意产业基线研究报告》(*Baseline Study on Hong Kong's Creative Industries*),其概念界定与英国基本相同,该报告是在英国文化创意产业分类的基础上,加入了文化创意产业生产系统及其与社会象征意义的交流和生产的概念,把香港的文化创意产业界定为文化艺术类、电子媒体类、设计类 3 类,包括广告、建筑、设计、出版、数码娱乐、电影、古董与工艺品、音乐、表演艺术、软件与资讯服务业、电视与电台在内的共 11 项主要产业类别。同时,他们认为那些以文化艺术形象为资源,结合原创的经营方式,为顾客提供不同消费体验的服务业也可被称为文化创意行业,并且文化创意产业的概念也可延伸至小区建设与城市形象的规划。2005 年 2 月,香港特区政府的第九份施政报告以详尽的篇幅讨论了文化创意产业的发展政策,并加入文化的概念,更全面地统一文化与创意之间的融合。

2.2.1.7 中国台湾的分类

我国台湾地区对文化创意产业则采用"文化创意产业"的说法,台湾地区"经济部工业局"(2006)将文化创意产业定义为"源自于创意或文化积累,透过智慧财产的形式与运用,具有创造财富与就业机会潜力,并促进整体生活提升之行业"。台湾地区对文化创意产业的分类更多的是侧重于该产业对居民生活质量的提升作用。根据上述定义,台湾地区文化创意产业主要涵盖 13 项产业类别:视觉艺术、音乐与表演艺术、文化展演设施、工艺、电影、广播电视、出版、广告、设计、品牌时尚设计、建筑设计、创意生活、数字休闲娱乐。

从表2-1可以看出，以上各个国家或地区的分类情况看，这些国家或地区不管是叫创意产业，还是文化创意产业或其他名称，其内涵和外延都是非常接近的，都与英国最早提出的定义相仿。其产业的界定主要着眼于整个产业链。除了因高新技术而诞生的少数新兴产业外，文化创意产业中的大多数产业都早已存在，只是在新的经济条件下，它们所具备的共同特征得到政府、理论界和实业界的格外关注，而被集中在一起重新进行命名而已。

表2-1 部分国或地区文化创意产业的分类

定义	国家、地区（国际组织）	分类
创意产业	英国	13类：广告、建筑、美术和古董市场、手工艺、设计、时尚、电影、互动休闲软件、音乐、表演艺术、出版、电脑软件、电视和广播；以及3类外延领域旅游、博物馆和美术馆、遗产和体育
	新西兰	10类：广告、软件与资讯服务业、出版、广播电视、建筑、设计、时尚设计、音乐与表演艺术、视觉艺术、电影与录像制作
	中国香港	11类：广告、建筑、设计、出版、数码娱乐、电影、古董与工艺品、音乐、表演艺术、软件与资讯服务业、电视与电台
	澳大利亚	7类：制造（出版、印刷等）、批发与销售（音乐或书籍销售）、财务资产与商务（建筑、广告及其他商务）、公共管理与国防、社区服务、休闲服务、其他产业
文化产业	新加坡	3类：文化艺术、设计、媒体
	韩国	17类：影视、广播、音像、游戏、动画、卡通形象、演出、文物市场、美术、广告、出版印刷、创意性设计、传统工艺品、传统服装、传统食品、多媒体影像软件、网络
	中国内地	9类：新闻、出版及版权服务、广播电视及电影、文化艺术、网络文化、文化休闲娱乐、文化产品代理、文化用品、设备及相关产品销售
	芬兰	9类：文学、塑像、建筑、戏剧、舞蹈、影像、电影、工业设计、媒体
	联合国教科文组织	6类：印刷、出版、多媒体、视听产品、影视产品、工艺设计

续表

定义	国家、地区（国际组织）	分类
文化创意产业	中国台湾	13类：视觉艺术、音乐与表演艺术、文化展演设施、工艺、电影、广播电视、出版、广告、设计、品牌时尚设计、建筑设计、创意生活、数字休闲娱乐
版权产业	美国	4类：核心版权产业、交叉版权产业、部分版权产业、边缘版权产业
感性产业	日本	3类：内容产业、休闲产业、时尚产业

资料来源：蒋三庚. 文化创意产业研究 [M]. 北京：首都经济贸易大学出版社，2006：9.

2.2.2 文化创意产业的特点

2.2.2.1 文化创意产业体现了知识、文化等资本的密集性

管理大师彼得·德鲁克在其著作《后资本主义社会》一书中曾经指出，随着知识经济朝代的临近，经济的助动力不再是有形的资产（如资金、机器、设备等），而是诸如专利、技术及知识等无形资产。就文化创意产业的基本内涵而言，"创意产业是具有原创性、具备明显知识经济特征和高度文化含量的一种产业。用一句话来概括，就是将原创性的文化创意规模化、产业化，使之产生经济效益"。在文化创意产业的价值链中，主要增值部分是在其原创性的知识含量之中。[①] 随着知识经济时代的到来，特别是信息技术等高科技的广泛应用，必将给文化创意产业带来重大的影响。在文化创意产业的生产中，它是以智能资源、无形资产为第一要素，产业中的知识和文化要素往往是和人力结合在一起，形成"知识型劳动力要素"。[②] 最终创意产品的完成必须由创意策划、技术制作、传播操作、管理协调、商品销售等多方合作才能实现。可以说，文化创意产业很好地将人力资源和知识文化要素有机地结合在一起，共同成为文化创意产业发展的主导资源和驱动力。人通过自身主体智力资源的开发，即创意的运用，能够将各种有形、无形资源有效

[①] 苏勇. 创意产业需要创新氛围"孵化"[N]. 解放日报，2005-8-27.
[②] 张幼文. 知识经济的生产要素及其国际分布 [J]. 经济学动态，2004 (5)：20-24.

地转化为经济发展的资本,同时促进其他各类资本(经济、文化和社会等)之间的相互转化,使经济的发展能够更多地走到依靠文化资本和社会资本等软性要素驱动的可持续发展的道路上来。

2.2.2.2 文化创意产业具有本质上的杂糅性

杂糅是根本上组合的过程,是材料、体裁、阶段的组合,创造出内容和形式都多处取材综合的建构物(Owens,1995)。[1] 从目前的情况看,整个文化创意产业都被注入了这种跨门类的创意可能性,创意生产者们抛弃了单一的门类和形式,追求约翰·霍金斯所谓的"合作创意"。[2] 从根本上看,它是"一个围绕共同目标的开放、自由的讨论,不为申明自己的所有权而停顿脚步"(Howkins,2001)[3]。受历史发展的限制,文化与经济长久地在各自的轨道上发展,文化因素没有被充分地应用到经济领域,创造出经济价值。而文化创意产业的出现,则从根本上颠覆了这一传统,它将文化与经济空前地杂糅在一起,并对经济发展、产业格局的变化产生深远的影响。

从整个文化创意产业的发展来看,文化创意产业是在制造业充分发展、服务业不断壮大的基础上形成的,是传统的第二、第三产业融合发展的结果。它打破第二、第三产业原有的产业界限,通过第二产业的升级调整,第三产业的细分,通过创意思维,寻找提升第二产业,融合第二、第三产业的新的增长点,实现第二、第三产业创意化。如图2-4所示,通过创意、文化和内容的注入,实现第二、第三产业的杂糅。同时,文化创意产业可以有效地实现对传统的第二、第三产业实现进一步的渗透。它是以创意产品为主体,通过渗透,将创意产品融合到第二、第三产品的相关产业产品中的方式,有效地延长了产品的生命周期,进一步带动了这些产业的发展。从当前文化创意产业的发展现状来看,文化创意产业中既有设计、研发、制造等生产活动领域的内容,同时也具有传统三产中的一般服务业,更有艺术、文化、信息、

---

[1] Owens, C. Beyond Recognition: Representation, Power, and Culture [M]. In N. Wheale (ed.), Postmodern Arts. London: Routledge: 120.
[2] [澳]约翰·哈特利. 创意产业读本 [M]. 曹书乐,包建女,李慧,译. 北京:清华大学出版社,2007:142.
[3] Howkins, J. The Creative Economy [M]. London: Allen Lane, 2001: 184.

休闲等服务活动的内容，是城市经济和产业杂糅发展的新载体，是现代服务业的重要组合部分。正是通过文化创意产业的这种杂糅特征，促成了不同行业、不同领域的重组与合作。从文化创意产业的杂糅性特征来看，文化创意产业的发展对优化我国的产业结构、促进产业升级、转变经济增长方式具有广泛而重要的意义。文化创意产业的杂糅性特点表明，文化创意产业的发展离不开三次产业的发展，而三次产业的发展是文化创意产业存在和发展的基础，同时，文化创意产业自身的发展又反过来可以进一步地对三次产业的发展起到一定的推动作用。

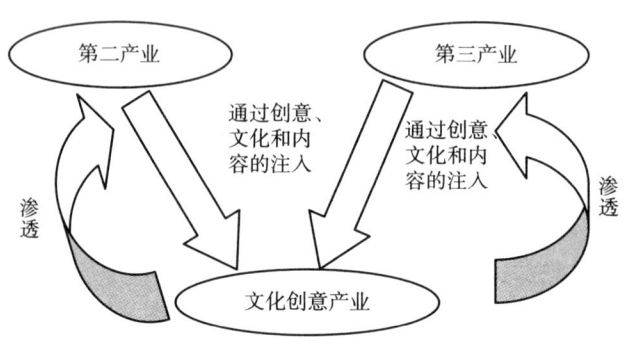

图2-4 文化创意产业的杂糅性

2.2.2.3 文化创意产业具有高增值性

文化创意产业具有高增值性，这主要表现为创意赋予商品观念价值，而在市场交易的过程中，商品的市场价值恰恰是由商品的观念价值决定的。如前所述，创意是侧重催生某种新事物的能力，它表示一人或多人创意和发明的产生，换句话说，它就是才能和智慧。一旦创意能融入具体的产品中，完成从抽象到具体及从概念到产品的转变时，就自然而然地会引起相应的经济行为。如果说在经济发展水平相对低下、各种物质相对短缺的时代，人们重视的是商品的使用价值。而当我们进入知识经济时代，技术的交流与商品的扩散速度大大加快，商品也日益丰富并趋向于同质化，此时商品中的观念价值就愈发成为决定人们消费的根本原因。

就像我们在市场上所看到的，同一种商品，其原料、质量、款式可能都一样，但却卖出了不同的价格，这种现象的出现正是因为商品中体现了观念价值和创意的差异性。因此，具有相同使用价值的商品，其经济价值不仅可能由于使用功能和技术质量上的改进而提高，更会由于其附加的创意的不同而上升。再者，从事创意产业的劳动本身就是复杂劳动，复杂劳动的价值就是简单劳动的倍加，特别是从事制作原创性文化产品的劳动，其价值更是远远大于简单劳动，这完全符合经济学的相关规律。由此可见，创意是一种能带来巨大增值的资本，能有效突破传统资源"瓶颈"的约束，保持产业的持续快速的发展。当前的社会经济已进入后工业化时代，人类社会的经济发展也已经发生了重大的结构性变革，经济的发展由数量型向质量型转变，经济的增长也因此从外生型向内生型转变。而在这一革命性变革的过程中，资源的利用与保护就自然而然地成为经济持续发展的核心问题了，相应地，要求我们应转变对自然资源的破坏性使用转向开发附加值高的无形智能资源的使用，这点正是创意产业的根本魅力所在。

2.2.2.4 文化创意产业发展中伴随着需求的不确定性

马斯洛的需要层次理论告诉我们，随着经济的发展和人们收入水平的提高，人会从追求较低层次的生理需求，逐步地转向较高层次的非物质需求特别是精神需求。这样，文化不仅是人类精神活动的创造物，也可以成为人们精神生活的消费对象。

文化创意产业所生产的产品不再是过去的基本物质性的必需品，而是更富于精神性、文化性、娱乐性、心理性的产品。随着社会经济的发展和人们生活水平的不断提高，对这种精神性产品的需求将日益提高，而且需求量会越来越大，这点恰恰是文化创意产业发展的根本动力。

马克思、恩格斯在《德意志意识形态》一书中曾经提到精神生产（即文化内容生产）。精神性产品的生产从根本上来说，是观念性的意识形态生产，是文化生产的核心内容，是人的智力资源的生产，但这种生产过程，又必须以一定的物化商品形态作为载体，才能被市场上的消费主体所接受、感知和体验。而且，精神性产品的生产是由人通过其创造性思维活动，通过智力资源的加工，才能不间断地转化为满足消费者精神需求的精神性产品。但对于每一种具体的产品，这种需求又存在着极大的不确定性。每一种创意产品对于普通消费者的需求而言，都会存在着时尚潮流、个体嗜好、时机选择、社会环境、文化因素等多种不确定性因素，因而消费者对精神性产品的需求又是多变的。正是这种多变性，大大增加了创意产品的风险性。因此，从经济发展来看，文化创意产业也是一种风险产业，其所缔造的全新的消费理念不一定能在短期内被市场中的消费者所接受，这将带来巨大的市场风险。

如表2-2所示，我们根据国家统计局所公布的统计数据，可以将城镇居民家庭平均每人全年消费性支出中的文教娱乐用品及服务支出两项之和，再乘以城镇居民人数，作为全国城镇居民家庭总的文化性消费需求。其中2009年国家统计局公布的人口数据，2008年全国人口以13.28亿人（其中城镇居民人口6.07亿人，农村居民人口7.21亿人）。按照这个计算口径，2008年全国城镇居民家庭文化性消费总额达到4468.07亿元，同理我们可以得出我国农村居民家庭文化性消费总额为2267.76亿元。但由于这个数字包含了教育支出，因此，实际的农村居民家庭文化性消费支出的总量要低于这个数值。虽然城镇居民和农村居民在消费总量上规模较大，但其所占生活消费比重却较低，远低于国外一般的文化消费，而且，在国内各地区的分布上极不均衡和不稳定，波动较大，文化创意产业所需要的全新的消费理念很难在短期内被国内市场中的消费者所接受，需求就会存在着较大的不确定性。

表2-2　　　　　　　　城乡居民家庭精神文化消费基本情况

年份	农村居民家庭 生活消费支出（元/人）	农村居民家庭 文教娱乐用品及服务支出（元/人）	农村居民家庭 文教娱乐用品及服务支出占生活消费支出比重（%）	城镇居民家庭 生活消费支出（元/人）	城镇居民家庭 文教娱乐用品及服务支出（元/人）	城镇居民家庭 文教娱乐用品及服务支出占生活消费支出比重（%）
2001	1651.36	192.64	11.06	5309.01	261.71	4.93
2002	1834.31	210.31	11.47	6029.88	407.04	6.75
2003	1943.30	235.68	12.13	6510.94	420.38	6.46
2004	2184.65	247.63	11.33	7182.10	473.85	6.60
2005	2555.40	295.48	11.56	7942.88	526.14	6.62
2006	2829.02	305.13	10.79	8696.55	591.04	6.80
2007	3223.85	305.66	9.48	9997.47	690.76	6.91
2008	3660.68	314.53	8.59	11242.85	736.09	6.56

资料来源：根据国家统计局2002~2009年《中国统计年鉴》整理计算而成。

2.2.2.5 文化创意产业具有独特的创新性

任何产业的发展都离不开创新,但文化创意产业与其他产业最大的不同在于,创新性是文化创意产业的本质特征,在文化创意产业的创意产品的设计、生产和营销的产业链条中,独具特色的文化创意始终贯穿其中,并且能够别出心裁,创造出别人所没有的东西。但同时,创新不等同于发明,因为创新在一定程度上还意味着对各种资源进行有效而合理的重组,把"特殊"上升为"一般",即让普通的社会公众均能接受和认同。[1] 我们知道,创意是文化创意产业的核心要素,人通过其智慧和创造力,将各种创新性思维通过各种技术(如信息技术)结合于各种产业资源(如文化、历史、艺术等),形成具有独创性的文化内容(主要表现在与游戏、音乐、娱乐、电影、电视等文化产业领域),并在此基础上形成具有自主知识产权的创意产品,从而将信息、观念、技术、网络等资源结合起来,形成文化创意产业(如图 2-5 所示)。文化创意产业不再简单地囿于过去的传统文化产业,它是适应新的产业形态而出现的创新概念,是对新形态的概括、总结和发展。在文化创意产业发展中,只有在生产和服务中融入创新要素和文化元素,实现与科技的结合,才能有效促使创意参与经济循环,从而为社会创造财富。科技是一种工具理性的产物,它必须与文化的价值相融合才具有可持续性。

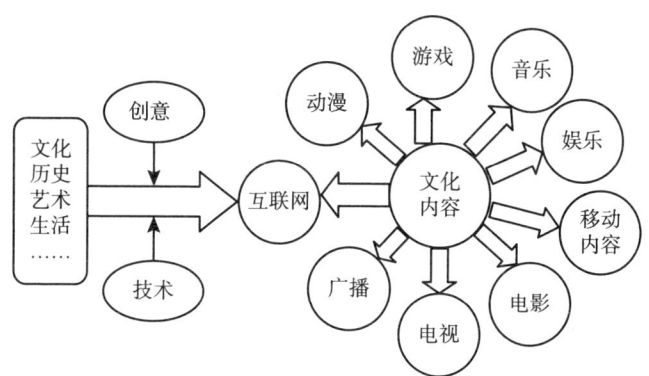

图 2-5　文化创意产业创新性所引致的内容延伸

---

[1] 张京成. 中国创意产业发展报告(2007)[M]. 北京:中国经济出版社,2008:70.

2.3 文化创意产业市场的形成和运行机理

文化创意产业与其他产业一样，其市场的形成和运行应该要遵循一定的市场规律，本节将首先围绕文化创意产业的市场主体构成展开分析，进行分析文化创意产业的市场的形成和相应的市场机制，并在此基础上对文化创意产业的整体市场运行规律展开探讨。

2.3.1 文化创意产业的市场主体

2.3.1.1 产业主体和文化创意产业主体

按照产业经济学的解释，所谓产业是指为提供相同或相似产品或服务、在相同或相似的产业价值链上活动的企业或其他机构的总和。与此定义为基础，在同一条产业价值链上从事经营活动的各种企业或机构就可以称为产业主体。

与此相似的，文化创意产业主体也就是专业从事文化创意产业活动的各类机构组织，它们是在文化创意产品的创造、生产、提供和传播等创意产业环节中有着较为密切的价值关联的各类企业、机构组织。该创意组织主要就是围绕着创意开发而形成的一种团体形式，组织内部在既定的目标下分工明确，要求有一定的合作协调性。在此，我们可以根据文化创意企业或组织在创意活动中的作用大体可以将文化创意企业组织分为以下三类：第一类，以新产品创意为主的文化创意企业组织；第二类，以对各种文化资源进行重复利用或对外界文化创意进行复制生产的文化创意企业组织；第三类，综合性、一体化的文化创意企业。第三类组织才是文化创意产业真正的经营主体，这些企业往往经营多种文化项目，依靠创意人才的创意思维和与非创意人员的协调工作完成创意产品的产业化，实现文化创意产业发展。

2.3.1.2 现代文化创意产业主要组织模式

在现代文化创意产业中，创意人员、创意组织的共生，不同类型和不同规模创意组织的共存,决定了文化创意产业的生产模式是多样化的,具体来讲,主要有以下两种组织模式。

(1) 科层制。美国学者米格(Miege,1989)[①]、德国学者瑞恩(Ryan,1992)[②] 和英国学者黑斯蒙代尔夫(Hesmondhalgh,2002)[③] 在研究文化创意产业工作时就曾发现,文化创意产业工作是以创意专业人士的高度自主性、生产过程中相对松散的劳动分工以及可用合同或项目形式来召集大量创意人才为特征的。[④] 戴维斯和斯盖斯(Davis & Scase,2000)经过研究亦指出,文化创意产业机构内具有创意人员、与创意生产相关的技术人员和从事控制与协调的经营管理者三种不同的分工,具有极其严密的科层制特征。他们发现,因为"现代文化生产是一种解释性的活动,它的首要任务是在不断变化的环境中传播思想和感情",与创造功能相联系的角色和工作岗位(职业)很典型的是以"产生不确定结果的反映、互动和直觉的过程"为特征的,其中,工作任务的社会化组织极为明晰。[⑤] 戴维斯和斯盖斯的研究为我们揭示了文化创意机构内处理创意和管理工作之间的方法,即科层制。在科层制中,控制机制形成了严格的等级关系;责任制事先也已明确落实,各个环节在创意的产业化过程各自承担的责任和义务分工极为明确,另外,创意人才与商业机构组织形成了雇佣关系。从我国目前的文化创意产业的实际情况来看,大部分文化创意产业组织都属于这种形式,它们在文化创意产业价值链链条中,涉及创意的开发、生产、传播和销售中的某一个或几个环节,既有创意设计人员,又有一般的管理人员,这种组织符合现代企业制度的要求,多数为文化创意公司。

(2) 网络组织。关于网络组织的研究始于 20 世纪 80 年代。国内外的众多学者们从经济学、管理学和社会学的角度对网络型组织的含义、表现形式、运行机制、管理模式等各个层面进行了大量的研究,因而网络组织的定义在

[①] Miege, B. The Capitalization of Cultural Production [M]. International General, Paris, 1989.
[②] Ryan, B. Making Capital from Culture: The Corporate Form of Capitalist Cultural Production [M]. De Gruyter, Berlin, 1992.
[③] Hesmondhalgh, D. The Cultural Industries. Sage, London, 2002: 59.
[④] Miege, B. The Capitalization of Cultural Production [M]. International General, Paris, 1989: 44.
[⑤] Davis, H., R. Scase. Managing Creativity: The Dynamics of Work and Organization [M]. Buckingham: Open University Press, 2000: 53 – 54.

各种不同类型文献中也是层出不穷。在此，我们将在组织理论的基础上说明网络组织问题。

现代组织理论认为网络型组织是由多个独立的个人、部门和企业为了共同的任务而组成的联合体，它的运行不靠传统的层级控制，而是在定义成员角色和各自任务的基础上通过密集的多边联系、互利和交互式的合作来完成共同追求的目标（Achrol & Kotler，1999）。[①] 网络的基本构成要素是众多的结点和结点之间的相互关系，在网络型组织中，结点可以由个人、企业内的部门、企业或是它们的混合组成，每个结点之间都以平等身份保持着互动式联系。这种新观念将企业与其他组织之间通过合作的形式联系在一起，这样有利于提升双方的价值。同时，这种新观念突出了双方之间的信任、公平交易以及为关系中的所有各方创造利润。在网络组织这种模型下，自就业的个人或小型团队以项目或合同方式承接创意工作。这种结构允许高度的自主权，它是由市场关系而非雇佣关系来决定结果的产生。

网络组织模式在很大程度上放松了对创意内容生产者与内容发送者的控制——这种控制曾经主导大规模的文化组织与生产，以通过市场机制来取代传统组织指令以实行控制。各参与创意生产的各企业通过合同方式，共同承担创意风险。因此，合作企业之间必须密切关注市场动态，针对市场风险对创意的创作、营销等各环节进行调整，在这一过程中，双方的合作就显得极为重要。在我国，这种组织模式最明显的体现在图书出版、录音制作、电影制作等领域。同时，随着社会经济的发展，这种方式越来越多地被大型商业企业所采纳，这些企业看到了将创意活动延伸到独立的合同转接承包人，以通过吸引一大批竞相提供服务的人来最大限度地发挥这种模式的机动灵活性、降低固定成本、取得最大经济成果的裨益。这一点我们可以从2005年的欧盟对文化产业就业情况所做的一次调查中就可以看出它对于创意人才的汇集作用。该调查发现文化岗位上的就业增长率是欧盟平均水平的4倍（相比欧盟整体1.2%的就业增长率，文化产业就业增长率在1999~2003年达到了4.8%）；文化岗位上人们的自就业率几乎是欧盟平均值的3倍（欧盟总体平

---

① Achrol Ravi S., Kotler P. Marketing in the Network Economy [J]. Journal of Marketing, 1999 (63): 146-163.

均值为 14.4%，文化岗位的自营职业率为 44.4%）。文化岗位从业人员中拥有高等教育学历的比例是其他行业从业人员的 2 倍，这些高学历和高学位在自我雇佣的文化工作中更为普遍（MKW，2005）[1]。

当然，不同的模式面对的环境和风险是不一样的，在实践中，企业组织会根据不同的环境和风险进行调整，以适应外部环境的需要。

2.3.2 文化创意产业的市场结构

所谓市场结构是指，该市场是如何组织起来的，主要是各类市场主体的市场能力的比较关系。[2] 是各个参与市场竞争的文化创意企业之间因数量、规模的不同而决定的竞争形式。[3] 其核心内容应该是竞争与垄断的关系。为此，我们根据经济学的市场理论，按照文化创意产业市场主体在某一商品市场中的竞争与垄断程度的差别可以将文化创意产业市场分为四种不种类型的市场结构：完全竞争性市场结构、完全垄断市场结构、垄断竞争市场结构、寡头垄断性市场结构。应该说，完全竞争和完全垄断的市场结构在文化创意产业市场中所占的比例并不大，主要是用于某些特定行业的分析。纵观国内外大多数文化创意产业发展的历程，文化创意企业大都处于垄断竞争与寡头垄断性的市场结构之中。

2.3.2.1 完全竞争市场

如表 2-3 所示，完全竞争市结构又称纯粹竞争市场，是指不存在任何垄断因素，文化创意产业市场的竞争完全不受任何阻碍和干扰的市场存在状态，创意产业主体完全遵照市场经济规律自由进行的竞争。各个创意市场主体之间意识不到相互间的竞争，只要符合完全竞争的条件[4]，谁都可以加入供给

---

[1] MKW Wirtschaftsforschung GmbH. Exploitation and Development of the Job Potential in the Cultural Sector in the Age of Digitization. Final Report [R]. Module 2: Employment Trends and Sectors of Growth in the Cultural Economy. Commissioned by European Commission DG Employment and Social Affairs，2005（6）.

[2] [美] 斯蒂格利茨. 经济学（第二版）[M]. 梁小民，黄险峰，译. 北京：中国人民大学出版社，2003：311.

[3] 顾江. 文化产业经济学 [M]. 南京：南京大学出版社，2007：93.

[4] 完全竞争的市场需要具备以下几个条件：买者和卖者都是市场产品价格的接受者；产品之间是同质的、无差别的；资源可以在市场主体之间自由流动；经济运行主体具有完全的知识和信息。

的行列。在完全竞争的条件下，经济运行主体之间不存在直接的、真正意义上的竞争。[1]

表2-3　　　　　　　四种主要文化创意产业的市场结构比较

市场形式	企业数量	GDP份额	市场进出壁垒	均衡条件（短期）	均衡条件（长期）	现实实例
完全竞争	非常多	很少	无	MR = MC	MR = MC = AR = AC	网吧、娱乐市场
完全垄断	一个	很少	高	MR = MC	MR = LMC = SMC	区域性的广电
垄断竞争	很多	很大	较低	MR = MC	MR = MC　AR = AC	报业市场
寡头垄断	较少	较大	较高	—	—	网络游戏

在所有的文化市场形态中，娱乐市场（包括网吧运营）可以说是最具备完全竞争性的市场结构要求的。从娱乐市场的运动特征来看，它的市场价格的变化完全取决于整个娱乐市场的供求关系，整个市场的规模的是随着供求关系的变化而变化，市场经济的规律主导着整个娱乐市场的资源配置。娱乐市场结构随供求关系的变化而呈现出娱乐行业内不同行业之间此消彼长的运动现象。从一般市场均衡的角度来看，完全竞争市场结构是一种最理想的市场结构类型。在完全竞争市场中，价格是只"看不见的手"，它充分发挥着调节作用，使得各种创意资源、创新资本、技术和专业的创意人才等要素向效率最高的创意企业流动，同时使市场消费者以最低的价格购买到创意产品，创意企业获得利润，实现帕累托最优[2]，实现社会福利最大化。这一点早在西方经济的竞争实践中得到证明。欧洲经合组织曾经根据多年的经验，得出了结论："多年以来，在欧洲经合组织中，竞争被认为是导向经济效率的基本环节。"[3]

---

[1] 朱善利. 微观经济学（第二版）[M]. 北京：北京大学出版社，2005：174.
[2] 所谓的帕累托最优（Pareto optimality）是指这样的一种状态，在这种状态下，任何使得某些人状况变好的变化都会使得另一些人的状况变坏。换句话讲，当且仅当不存在任何能够使某些人状况变好的同时不使另一些人的状况变坏的变化时便达到了帕累托最优。
[3] 欧洲经合组织. 竞争与经济发展[M]. 巴黎：欧洲经合组织出版署，1991：3.

2.3.2.2 完全垄断性市场结构

完全垄断通常称为垄断（monopoly）：是这种一种市场组织，在这种市场组织中，一种产品市场只存在一个卖主。① 这是一种与完全竞争市场相反的市场结构。与完全竞争市场结构一样，完全垄断市场也是一种理论上的抽象。这种市场的特征是不存在丝毫的竞争因素，这种市场主要由以下几个条件来界定：第一，唯一性，即卖方只有一家，因此，一家卖方完全垄断了创意产品市场的生产和供应；第二，无可替代性，即市场客体是独一无二的，没有接近的替代品；第三，行业壁垒高，即新企业进入该行业受到很大的限制，如知识产权、技术专利、准入资格等。

在完全垄断市场上，由于只有一家卖主，因而这一卖主就可以操纵价格。结果必然导致价格远远高于市场竞争价格。从社会的角度来看，与完全竞争相比，完全垄断是低效率的。② 完全垄断的文化创意企业为了获取高额利润，必然通过限制产量将价格控制在一个高水平之上，结果必然导致垄断产量小于竞争产量，尽管最后的市场结果导致了垄断生产者的社会福利增加了，但市场中广大消费者的社会福利却大大降低，从长远的角度来看，它不能使创意生产者在最佳规模上进行生产，将造成有限的创意资源的浪费，并且长期的超额利润也将造成文化创意资源分配的不公，将影响到相关的文化创意产业的健康发展。

2.3.2.3 垄断竞争市场结构

垄断竞争市场也称不完全竞争市场和不完全垄断市场，是1933年美国经济学家张伯伦和英国经济学家洛宾逊夫人提出来的。它是指这样的一种市场组织，一个市场中有许多企业生产和销售有差别的同种产品。③ 其存在的条件有以下几个：第一，创意产品之间存在着差别，产品的差别结果导致了垄断的能力；第二，创意企业的数量非常多，并且没有一个存在明显优势，因而相互之间存在着竞争；第三，市场进出存在着一定的壁垒，但壁垒相对较

---

① 朱善利. 微观经济学（第二版）[M]. 北京：北京大学出版社，2005：202.
② 朱善利. 微观经济学（第二版）[M]. 北京：北京大学出版社，2005：206.
③ 高鸿业. 西方经济学（第二版）[M]. 北京：北京大学出版社，2004：229.

小。这种情况在报业、影视业等产业形态中普遍存在。垄断竞争市场的主要特点在于,创意产业市场生产的产品具有一定的差别化特征,这种差别化特征导致了不完全的垄断和竞争。对创意企业而言,创意产品的差异化有利于塑造企业的形象,便于市场定位,超额利润的存在可以激发他们进行创新,以便形成有利的竞争优势。对于消费者而言,不同的创意产品可以满足不同的消费需求,以提高效用。同时,文化消费需求的增加又可以反过来激励创意企业不断进行创新,但随之增加的垄断竞争又会增加成本。因此,如何趋利避害是创意产业发展中需要解决的一大问题。

2.3.2.4 寡头竞争市场结构

寡头垄断市场又称寡占(oligopoly),是指几家大型的企业生产和销售某一行业全部或绝大部分产品的市场组织形式。[①] 在这种市场中,竞争只在几家大型企业之间展开。在现代的文化市场中,最典型的寡头垄断市场有网络游戏业、电视产业、唱片产业和艺术拍卖品产业等。该市场的条件主要有:第一,市场上只有少数占支配地位的企业,因此他们对市场的价格有极强的影响力;第二,市场价格相对比较稳定;第三,市场上存在着较高的行业进出壁垒。

寡头垄断市场形成的原因主要有以下两个:第一,规模经济性;第二,较大的行业进出壁垒。应该说,寡头垄断市场有利于实现规模经济效益,市场的价格比较稳定,同时还有利于促进创意科技的进步。特别寡头企业之间的竞争为整个创意产业的升级和产品的更新换代提供了不断创新的压力和动力。实际上,这一点我们可以从世界文化产业的发展实践中得到证明。当然,寡头垄断在某种程度上会损害消费者的听觉,因为毕竟垄断限制了竞争,不利于创意资源在市场上的自由流动和优化配置。在此就需要政府的监管制度和监管体系的建立。

纵观国内外的文化产业和文化创意产业发展历程,应该说,大多数企业都处于垄断竞争市场中。但是,寡头垄断市场中的企业是市场的主导者和推动者,往往这些企业中催生出了最新的创意产品和服务,带来最新的技术,

---

[①] 朱善利. 微观经济学(第二版)[M]. 北京:北京大学出版社,2005:229.

第 2 章 | 文化创意产业的一般理论

决定着其所在行业的发展方向。以下，本书将结合文化创意产业的产业链分析文化创意产业市场的结构特征。

从图 2-6 中我们可以看到，在文化创意产业链的各个环节呈现出一种哑铃形态。在内容创意与研发环节，文化创意企业的市场结构比较接近于完全竞争市场的状态，在这一阶段中，大量的创意人才、人员构成了相对分散的、相互独立和自由竞争的市场关系。在文化创意产品的生产和服务提供环节，文化创意产业的市场结构就具有了垄断特征，因为各种文化创意产品本身就是创意的体现，呈现出较大的差异性。另外，市场主体数量并不是很多，某些企业就具有了一定的规模效益，对于市场的创意资料的配置就具有了一定的影响力。在渠道环节，包括批发商和零售商，为了有效促进文化创意产品的销售，在这一阶段，渠道环节的众多企业将更多地投入资料增加广告成本，以凸显创意产品的差异化特征，培养企业的固定的客户群，建立品牌忠诚度，形成竞争优势。另外，文化创意产品的初始投入成本相对较高，但是它的传播复制成本较低，边际成本几乎为零，与此同时，文化创意产业的价值链主要是一种信息流，而信息流更多的是通过渠道环节的企业来协助完成信息的传播，反过来又可进一步地促进文化创意产品的复制传播成本的降低，有利于实现创意产品的边际收益递增。

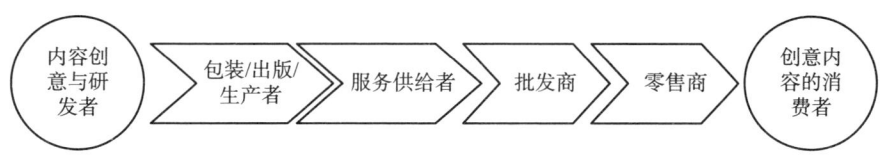

图 2-6　文化创意产业链的相关环节

资料来源：根据 Cutler & Company1994. "Creative Industries Clusters Research Stage Two Report," Department of Communications, Information Technology and the Arts, Australia 整理而得。

2.3.3　文化创意产业的市场运行

2.3.3.1　文化创意产业的市场运行

一个产业的市场如何运行，经过哪些市场环节，这些问题的梳理对于我们认识市场运行的规律有一定的帮助。在此,本书借鉴价值链理论的观点,文化创意产业的运行大体上可以分产生、开发和消费三个环节。[①] 如图 2－7 所示在创意产生环节,体现的是多种创造性劳动的集合,创意人才在这一阶段的任务主要是产生创意。

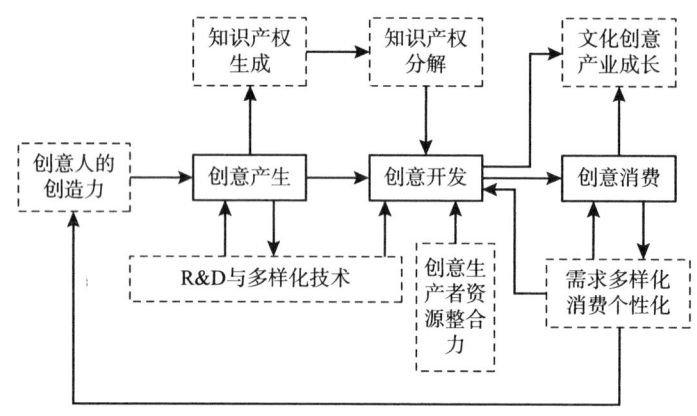

图 2－7 文化创意产业运作流程

资料来源:根据王红亮,李国平. 从创意到商品:运作流程与创意产业成长——基于"一意多用"视角 [J]. 中国工业经济,2007 (8):58－65 整理而得。

在创意开发环节,创意企业用一定的方式将创意人才产生的创意进行商业化,生产出具体的创意产品。创意产生、开发环节可以看作创意的生产过程。创意产品的生产是作为一种特殊的商品生产,无论从内容还是从形式上看,都兼有精神和物质的双重特性,自然也要受到价值规律和文艺规律的制约。正如马克思所说的,"科学、艺术等,都不过是生产的一些特殊形式,并且受生产的普遍规律的支配。"[②] 生产和开发各环节的配合和生产资料的整合,如个人创造性的调动与协调,各利益关系的协调和各生产要素的合理利用和分配等,都是创意产业化要解决的问题。应该说在生成和开发阶段是文化创意产业发展中最困难的地方,但往往也是蕴藏着最大机遇的地方。一旦

---

① 王红亮,李国平. 从创意到商品:运作流程与创意产业成长——基于"一意多用"视角 [J]. 中国工业经济,2007 (8):58－65.
② [德] 马克思. 马克思恩格斯全集(第 42 卷)[M]. 北京:人民出版社,1979:121.

找到了生产环节的配合与生产资料的整合的新方式,也就意味着找到了创意产业新的盈利模式和发展空间。

在创意的消费环节,具有需求多样化和消费个性化特征的消费是多种创意产品的消费主体,创意产品只有真正地在市场上通过销售,经由消费者的购买和认可,才能真正地实现创意的价值。另外,创意产品的消费又与创意产业下一轮的运作过程产生影响。因为消费者由于个性需要或由于环境变化而引起的需求变化将反过来影响创意产品不断地进行创新,不断提升创意产品的内涵和形式,萌发新的创意思维,以适应需求的变化。从而进一步地促进文化创意产业的运行得以不断地完善,价值链更加符合市场化。

2.3.3.2 文化创意产业的运行机制

文化创意产业的运行机制是文化创意产业在市场经济条件下的动态存在方式,文化创意产业在这个过程中获得经济和社会价值的实现。[1] 它决定着文化创意产业的运动是以怎样的一种方式和形态存在并且向前发展。它是以组织系统为载体,以利益和竞争为推动力,通过市场价格、供求和竞争等手段实现创意资源的优化配置,以调整文化创意产业结构;同时,政府又通过不同的政策手段实行产业的宏观管理与调控,[2] 运用行政的、法律的和经济的手段,对文化创意产业市场的运行进行直接或间接的调节与干预,以确保文化创意产业市场的健康运行。

(1)文化创意产业运行的组织保证。文化创意产业运行的组织系统是文化创意产业市场运行过程中的具有自我组织、自我调节和自我约束的经济体。主要包括文化创意生产企业、提供文化创意服务的企业以及创意中介服务机构等。[3]

其中,文化创意生产企业是文化创意产业市场最重要的主体之一,它主要承担文化创意产品的策划、设计、资本运作、市场销售等职能。创意中介服务机构,如创意经纪人、文化创意与策划公司等主体,则直接参与了文化

---

[1] 胡惠林. 文化产业学 [M]. 北京:高等教育出版社,2006:290.
[2] 欧阳友权. 文化产业通论 [M]. 长沙:湖南人民出版社,2007:76.
[3] 吴存东,吴琼. 文化创意产业概论 [M]. 北京:中国经济出版社,2010:99.

创意市场运行的过程，它是文化创意市场运行中不可替代的桥梁和纽带。文化创意中介服务强调为创意生产企业服务，它本身并不向消费者提供最终服务，而是作为创意产品核心效用的派生效用。这种服务可以体现在某一个单项的创意产品上，也可以体现在整个产业上。例如，中介服务机构可以为创意生产企业提供高品质的追加服务如经纪代理服务，以整体性地提高创意产品的整体竞争能力。在现代市场经济条件下，有时候一个创意和策划的成功可以给创意生产企业和创意产品带来难以估量的经济利益。就像近年来在我国动漫市场上盛行的《喜羊羊与灰太狼》的成功运作就说明了这一问题。因此，一个完善的文化创意产业市场，必然要求有一个完善和相对成熟的中介服务体系，来推动创意资源的有效配置、创意产业链的形成和专业化水平的提高。而提供文化创意服务的企业则主要包括直接从事文化旅游业和休闲娱乐服务等企业或公司。以上各个机构在文化创意产业市场运行中各司其职，相互补充，对文化创意产业市场的正常有效运行起到了不可忽视的作用。

（2）文化创意产业运行的动力机制。文化创意产业运行的动力机制是指具体的动力要素，[①]如创新制度、社会网络、信息技术、创意企业等因素的深度融合，是支撑和驱动创意产业不断运行的力量结构和运行规则。

在经济全球化的推动下，人类经济发展发生了重大的结构性变革，经济的发展由原来的数量型向质量型转变，经济的增长由外生型向内生型转变。近十年，世界主要城市的经济已经从以工业和服务为主的经济体系，发展成一个以文化创意、科技创新和知识产权为主的知识经济体系。对于有限的自然资源的破坏性开发转向了对附加价值高的无形智力资源的开发。而这一资源利用模式的转变正是创意产业兴起的重要动力。[②]与有形资产的使用不同，文化、知识、创意等无形资产的开发和投入损耗较少，而且以上的无形资产在使用过程中却能不断累积、不断增值。

经济学理论告诉我们，影响经济增长的生产要素主要包括：劳动、资本、土地及其他自然资源这三个方面。生产要素效率的提高可以从科技创新、人力资本的积累和制度创新这三个方面入手。正是这个原因，经济学在分析影

---

① 吴存东，吴琼. 文化创意产业概论 [M]. 北京：中国经济出版社，2010：100.
② 张京成. 中国创意产业发展报告（2009）[M]. 北京：中国经济出版社，2009：386.

响经济增长的因素时，常常把劳动和资本之外的决定长期经济增长的第三因素，即科技创新、人力资本的积累以及制度创新的共性。而创意产业的创意思维和创意因素恰恰正是这一趋势的理想代表。其原因有三：一是，任何科技创新都必然起源于某种创意，创意引导了科技创新的方向，而科技创新则是实现创意的手段；二是，创意来源于创意人才（即人力资本），它是创意人才建设和长期累积的结果；三是，制度创新本身就是创意在制度领域实现的结果。创意产业是以人的创造性和智慧作为主要生产要素的企业，凝聚的是创意人员的创造力和智慧。创意产业能够开发创意人才的创造力和潜能，给每个具有创造力的人提供发其创造力的平台，通过创意开发和创意产业化，从而实现经济的持续增长。

（3）文化创意产业运行的调控机制。文化创意产业运行的调控机制主要包括市场配置机制和政府的调控机制。其中，市场机制是市场经济中各市场主体、客体要素之间的以经济联系为主要存在形态和方式的基本经济联系和相互作用，以及对资源配置的调节功能。[①] 它是受到市场价值规律规定和影响文化创意市场的供求关系、价格运动和竞争等要素相互关系和相互作用的过程系统和方式系统。一个统一、完备、有机协调的市场体系是文化创意产业发展与繁荣必不可少的一个重要条件。市场虽然不能创造创意产品的价值，但它却能实现其价值。因为，创意企业生产出创意产品后只有拿到市场中按照一定的价格去销售，才能实现盈利。应该说，市场对创意资源的配置有着灵活而有效的导向作用，在价值规律的支配下，可以实现高效、合理、优化组合的资源配置目标。

但是，市场并不是万能的，作为一只"看不见的手"，市场存在着一系列自身难以克服的缺陷，即所谓的"市场失灵"的问题。[②] 例如，市场解决不了总量问题，不能有效提供公共产品和服务以及无法解决垄断等问题，这时就需要发挥政府的宏观调控职能，通过"看得见的手"，运用行政的、法律的和经济的手段，对文化创意产业市场的运行进行直接或间接的调节与干预，以促进文化创意产业健康发展。政府的宏观调控手段可以通过以下几个方面来实现：第一，对文化创意产业市场进行统一管理和市场监督，维护

[①] 朱永康. 邓小平理论概述 [M]. 福州：福建人民出版社，1999：175.
[②] 高鸿业. 西方经济学（第二版）[M]. 北京：北京大学出版社，2004：374.

文化市场秩序，为文化创意产业的发展营造一个良好的政治、经济和社会环境；第二，通过经济手段，如金融、税收、价格、利率和收入分配等来引导资源的合理配置，促进结构的优化，实现对文化创意产业的发展提供经济政策支持和保障；第三，通过制定有关法律和法规来实现政府的宏观调控，规范市场竞争秩序；第四，通过出台文化创意产业的产业政策，引导文化创意产业的合理布局和产业结构的合理调整，通过提升产业质量来增加文化创意产业的存量，扩大和丰富创意资源和文化资源的积累；第五，甚至政府可以考虑直接参与某些重大的经济活动，引导文化创意产业投资行为，进一步地为文化创意产业企业提供融资的便利条件，以促进文化创意产业更好和更快的发展。

2.4　文化创意产业的发展模式

产业的发展有着共同特征，这一特征可以用发展模式加以概括。所谓的"发展模式"是指"在一定地区、一定历史条件下，具有特色的经济发展的路子"。[①] 即，发展模式是对特定时期经济发展特点的概括。而产业发展模式则是在特定的约束条件下产业发展的路径和机制的抽象概括。[②] 按照产业经济学的观点，产业发展模式是可以进行比较的，但在比较时应当充分考虑相关的约束条件；另外，比较不同的发展模式就要看其是否符合当时当地的经济条件，是否最有利于生产力的发展。离开了这些客观条件，强行在评判不同区域不同阶段发展模式的优劣则是没有任何实际经济意义。因此，一个产业的发展模式有效与否，主要依赖于该模式所依赖的经济条件。当经济条件发生变化时，产业的发展途径也应该相应地做出调整。产业发展模式的选择和确定在一个产业发展过程中起着不可估量的作用。在此，我们研究文化创意产业的发展模式问题，将有助于更好地在实践中探索促进文化创意产业发展的最优途径。

20世纪90年代以来，文化创意产业作为现代服务业的高端形态，在发

[①] 周淑清. 苏南模式的新发展 [J]. 集团经济研究，2004 (4)：90-91.
[②] 吴存东，吴琼. 文化创意产业概论 [M]. 北京：中国经济出版社，2010：116.

达国家和地区崛起。进入21世纪,我国文化创意产业也呈现出良好的发展态势。纵观世界各国文化创意产业发展的经验看,文化创意产业业已形成比较成熟的发展模式。

2.4.1 园区产业聚集模式

随着我国城市改造步伐的加快,城市当中出现了许多的闲置空间,基于此发展起来的文化创意产业园区逐渐成为文化创意资源的整合平台,形成了文化创意产业发展的模式之一。园区经济业已成为新兴产业发展的主导模式。

从近几年的实践来看,来我国文化创意产业的发展大都立足于创意产业园区,利用文化创意园区的集群效应及资源配置方面的优势,促进文化创意产业的发展。园区内企业聚集是在一个大的区域范围内,生产某种产品的同类或互补配套企业,以及相关的服务业,高密度地聚集在一起,实现高度的专业化分工,是一个集创意策划、产品交易、产业研究、作品展示、人才培训及交流咨询等多项功能的基地,园区产业聚集模式具有无可比拟的优势,极大地拉动了当地经济的发展和GDP的增长。在我国的北京、上海、广州、深圳、南京等城市纷纷建立了一批文化创意产业园区,以此作为当地发展文化创意产业的主要载体。北京市自2006年以来,先后形成了数十个文化创意产业园区,2007年,北京市的文化创意产业总资产达到7260.8亿元,实现增加值992.6亿元,占全市GDP总额的10%,实现利润总额达到217.92亿元,创意产业从业人员102.5万人。[①] 上海市自2005年以来,创建了75个文化创意产业园区,2006年上海的文化创意产业总产值达到2291.71亿元,占全市GDP总额的6.55%,2007年创意产业总值达到2902.98亿元,占全市GDP比重上升至7%,据预测,至2010年文化创意产业在上海市GDP的比重将上升至10%以上。[②] 可以看出,目前我国经济活跃地区的文化创意产业园区的发展已具备了坚实的经济基础。

纵观国内外文化创意产业发展的历程,建设文化创意产业园区是促进经济增长的一种有效的模式。从世界各国的实际来看,文化创意产业园区的发

[①] 2008年《北京市统计年鉴》。
[②] 2007年和2008年《上海市统计年鉴》。

展又有两种模式。

一种是市场导向模式。市场导向模式的产生和成长主要是依靠产业内部的资源配置,在依靠本地资源的基础上,吸收外来资金、技术和经验,通过消化、吸收,最后化为己有,形成具有自我发展、自我创新的一种发展模式。比较典型的有位于伦敦东部的豪斯顿(Hoxton)和沟岸(Shoreditch)。[①] 在市场导向模式的文化创意产业园区内,最主要的力量的市场资源是通过市场进行配置。从产业聚集生成的角度看,一定规模并且能够形成协作和资源共享的企业的集中发展也是文化创意产业聚集形成的前提条件之一。

另一种模式是政府主导模式。当新兴的产业集群和本地没有产业基础的集群,一般都是政府主导型的产业园区模式。与市场导向模式相比,政府主导型的产业园区模式的园区内的资源共享和相互协作都是建立在政府的主导上,而基于自发的协作和资源共享相对较少。另外,在园区内,政府主导型的产业园区模式能够享受更加优惠的产业发展政策。以北京的文化创意产业园区为例,园区内央视、北京电视台和众多的外国新闻机构的驻地纷纷聚集于此,因此,北京市政府有目的地引导世界传媒巨头的中国总部聚集于此,并给予其优惠的政府支持,为其提供便利,从而促进了北京地区的文化创意产业的蓬勃发展。这种模式被目前绝大多数国家或地区所采用,我国目前国内所建立的文化创意产业园区大多都属于这种类型。

2.4.2 公共服务平台模式

所谓的公共服务平台,是指专门培养文化创意相关的经纪人及引进各种类型的中介机构,对创意产品进行展示和推广,从而促进创意成果转化为可盈利的经济资源的平台。构建文化创意产业的公共服务平台,将起到对文化创意活动的关键作用。

在国际上和我国国内的一些大型的文化创意产业聚集区都普遍提供了一个良好的发展平台,为产业聚集区内的创意企业提供了各种配套设施,成立

[①] 蒋三庚. 文化创意产业研究[M]. 北京:首都经济贸易大学出版社,2006:18.

了一些专业的行业协会，这些专业的文化创意产业行业协会为文化创意产业的发展、在加强企业之间的联系、为文化创意产业的发展提供专业的创意人才等方面都起到了不可估量的重要作用。它们通过在文化创意产业聚集区内的管理、协调、行业准入资格的认定、营造公平竞争的市场环境和行业自律方面都起到了积极的作用。

另外，各个文化创意产业聚集区内纷纷引入各类金融、投资、会计、法律、商业等中介机构，相互形成了技术支持和商业基础，有效地促进了聚集区内的创意制作的产业化和创意产品的市场化。以英国为例，众所周知，英国是全球文化创意产业的发源地，其文化创意产业的发展主要是依靠政府引导，市场运作，通过非营利性的公共服务平台以整合社会资源，搭配相关产业链，推动其文化创意产业的形成和发展。在英国，大多数文化创意企业是中小企业，因此它们普遍缺乏促进产业发展所需的资金、信息、管理经验和业务的渠道，因此其独立生存的能力并不强，加上文化创意产业本身所独具的行业风险性的特点，其结果导致了英国文化创意产业的发展始终离不开公共服务平台的支持。为此，英国政府专门针对这一行业特点，制定了文化创意产业发展政策和规划，并且由英国政府牵头，建立了文化创意产业发展基金会和非政府组织的创意产业发展局（这两个部门的作用类似于专业的行业协会）来协调文化创意产业的发展。

文化创意产业发展基金会和非政府组织的创意产业发展局下设了非营利性的创意中介服务机构，包括金融、法律、产业等各领域的专家，以帮助各个文化创意企业进行项目策划、联系风险投资机构和进行人才培训。据统计，这一庞大的公务服务机构陆续为英国近12万家的文化创意类企业提供了有效的服务，有效地促进了英国的文化创意产业的发展。在我国，随着文化与创意这种新型都市产业的发展，一些地区在发展文化创意产业时结合了自身的发展现状和条件，采用不同的方式合作，建设了一些为文化创意产业企业提供共享科技服务的平台。以我国的天津市为例，天津市2008年已建成了凌奥文化创意产业园动漫制作技术服务平台，该平台的建立能有效地为文化创意企业提供公共技术服务、网络信息服务、产品展示交易服务、文化创意产业人才培训服务，大大加快了天津市文化创意产业发展的步伐，取得了明显的经济成效。

2.4.3 产业价值链发展模式

文化创意产业是具有明显知识特征、原创性和文化性的产业，它能有效地原创的创意产品化、规模化和产业化，并由此产生丰厚经济价值回报的产业。创意产品在其实现经济价值的过程中，带来了巨大的经济利益。在此，我们可以按照迈克·波特的价值链理论模型为参照，将我国国内目前的文化创意产业生产的价值链阶段过程绘制如图 2-8 所示的文化创意产业价值链模型。

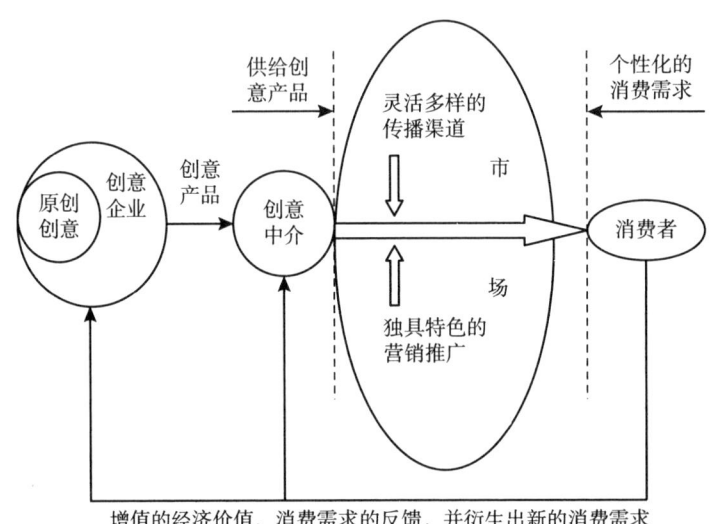

图 2-8　文化创意产业价值链

文化创意产业的主体内容包含在原创的创意中。如图 2-8 中的第一环节，它处于文化创意产业价值链的顶端，它是整个文化创意产业能够产生经济价值的关键和基础。市场参与的主体，即创意内容的提供者，把自己的创意、思维凝结在产品上，文化创意企业则具体完成实现抽象的创意、思维向创意产品的转化，并向下游环节供给创意产品。这一创意产品对市场而言则是一种稀缺资源，创意内容对于整条产业价值链的发展至关重要。

在文化创意企业完成创意产品的内容生产之后，市场中各种传媒等中介则利用市场上灵活多样的传播渠道和独具特色的营销推广方式，以期获得市场上的受众群体对创意产品包含的创意内容的认可。在这一环节中，传播渠道是文化创意产业价值链中的一个重要环节。因为如果没有销路或发行的渠道，再好的创意产品也无法在市场上被目标受众消费者所接受并认可，就更谈不上实现其经济价值了。

目标市场的消费者根据其从各个渠道中获得的关于文化创意产品的信息，然后根据自己的理解对其接收到的信息进行解码，一旦解码完成，文化创意所赋予的观念价值则将引起消费者的兴趣和欲望，进而引起消费者的购买和消费，实现了文化创意产品的价值增值。而且，消费者也将通过各种有效的渠道，将其消费文化创意产品的感受和经验反馈给文化创意企业，以启发创意内容提供者的下一轮创意，从而完成整个文化创意产业价值链的循环。

应该说，我国目前也有不少文化创意企业的发展遵循这一模式。例如，阿里巴巴的携程网站、各种大型的网络游戏、超级女声以及动漫产业的开发，无一例外地采用这一模式进行整个文化创意产业价值链的开发。

第 3 章
文化创意产业价值链

文化创意产业作为 21 世纪的朝阳产业，是当今知识经济的产物，是人的智力、思想、技术、创造力在产品中的体现，实现传统产业的有效升级。从某个程度上来讲，文化创意产业的价值更突出地体现在对于实现以文化与创意为资源的增长方式的转变上。因此，有效地理解文化创意产业的价值，对于发展文化创意产业极为重要。

3.1　价值链理论的相关研究

现代经济学认为，企业存在的主要目标之一就是为了追求经济利润最大化。而如何盈利，采取什么方式盈利就成为企业界和理论界关注的焦点之一。迈克尔·波特在 1985 年提出"价值链"观点以后，逐步在理论上解决了如何通过塑造企业的竞争优势，在此基础上打造以差异化为目的，以核心能力为聚焦的"价值链"才能使企业获得盈利。为后来的企业管理的相关研究鉴定了基础。

美国哈佛商学院的迈克尔·波特（Michael E. Porter，1985）在《竞争优势》一书中首先提出价值链的概念。他认为，"每一个企业都是用来进行设计、生产、营销、交货以及对产品起辅助作用的各种活动的集合"。[1] 具体来

---

[1] [美]迈克尔·E. 波特. 竞争优势[M]. 陈小悦，译. 北京：华夏出版社，1997：42.

第 3 章 | 文化创意产业价值链

讲,包括供应、生产、储运、发货、营销等生产性环节,又包括基础设施、技术开发、人力资源管理等辅助性环节。所有的这些活动都可以用价值链表示出来。按照波特的价值链理论,企业的经营活动可以根据其对企业经营价值的影响分成若干个小的"价值活动",企业所创造的价值是由其产品或服务的购买者所愿意支付价值的多少来衡量。企业之所以盈利,是因为企业所创造的价值超过了企业从事该价值活动所支付的成本。

迈克·波特的价值链理论认为价值链的分析的基础是价值,而不是成本。如图 3 – 1 所示,企业的价值链体现在价值系统的更广泛的一连串活动之中。在企业的经营活动中,并不是每个经营环节都创造价值或者具有比较优势。企业所创造的价值和比较优势,实际上是来自企业价值链上某些特定环节的价值活动,这些真正创造价值的、具有比较优势的经营活动,即企业在价值链上某一特定的战略环节上所具有的优势,就是企业核心竞争力的源泉。只要控制住这些关键的战略环节,也就控制了整个价值链。企业要发展或者保持自己的竞争优势,并不需要在企业价值链的所有环节上都保持优势,关键是发展或者保持那些创造价值同时产生比较优势的战略环节的优势。

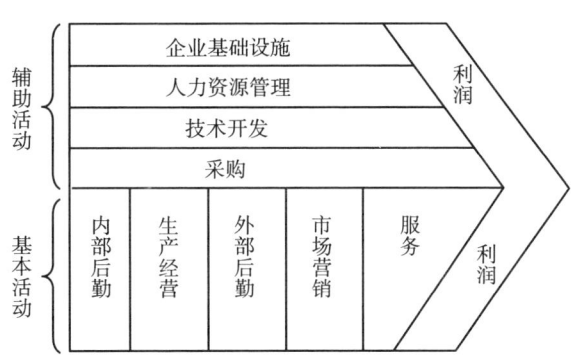

图 3 – 1 基本价值链

应该说,波特的价值链理论的提出是基于对企业塑造竞争优势的角度进行阐述。在他的理论中实际上隐含假设了经济人的目标,强调了个体竞争逐利性而忽视了群体合作互惠互长,他的理论更多的是从企业内部的角度进行分析。按照现在的情况来看,价值链不应仅仅局限于一个企业内部,而应该把企业作为价值生产的一个环节来考虑,从更广泛的角度,去研究整个价值系统的生产，包括从原材料的供应到产品的再循环等所有的环节。应该指出的是，波特的价值链理论观点最初是基于当时的制造业的产业分析框架内。因此，波特所提出的价值链往往被理论界和实业界看作"一系列连续完成的活动，是原材料转换成最终产品的一系列过程"。[①] 但随着全球产业的勃兴和服务业、文化产业等新兴产业领域的兴起，波特的理论也难以真正地解释企业的价值创造和盈利实现过程。

约翰·沙恩克和菲·哥芬达拉加（John Shank & V. Govindarajan，1992a）则是在波特的理论的基础上，将传统价值链的范围结合企业的生产过程进一步加以扩大，从产业链的角度对价值链理论进行了深入的研究。他们认为：价值链（value chain）是指"从原材料至最终产品并发送到最终消费者手中这样一系列相互联系的价值创造活动"。[②] 同年，约翰·沙恩克和菲·哥芬达拉加（John Shank & V. Govindarajan，1992b）提出观点，认为："任何企业的价值链都包括从最初的供应商手里得到原材料直到将最终产品送到用户手中的全过程。"[③] 在他们的理论中，任何类型企业的价值链都应该包括在其价值生产活动的整个过程中，他们把单一企业仅仅看成生产过程中的一个组成部分，任何企业都是在这个过程中参与了价值的生产。按照他们的观点，这个生产过程包括了从最初的供应商手里得到原材料直到将最终产品送到用户手中的全过程。他们的这一论断扩大了波特的价值链的范围，同时，他们还将各种会计信息融入了价值链的分析之中，从而为我们提供了一种分析企业竞争优势的有用的工具。

伴随着经济一体化的进程，各国产业的升级和服务业的蓬勃发展，企业的价值创造更多的需要众多利益相关群体的协作，而企业的发展也不再单纯是为自身增加价值，同时，价值也不再单纯地局限于产品本身的物质转换，它需要的是各种群体的共同协作来完成整个庞大的价值创造体系。在这种条件下，新价值链的观点就应运而成了。彼得·海因斯（Peter Hines，1993）

[①] 夏颖. 价值理论初探 [J]. 理论观察，2006（4）：136-137.

[②] John K. Shank, Vijay Govindarajan. Strategic Cost Management and the Value Chain [J]. Journal of Cost Management, 1992: 5-21.

[③] John K. Shank, Vijay Govindarajan. Strategic cost management: the value chain perspective [J]. Journal of Management Accounting Reasearch, 1992 (4): 177-199.

第 3 章 | 文化创意产业价值链

无疑是新价值链观点的杰出代表者，他结合自身的研究，对波特的价值链理论进行了修正，提出了新价值链的观点。海因斯将新形势下的价值链定义为"集成物料价值的运输线"。[①] 在海因斯新的价值链定义中，海因斯把原材料和顾客因素也纳入新的价值链概念之中。随着社会经济的发展，特别是近年来供应链迅猛发展，参与市场竞争的企业之间的竞争焦点逐步地从原有的单一企业之间转移到了整条供应链之上。因此，如何提升企业供应链上的整体价值，是当今商务环境中最重要而又必不可少的一环。海因斯自1993年开始，耗时四年对近二十家英国企业进行了深入的研究，去解决面对日新月异的变化，如何使企业的管理者从战略的高度去思考；应该如何着手去实现供应链的优化工作。从而在整体供应链中开发出最大的价值，使自己和其他关联企业在顾客与供应商这一链性环节上建立起持续的优势根源，在激烈的竞争中永远立于不败之地。

本书认为，海因斯对于新价值链的研究与波特的传统价值链相比，存在着根本的差别，主要体现在其作用方向上的差异。在波特的价值链理论中隐含假设了经济人的目标，他所定义的价值链强调了个体企业竞争的逐利性，以单一企业获得的利润作为其价值链理论的立足点；而海因斯的新价值链的观点却把原材料和顾客因素也纳入新的价值链的框架之下，在企业生产的目标中兼顾了企业的利润和市场上客户的需求，塑造新价值链终极目标是为了追求在整体供应链中开发出最大的价值，以强化企业的竞争优势，从而去更好更快更高效地实现企业的利润。另外，如前所述，海因斯的新价值链的观点把原材料和顾客因素也纳入新的价值链的框架之内，这就意味着海因斯开始从企业战略的高度去考虑如何优化企业的整体供应链，更多地开始重视在新价值链的实现链条上不同成员的作用，加强了与各个利益相关者的联系和协同，能更好地产生最优的协同效应，而这一点正是波特的价值链理论中所欠缺的。

20世纪90年代以来，随着信息技术和电子商务在全球的勃兴，价值链理论也面临着新的挑战。在这一背景下，雷波特和斯威尔克拉（Jeffrey F. Rayport & John J. Sviokla, 1995）提出了虚拟价值链的概念。他们认为，当今

[①] Peter Hines. Creating your own world-class supply chain [J]. Logistics Focus, 1994, 2 (6): 32.

每个企业都在两个世界中竞争：一个由管理人员可以看到的、触摸到的资源构成的物质世界以及一个由信息组成的虚拟世界。[1] 在有形的物质世界里，企业是通过"有形价值链"进行采购、生产和销售，完成企业的价值创造任务。在虚拟世界里则对应着"虚拟价值链"，进行信息的收集、组织、选择、合成与分配，以达到价值的增值，企业对信息的利用亦能作为价值创造的源泉。在两条并存的价值链中，"虚拟价值链"可以作用于"有形价值链"的各个阶段，在"有形价值链"的水平方向促进企业的价值增值。同时，企业同样也可以通过"有形价值链"的各个环节同"虚拟价值链"相结合，利用信息技术及电子商务的优势，最大限度地提高企业的价值或开拓更为广阔的市场空间。

随着因特网时代的到来，特别是数字化时代的全面临近，价值链理论再次被一些学者进行了全新领域的扩展。这种新领域的扩展已不再是企业价值链链条上成员的简单增加，而是由网络上众多的虚拟企业共同组成。学术界上称之为"价值网"（value net）。[2] 价值网络强调企业在竞争压力下，彼此间的价值链关系也逐渐地演变成价值网络的关系，企业内部的行为主体间关系及业务联系也构成了内在的价值网络关系。埃瑞森与乔汉森（Eriksson & Johanson，1999）利用欧洲国际贸易和市场项目的数据构建了关于商业网络中的关系发展的模型，并对该模型进行了检验。[3] 埃瑞森与乔汉森的研究验证了，价值网出现促进了网络内部企业之间的协调和联系，成员企业之间通过共享资源，实现优势互补，极大地提高了企业的价值增值能力。

随着世界经济一体化进程的加快，世界各国的政治、经济、文化等领域发生了重大的变革，这种变化对企业特别是跨国企业的经营活动的开展和利益的合理分配提出了挑战。在这种情况下，全球价值链理论（global value chain）应运而生。全球价值链理论源于20世纪80年代国际商业研究者提出

---

[1] Rayport, Jeffrey F., John J. Sviokla. Exploiting the Virtual Value Chain [J]. Harvard Business Review, 1995: 75 – 85.

[2] 价值网概念最早是由 Mercer 咨询公司的顾问 Adrian Slywotzky 在《发现利润区》一书中提出。在该书中，作者认为，价值网是由成员企业和合作伙伴构成，它把相互独立的客户联系起来，企业本身不是网络，而是提供网络服务。

[3] Holm, D. B., K. Eriksson, J. Johanson. Creating value through mutual commitment to business to business network relationships [J]. Strategic Management Journal, 1999 (20): 467 – 486.

和发展起来的新兴价值链理论。[①] 其中较具代表性的是加里·格里芬（Gary Gereffi,1999）。格里芬在价值链理论的基础上，发展出全球商品链理论（global commodity chain，GCC）。在全球商品链的理论框架下，格里芬将价值链理论与全球的产业组织有机地联系在一起。在他的分析中，进一步将全球商品链分为两种类型：采购者驱动型（buyer-driven）和生产者驱动型（producer-driven）。[②] 在格里芬的研究中，以美国零售业的价值链研究以例，分析了在全球背景下，位于全球各地的企业可以在产品的设计、生产和销售等环节组成的价值链中展开深入的合作。但是格里芬此时的研究并未摆脱商品概念的局限，同时也未强调在企业价值链中价值创造的获取方面的重要性。但却为后续的学者的研究开拓了新的思路。

2001 年，格里芬和开普林斯基（Gereffi & Kaplinsky, 2001）发表了一篇题为《价值链的价值》的论文，提出了全球价值链的概念。第一次从价值链的角度分析全球化的进程，他们提出应把商品和服务贸易看成治理体系，价值链的形成过程同时也是企业参与价值链并获得技术能力和服务支持的过程。[③] 可以说，他们关于全球价值链的研究在全球价值链的学术研究起到了里程碑的作用。在全球价值链理论的影响下，不同企业可以通过分析各自在价值链中所处的环节来针对性地确定自己的企业发展战略，为企业在全球化进程，应对国际市场的激烈竞争提供了一种有益的分析工具。

自价值链理论在国外学术界引起了关注的同时，我国的学者也逐步地投入价值链理论的研究进程中，并取得了一定的进展。潘承云（2001）[④] 从产业链的角度研究了企业共同创造价值的过程，强调企业的技术或工艺在产业链上创造价值的核心作用。孙茂竹（2002）[⑤] 把价值链分成企业内部价值链、纵向价值链和横向价值链三类。杨周南（2005）[⑥] 则从数学的角度，把

[①] 张辉. 全球价值链理论与我国产业发展研究 [J]. 中国工业经济, 2004（5）: 38-46.
[②] Gary Gereffi. International trade and industrial upgrading in the apparel commodity chain [J]. Journal of International Economics, 1999, 48 (1): 37-70.
[③] Gereffi G., Kaplinsky R. The Value of Value Chains [J]. IDS Bulletin, 2001 (32): 3.
[④] 潘成云. 解读产业价值链——兼论我国新兴产业价值基本特征 [J]. 当代财经, 2001（9）: 7-15.
[⑤] 孙茂竹. 管理会计的理论思考与架构 [M]. 北京: 中国人民大学出版社, 2002: 78.
[⑥] 杨周南. 价值链会计管理信息化的变革 [J]. 会计研究, 2005（4）: 36-40.

价值链分为广义与狭义两种类型。其中广义上的价值链指独立于企业之外的外部价值链，狭义上的价值链则指企业内部的价值链。董焕忠、方淑芬（2005）[1]，张琦、孙理军（2005）[2] 等人也从如何优化价值链的角度对价值链理论进行了相应的研究。吕文栋、张辉（2005）研究分析了全球价值链的发展进程，并从理论和实证的两个角度对基于全球价值链视角下的地主产业聚集的升级模式进行了研究。[3] 并在此研究的基础上，对全球价值链理论的动力机制进行了理论创新（张辉，2006）。[4] 尹美群（2007）[5] 提出价值库的概念，进一步探讨了价值库的基本结构、特点及作用，并在此基础上阐述了价值库的构建过程。

价值链理论经过几十年的发展，与波特最初的价值链概念相比，价值链的视点已由单一企业的研究视角扩展到企业网络视角，从微观领域扩展到宏观领域，从最初的物质形态的研究扩展到虚拟网络的研究，从企业内部延伸到企业外部，供应商、销售商和顾客都被视为价值链的范畴。价值链涉及的范围不断地扩大，这是经济发展的必然结果。可以想象，在未来社会中，顾客因素在价值链中的地位日益受到重视，知识经济条件下，知识信息对于价值创造所起的作用也越来越重要，如何结合知识信息促进价值链整体优化和管理，培育关键增值环节，以增强企业的竞争优势，也必将随着社会经济的发展得以深入研究。

3.2 文化创意产业价值概述

有关价值的论述，早在几十年前在经济领域就已经被很多经济学家深入

---

[1] 董焕忠，方淑芬. 类生产函数企业价值链管理模型研究 [J]. 中国管理科学，2005（6）：46 – 51.

[2] 张琦，孙理军. 产业价值链密炼机理及优化模型研究 [J]. 工业技术经济，2005（7）：111 – 113.

[3] 吕文栋，张辉. 全球价值链下的地方产业集群战略研究 [J]. 中国软科学，2005（2）：119 – 124.

[4] 张辉. 全球价值链动力机制与产业发展策略 [J]. 中国工业经济，2006（1）：40 – 49.

[5] 尹美群. 价值链价值分布研究：价值库的构建 [J]. 海南大学报人文社会科学版，2007（8）：420 – 426.

地分析和探讨，本书不再赘述价值论的理论渊源，集中探讨文化创意产业的创意产品的价值形成和市场实现过程。

3.2.1 文化创意产品

3.2.1.1 产品的概念

在市场营销学的范畴中，所谓产品是指通过交换获得的能够满足人们需求和欲望的任何有形物品和无形的服务，它包括三个基本层次，即核心产品层次、外围产品层次、外延产品层次，[①] 如图3-2所示。

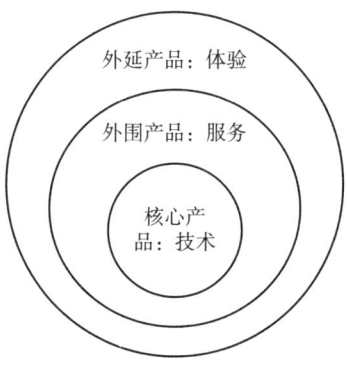

图3-2 产品的结构层次

其中，核心产品层次是指文化创意产品的使用价值，即文化创意产品向顾客提供的基本效用或利益，是文化创意产品能够发挥其作用的关键性因素，如创新技术等；外围产品是指文化创意产品的基本形式和外在的表现，是核心产品借以实现的形式，如服务、包装等因素；外延产品则是顾客在购买产品时所获得的全部附加服务和利益。主要是品牌形象、信誉、关系、用户体验等与产品本身性能无关，却能影响顾客偏好度的外在因素。[②] 而这一点恰恰能够有效解决目前市场上的产品同质化的问题。

[①] 黄志锋，孙伟. 市场营销学 [M]. 成都：西南交通大学出版社，2009：101.
[②] 黄志锋，孙伟. 市场营销学 [M]. 成都：西南交通大学出版社，2009：101-102.

3.2.1.2 文化创意产品

营销学中所定义的产品是我们理解文化创意产品的基础，在此，本书将借鉴营销学中对整体产品的三个层次的划分，也将文化创意产品定义为：文化创意产业中产出的任何成品或该成品的组合。

文化创意产品作为创意凝结在实体产品之上所形成的关联关系，往往要比一般产品更为复杂和独特。具体来讲，文化创意产品是一种源于个人或团队的创意、技能和才干，以创意者的脑力劳动为主，通过知识产权的开发和运用，创造出具有市场价值和特定文化内涵的产品和服务。与传统产品相似，在此我们可以将文化创意产品分为三个层次：核心产品、形式产品和附加产品。其中，创意产品的核心产品层次表现为创新产品从知识创新和文化氛围等几个方面给消费者带来的核心利益和基本效用，用以满足消费者的基本精神文化需求；而有形产品则是承载核心产品和附加产品的载体，是体现核心利益和附加利益的外在表现形式；附加产品则是消费者购买创意产品和服务时所获得的额外利益，这些额外的附加利益也将随着消费需求的变化以及消费个性特征的差异不断地发生变化。因此，文化创意生产企业在生产文化创意产品时应该不断地根据外部市场的变化，根据消费者在购买和使用产品的过程中对于安全、便利、体现个人身份地位等方面的需要，不断地开发新的创新思维，并将这产品化，以适应市场的动态需要。

3.2.2 创意需求

现代营销理论告诉我们，市场需求是任何企业生存和发展的根本动力。对于文化创意产业而言，这一市场定律同样成立。但是文化创意市场中的需求又不同于传统产业的市场需求，对于这点我们应该区别对待，如图3-3所示。

图3-3是日本学者狩野纪昭对消费者购买行为的价值决定因素研究的成果，狩野纪昭的研究主要是用来了解顾客不同需求对其购买行为产生的影响，

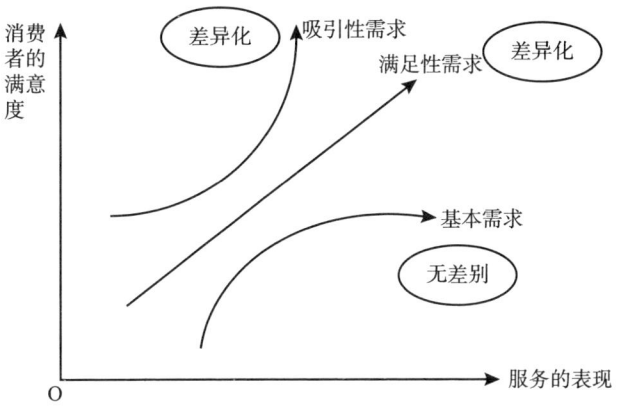

图 3-3　消费者的需求层次

资料来源：[美] 哈维·汤普森. 创造顾客价值 [M]. 赵占波，译. 北京：华夏出版社，2003：79-80。

其中顾客的需求主要包括三个层次：基本需求、满足性需求、吸引性需求。[1] 他通过对 50 家公司进行了研究发现：顾客的需求可以区分为三个层级。[2] 最低层是基本需要或期望，如果无法满足这些需求就会造成顾客的不满，这些需求对顾客的满意度只产生单向影响，即这些需求没有得到满足就会产生不满。但由于这些需求是顾客所"预期的"，所以提供这些东西并不会使满意度提高。满足性需求则与满意度的增加有直接的关系。他观察到，这方面的表现和顾客的满意度之间存在着一种线性的关系。这些需求的满足对于顾客满意度有着双向的影响：表现越好或提供越多，顾客满意度就会等比例增加；反之则相反。最上层是"吸引性/愉悦性需求"。与基本需求相同的是，这类需求对满意度只有单向影响。如果企业提供或表现出吸引性/愉悦性需求，会带来顾客的满意。由于这些因素是顾客所没有预期的，即使没有提

---

[1] 其中，基本需求是最基础的需求，无法供给则会使顾客流失，或顾客转向其他竞争者。因此，这一需求也是最低限度的需求，这一需求也同时表明了企业在行业中生存的基本业务能力。满足性需求如果能够得到有效满足的话，便会超过顾客的基本期望，其或许会影响顾客的满意度，但不至于影响其购买行为。吸引性或愉悦性需求则是企业提供很高的或超越顾客预期的价值，以至于影响最终影响顾客的购买行为，因此，这一需求可以作为产品进行差异化的因素，以这一需求为基础对产品进行再调整，以吸引顾客并增加企业的市场占有率。

[2] [美] 哈维·汤普森. 创造顾客价值 [M]. 赵占波，译. 北京：华夏出版社，2003：79-80。

供也不会造成顾客的不满。此外，跟满足性需求不同的是，吸引性/愉悦性需求呈现出非线性的关系。即其所提供的价值很高，从而使企业表现的改善能带来更大比例的满意度提升。因此，这些顾客需求是提高满意度的最好途径。

文化创意产业作为新兴的一种产业形态，它的发展同样依赖于市场中的顾客对其产品的消费。作为一种特殊的产业形态，它向市场中的顾客提供的产品不同于传统产业的产品，它所提供的更多的是差异化的体验。当然，这种体验包括物质体验和精神体验两类。其中，物质体验是指消费者通过消费文化创意产品，从中所得到的使用价值；精神体验则是指消费者在消费文化创意产品的过程中，从中所得到的蕴藏在文化创意产品之中的创意价值和由此得到的精神愉悦的精神感受。如果说物质体验与传统产业产品的消费没有差异的话，那么精神体验则是文化创意产业提供给消费者独特的消费体验了。因此，文化创意产品能否在外部消费市场中被广大的消费者所接受，在很大的程度上就取决于其所创造的差异化的精神体验。正是这种差异化的精神体验，能够极大地提高文化创意产品的竞争力，开拓出新的市场空间，以适应当前社会经济发展的趋势。这一点正如约瑟夫·派恩和詹姆斯·吉尔摩（Joseph Pine & James Gilmore，1999）所说的："与传统的商品和服务相比，消费者更喜欢消费体验。体验是经济所提供的第四种消费形式，就像服务不同于商品一样，体验也不同于服务……体验的购买者重视一段时间内参与到公司所提供的体验中去。……现在人们把更多的时间和金钱用在体验之上。"[①]

改革开放以来，我国居民的可自由支配收入逐年增长，在消费领域完成了从满足生理欲望、物质欲望向精神欲望的转变。如果说20世纪80年代是国内居民满足生理欲望的时期，那么，1993~2005年是国内居民满足物质欲望的时期。在该时期，人们对耐用消费品的需求尤为旺盛。2006年以来，国内居民逐步进入满足精神欲望的时期，出现了所谓的"第三次消费革命"。其特征是人们注重追求自我设计、自我价值的实现，重视发掘衣食住行的文化性及其内涵，文化产品消费成为时尚，人们既需要拥有丰富的文化

---

① Joseph Pine Ⅲ, James H. Gilmore. The Experience Economy: Work is Theatre and Every Business a Stage [M]. Boston: Harvard Business School Press, 1999: 2–11.

精神产品，又需要充足的闲暇时间来消费、体验这些产品。[①] 以福建省为例，福建省地处海峡西岸，经济活力强，2009年福建省GDP达到10823.11亿元，比上年增长13.0%。仅旅游总收入一项就达到1014.55亿元，同比增长1.1%。城乡居民的"恩格尔系数"已达到38.9。居民收入水平在实现增长的同时，消费支出中用于文化、休闲领域的支出比例快速提高，在限额以上批发零售业零售额中，服装鞋帽针纺织品类零售额增长30.2%，金银珠宝类零售额增长25.1%，汽车类零售额增长23.6%，家用电器和音像器材类零售额增长16.5%，体育、娱乐用品类零售额增长13.1%，[②] 这些数据都足以说明福建省的文化创意领域发展前景极为广阔，更不用说市场范围更为庞大的中国市场。

因此，加快发展文化创意产业，促进更多的社会资源向文化创意产业汇聚，促进文化创意产业的成长，同时充分利用文化创意产业较强的渗透性，促进传统通过思想创新以实现产业升级，是当前摆在我们面前的重大任务。产业经济学的研究成果已经表明，"经济增长是生产结构转变的一个方面，生产结构的变化，应能更有效地对技术加以利用"，因此，"劳动和资本从生产率较低的部门向生产率较高的部门转移，能够加速经济增长"。[③]

在当前的经济条件下，世界各个发达国家的发展模式相继发生了以"知识"为核心的变革，即所谓的"知识价值革命"。[④] 人们已经不再追求资源、能源和农产品的更大消费，而是追求时间和智慧的价值，这种价值中则蕴含着大量的创意元素。同时，随着经济的发展和人们收入水平的显著提高，人们除了基本的物资生活追求之外，将更加注重精神方面的消费。如果说，物质需求是简单而有限的，那么精神方面的需求就是复杂而无限的，马斯洛的需要层次理论告诉我们，人们的需求从生理需求上升到情感和精神需求的过程中，消费者的欲望也同样是呈现出阶梯上升的趋势。当人们的基本生理方面的物质需求得到满足时，他们就会对自己的精神方面的需求进行重新规划，或者追求精神愉悦，或者追求智慧闪现，精神方面需求的满足也将成为体验

---

① 黄志锋. 我国休闲产业发展问题研究［J］. 经济地理，2010（9）：1497-1502.
② 福建省统计局：《2010年福建国民经济和社会发展统计公报》。
③ 霍利斯·B. 钱纳里等. 工业化和经济增长的比较研究［M］. 上海：上海三联书店，1989：22.
④ 杨永忠. 创意产业经济学［M］. 福州：福建人民出版社，2009：15.

经济时代文化创意企业竞争制胜的关键因素之一。

所以，创意产品的价值开发已不再是产品本身是否能够满足人们的需要或具有交换价值，而在于其对个体欲望和精神诉求的满足。可以说，随着社会生产力的提高，人们对于物质性产品的消费需求将会有所减缓，而对于精神文化产品的消费需求必将逐渐增加，这种变化将成为深层次扩大内需的关键所在。文化创意产业作为一种新兴的产业形态，本身就是现代工业文明的产物，是一个需要较高的劳动力素质和较高的资本形态来创造较高生产率、较高经济效益的部门，才能更好地满足当前社会经济的差异化需求，也就是狩野纪昭所提倡的吸引性需求。

3.2.3 文化创意产品价值

文化创意产业作为当今社会经济领域的一个新兴的产业形态，与传统产业形态一样，文化创意产业的发展也同样取决于其产品——文化创意产品在市场中价值的实现。文化创意产业发展的基础就是文化资源。而文化创意则根据现有的文化资源，对其进行挖掘、整合并进行适当的创新，产生新的创意价值点，进一步凝结在有形的产品之上，最终形成文化创意产品。

从市场中的消费者角度来看，文化创意产品在市场中所实现的价值主要包括使用价值和观念价值两个层次。其中，使用价值是附着在产品之上由其物理属性特征所形成的价值，其使用价值与一般产品的使用价值一样，是产品的基本物理属性，是消费者购买产品的基本原因，[1] 即文化创意产品能满足消费者最基本的效用。它是产品价值系统中最基本的组成要素，是产品的物质基础。而观念价值则突出强调了依附在产品之上的因社会评价而形成的价值，[2] 观念价值是产品中包含的能与一些社会群体的精神追求或文化崇尚，产生共鸣的无形附加物。[3]

文化创意产品的观念价值是主观的、可以体会和感受的无形附加物，其

---

[1] 黄志锋，孙伟. 市场营销学 [M]. 成都：西南交通大学出版社，2009：101-102.
[2] 杨永忠. 创意产业经济学 [M]. 福州：福建人民出版社，2009：251.
[3] 厉无畏. 创意改变中国 [M]. 北京：新华出版社，2009：32.

因文化创意在产业之间的渗透而产生。人们对于产品的认知程度很大的程度上取决于其观念价值的高低。文化创意产业通过生产"符号产品"①（包括思想、体验和形象等），其价值主要通过使用符号意义来实现。按照 Bilton 和 Leary（2002）②的观点，文化创意产品价值有赖于最终使用者（包括观众、听众、读者和消费者在内）解读和发现这些符号意义的价值；"符号产品"的价值因而有赖于使用者对这些产品的理解，而这种观念上的理解的差异就决定了其观念价值的大小。对消费者而言，文化创意产业创造了观念价值，通过新的创意去改善产品的观念价值，从而占领市场并获得利润。通常，具有相同使用价值的产品，其观念价值的高低会由于其附加的创意的差异而发生变化。

一般来讲，越是具有高品质创意并获得市场中大多数消费者认可的创意产品，其观念价值就会越大，在市场交易中实现的价值也就会越高。因此，从使用价值的满足，到观念价值的追逐，是文化创意产业玩转"需求魔方"的有效手段。③ 文化创意企业通过将创意注入产品和服务中，从而为产品提供了新的价值元素，促进了市场中新的需求的产生，开辟了新的市场空间，为文化创意产业的发展夯实了新的市场基础。

3.3 文化创意产业在经济价值链中的价值定位

文化创意产业推动了经济的飞速发展，是当今最契合知识经济时代特征的产业形式。文化创意产业是知识经济条件下社会经济发展的新的增长点，是价值增值的源泉和动力。因此，界定文化创意产业在整个经济价值链中的定位，对于文化创意产业的未来发展而言至关重要。

---

① "符号产品"是 Bilton 和 Leary 在 2002 年提出来的，是创意与知识经济之间的联系，产生新的知识产权形式，并向顾客传达新的符号意义。具体参见：Bilton, C., R. Leary. What Can Management Do for Creativity? Brokering Creativity in the Creative Industries [J]. International Journal of Cultural Policy, 2002, 8 (1): 49 - 64.

② Bilton, C., R. Leary. What Can Management Do for Creativity? Brokering Creativity in the Creative Industries [J]. International Journal of Cultural Policy, 2002, 8 (1): 49 - 64.

③ 厉无畏. 创意改变中国 [M]. 北京：新华出版社，2009: 32.

3.3.1　文化创意产业在宏观经济领域中的价值定位

文化创意产业的发展对于实现以文化与创意为资源的增长方式的转变上，以及当前建设创新型社会意义重大，它的价值体现在能有效促进经济增长模式的转变、产业结构的升级以及城市综合竞争力的提高三个方面。

3.3.1.1　文化创意产业促进了经济增长方式的转变

经济增长方式是人类社会发展的基本动态形态，它是指推动经济增长的各种生产要素的投入及其组合方式。它反映了一定社会生产力水平下人类社会运用知识和智慧创造财富的能力。相关的经济研究已经表明：经济增长方式的转变与一个国家或地区运用知识和智慧创造财富的能力呈正比。

文化创意作为一种生产力形态，属于知识经济范畴。[1] 它的特点就是通过对创新能力的发展，产生新的创意并将之产品化和产业化，并由此创造出人类社会发展所需要的精神和物质财富，从而最大限度地提高产品的附加价值。一般而言，从产业经济学的角度，我们将主要依赖于土地、劳动和资本投入的增长称为粗放式经济增长，其主要特征是经济的发展依赖于投入要素规模的扩张；而相应地将主要依赖于技术进步、文化创新、制度完善和制度创新等实现的增长称为集约型经济增长，其主要特征是效益最大化。在传统粗放型的经济发展模式中，推动产业发展的生产要素是土地、劳动、资本等要素的投入，这就决定了产业的发展会更多地依赖传统的生产要素资源，久而久之资源的急剧消耗会对经济的发展形成"瓶颈"。在这种情况下追求相对较高的经济增长就如同海市蜃楼，可望而不可即。

因而，在当前新经济和知识经济条件下，经济增长的最好结果就是产品和生产流程的创新以及将各种投入联合起来以生产新型产品的方法的创新。文化创意产业具有知识和文化的密集性，是用少量的实物资源，结合所需的知识、技术和文化进行的经济活动，经济活动从实物资源形态转向了知识资源，从而能有效地摆脱传统行业发展受到自然资源制约的局限性。[2] 文化创

---

[1]　胡惠林．文化产业学［M］．北京：高等教育出版社，2006：32．
[2]　贺寿昌．创意学概论［M］．上海：上海人民出版社，2006：87．

意产业强调的是将生产要素内化,以各种无形资产进入生产环节,可以有效地突破各种传统生产要素等资源的限制,如智力资源、文化资源、科技资源等,从而为经济增长打开一条全新的通道。而且,文化创意还能够为产品的服务注入新的文化要素,为消费者提供与众不同的新体验,从而提高产品与服务的观念价值,并且因品牌的作用而大大提高产业的附加值。更重要的是,文化创意产业可以通过应用技术的嫁接,比较深入地融入传统产业,实现传统产业的价值创新和产业创新,促进整个经济结构的优化和发展方式的转变。[1] 真正地实现经济增长内原来的"外延式"增长转向"内涵式"[2] 增长的轨道上来。

3.3.1.2 文化创意产业推动了产业结构的升级

按照产业经济学的观点,产业结构是指国民经济中各个产业之间的相互结合和构成的关系。产业结构反映了一个国家或地区各个产业之间的比例关系及其变化的趋势。[3] 当前,随着知识经济时代的来临,各个主要的发达国家的产业结构的重心开始逐渐地从工业化转移到了信息化,与此相适应,产业竞争也逐步地从规模经济的制造工业转移到了创意竞争的知识型现代服务业,经济增长方式转向依靠产品的核心竞争力和企业自主创新能力之上。

当前经济发展规律中,产业下游化是文化产业兴起和发展的推动力量。[4] 产业下游化过程中,经济增长的主导力量将不断地向那些能够更有效配置资源、生产力水平更高、能带来更大经济收益和增加就业的产业部门转移。[5] 世界经济发展的历史表明,带动产业结构下游化特征规律的产业部门总是与科技的创新和进步有着密切的联系,在现代经济的发展进程中,以信息

---

[1] 厉无畏. 积极发展创意产业 推进产业创新和结构优化 [EB/OL]. http://www.scic.gov.cn/cms/Article_Show.asp? ArticleID=1311.
[2] 所谓的外延式增长是依靠要素投入的增长而引起经济总量的增长,也就是俗称的"粗放型"增长方式,一般它是经济发展初期常采用的方式。而内涵式增长是通过要素的重新组合和技术的进步,以较少的人力、物力、财力的消耗来促进经济的发展,类似于"集约型"增长方式,它一般是在经济发展的高级阶段或者是在经济转型时期所采用的方式。
[3] 贺寿昌. 创意学概论 [M]. 上海:上海人民出版社,2006:87.
[4] 吕庆华. 文化资源的产业开发 [M]. 北京:经济日报出版社,2006:1.
[5] 魏鹏举. 文化创意产业导论 [M]. 北京:中国人民大学出版社,2010:107.

技术为代表的科技创新推动了新一轮的产业结构融合升级，使不同的产业能够有机地融合在一起，从而延伸了价值链，提升了产业链的整体效益。文化创意产业作为新兴的产业形态，其本身就代表了新的经济增长模式和发展趋势。

如前所述，文化创意产业既是产业高附加值的主要来源，也是文化创意产品的创造者。在其产业发展的过程中，它是通过对文化创意产业链附加价值高的各环节以增加投入来实现其经济效益的增长，促进产业结构的调整。如图3-4所示，本书将利用"微笑曲线"[①]说明文化创意产业对产业结构升级中的作用和价值予以分析说明。在图3-4中，坐标的横轴代表了产业链中的上、中、下游的研发、制造和销售环节，纵轴则表示文化创意产业实现的附加值要素，代表着通过知识产权、品牌和服务等创意要素实现的价值增值。这条微笑曲线从价值角度来看，实际上就是附加价值曲线，它通过产品附加值曲线的上升，能带动产业链价值的增加和利润的提升。在这条曲线中，最左端代表研发、设计、采购等活动环节，最右端代表着销售、售后服务、品牌经营、金融服务等环节活动，中间则表示加工生产。[②] 一般来讲，产业链中处于左右两端属于附加价值高，利润回报大的区域，而中间的生产环节则

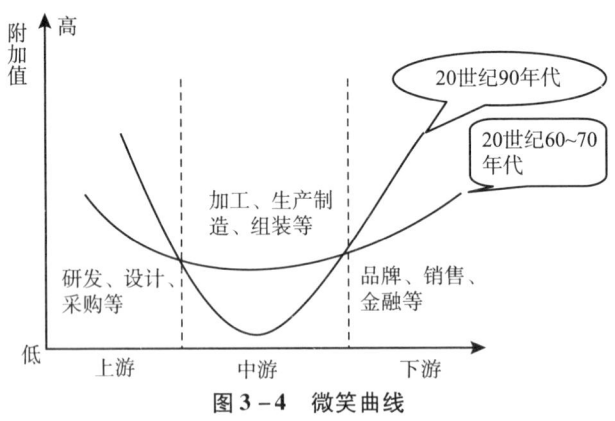

图3-4 微笑曲线

资料来源：根据吴敬琏．中国增长模式抉择［M］．上海：远东出版社，2005：84-85整理而得。

[①] 微笑曲线是宏碁（Acet）集团的创始人施振荣先生在1992年《再造宏碁——开创、成长与挑战》一文中提出的，用以描述现代制造业的价值链。
[②] 厉无畏．创意改变中国［M］．北京：新华出版社，2009：89．

处于低利润区。而且，随着时间的推移，该曲线的弧度将呈扩大的趋势。如图 3-4 所示，我们通过比较 20 世纪 60~70 年代和 90 年代的微笑曲线的弧度变化可以看出，在中间区域，即加工、生产制造和组装区域，其附加价值大大降低了，而上游和下游环节的附加价值则呈现出不断上升的趋势。

从微笑曲线的走向及其发展趋势来看，在产业链的众多环节中，研发、设计、销售、品牌、服务等环节对于提升产业的附加价值而言至关重要。因而，对于文化创意企业来讲，为了追求高利润和高附加值，就必须尽可能地向价值链的两端延伸，从目前的情况来看，显然文化创意产业的主要领域是处在微笑曲线的两端，而且，文化创意产业中的文化元素业已渗透到曲线的每个环节。一个文化创意不仅可以直接作为商品进入市场，参与市场交易，以实现其价值，而且还可能通过文化创意产业的渗透力，创造出与创意本身相关的新的价值元素，实现创意价值的新增值。因此，文化创意产业应该考虑通过提升产业的附加价值以改变增长经济增长方式，促进产业结构的升级。

3.3.1.3 文化创意产业提升了城市的综合竞争能力

文化创意产业的兴起和发展，意味着城市经济增长方式已经发生了革命性的变革：由传统的生产制造业为主的工业经济时代和以销售产品为主的市场经济时代将被以文化和创意为核心内容的知识经济所取代。21 世纪是文化创意的世纪、知识的世纪，文化创意产业必将成为一种朝阳产业。全球经济发展的事实也充分地论证了这一论断。

城市作为文化创意产业发展的中心，具有引导商品、思想和服务的国际性和地区性进行流动的潜力。正如萨亚基斯·萨森（Sassen Saya Keith，1998）所强调的，今天的城市在将国家经济与全球经济相联结的过程中起着越来越重要的作用，它为文化创意企业提供了其发展所需的服务和相关的要素。[1] 而文化创意产业的发展反过来又可以带动城市中相关产业的发展，促进各种资源在城市之间的合理流动，进而增加了城市的综合竞争力，正是这种源自文化创意产业引致的创造性的以及自我引导的消费，决定了创意城市

---

[1] Sassen, S. K. Introduction: Whose City Is It? Globalisation and the Formation of New Claims. In Globalization and its Discontents [M]. New York: The New Press, 1998: xix – xxxvi.

真正的魅力所在，真正地使得城市成为体验经济时代的消费中心，而不是过去传统意义上的生产中心。以英国伦敦为例，伦敦有68万人工作在文化创意产业领域，他们创造的产值在250亿～290亿英镑。虽然伦敦的人口占全英人口的12%，但是，它却有着全英国40%的艺术设施、70%的音乐录音工作间、70%的影视制作、85%的时尚设计师、90%的音乐活动以及46%的广告。[1] 伦敦也因此成为全世界闻名的文化创意产业发达的国际化大都市，文化创意产业在伦敦的城市建设中发挥着不可替代的作用。由此可以发现，文化创意产业的发展在推动城市的建设、培育国际化城市的地位、增加城市竞争力等方面的作用可见一斑。

由此可见，文化创意产业的发展总是同城市的发展结合在一起，体现出向城市空间聚集的特征，形成了一种相互依赖的共生关系。[2] 发达国家的经济发达、影响力大的国际化大都市往往与发达的文化创意产业联系在一起，文化创意产业的发展对城市的发展具有明显的带动作用，它不仅可以为城市带来巨大的经济价值，还可以大大地提升城市的文化品位和层次，重新塑造城市的内涵。而恰恰正是这点，对于城市建设来讲至关重要。英国学者奥康纳（O'Connor）曾经说过："文化创意产业繁荣在城市。城市支撑着处于自身运作核心的信息网、专业技能和相互作用。"[3] 西方学者普遍认为，未来经济的领头羊将不再是传统的制造业，而是文化相关产业，这在城市的发展中表现得尤为突出。因为，文化创意产业具有比传统制造业更高的附加价值，更能为城市的发展带来某种催化作用。

除此之外，文化创意产业的发展在缓解城市就业压力方面起到了稳定器的作用。[4] 文化创意产业的发展为国家和城市经济的发展开辟了新的就业空间，有效地缓解了城市的就业压力。事实上，一些发达国家产业调整过程中所出现的大量的冗余人口都是通过文化创意产业的发展实现分流的。例如，美国在1987～1993年，以创意产业为核心的版权产业就业人数增长率就高达

---

[1] London: Cultural Capital The Mayor's Draft Cultural Strategy. Assembly and Functional Bodies Consultation Draft, Feburary: 42. (www.london.gov.uk/mayor/strategies/culture/indes.jsp).

[2] 张胜冰，徐向昱，马树华．世界文化产业概论 [M]．昆明：云南大学出版社，2006：21．

[3] 贾斯廷·奥康纳．欧洲的文化产业和文化政策 [M]//林拓，李惠斌，薛晓源主编．世界文化产业发展前沿报告（2003～2004）．北京：社会科学文献出版社，2004：135－138．

[4] 邹广文，徐庆文．全球化与中国文化产业发展 [M]．北京：中央编译出版社，2006：71．

2.7%，是同期其他产业0.9%的增长率的3倍；加拿大从事文化产业人员占全国总就业人数的6%；澳大利亚从事文化产业人员占总就业人数的10%；新西兰从事文化产业人员占总就业人数的5%。[1] 在英国伦敦，文化创意产业使得商业服务业成为重要的经济行业，有50万伦敦人直接工作在文化创意产业领域或其他产业的创意工作岗位。[2] 而在我国，2003年我国文化及相关产业所创造的增加值3577亿元，占GDP的3.1%，文化创意及相关产业有从业人员近1274万人，占全部从业人员（7.44亿人）的1.7%。[3] 而且，随着文化创意产业的深入发展，其可开拓的空间相当庞大，对文化创意产业从业人员的需求也必将随着经济的发展持续增长。

3.3.2 文化创意产业在微观经济领域中的价值定位

文化创意产业是以文化创意产品为主体，其价值的实现却需要以相关的产品为基础，从产业层次上来看，文化创意产业的发展是以众多的相关产业发展为基础，通过产业之间的融合，形成以文化创意为核心，整合其他相关产业联结成一条完整的产业链，通过战略协同共同实现价值增值。因此，文化创意产业在微观经济领域中的定位集中表现在它通过创意使得产品实现价值增值以及通过产业链的融合产生对关联产业的价值增值两个方面。

3.3.2.1 文化创意产业通过创意使得产品实现价值增值

文化创意产业通过将创意注入产品实体之上，通过一定的市场价格，经过市场交易行为，向消费者提供与文化、艺术的价值相关的产品和服务。而这种产品和服务与传统的产品一样，也具有价值。在前面章节所论述的文化创意产业的特征中，我们探讨过文化创意产业具有高附加值或高增值性。在文化创意产业的产品和服务中，科技与文化的附加值的比重明显要高于传统

---

[1] 尹继左. 2000年上海文化发展蓝皮书[M]. 上海：上海社会科学出版社，2000：35.
[2] London：Cultural Capital The Mayor's Draft Cultural Strategy. Assembly and Functional Bodies Consultation Draft，Feburary：42. (www. london. gov. uk/mayor/strategies/culture/indes. jsp).
[3] 总课题组. 抓住改革机遇，积极、稳健、快速发展文化产业[M]//张晓明，胡惠林，章建刚主编. 2005年：中国文化产业发展报告. 北京：社会科学文献出版社，2005：6.

产业产品和服务中的劳动力以及资本附加值的比重。其中，文化创意产业的高附加值特征主要表现在创意能赋予产品观念价值。①

特别是随着当前社会经济的高速发展，人民物质生活的极大提高，现在市场的消费需求越来越呈现出个性化的趋势，人们消费产品一改过去那种仅仅是为了获得产品的基本效用，而转向当前更加注重产品与服务所蕴含的观念价值，这种观念价值在一定的程度体现在附加在产品之上的"精神、文化体验"，② 在消费者所消费的整体价值中，这种精神性的观念价值所占的比重将随着消费需求个性化趋势逐渐趋向显性化。因此，文化创意产业通过高品质的创意，并将之附着在大多数消费者认同的文化创意的产品之上，那么，它就具有更高的附加值。同样，在市场交易中也就越能卖出更高的价格，实现价值增值。

3.3.2.2 文化创意产业能产生对关联产业的价值增值

文化创意产业的魅力不仅在于它能够通过创意附加在产品之上，使得产品实现价值增值，而且，由于它的渗透性可以使得它对关联产业产品也同样能实现价值增值。由于文化创意产业本身所具备的杂糅性，是在三大传统产业中居于价值链高端、具有高技术或文化内涵的行业之间的相互融合，③ 文化创意产业内的各个行业与同一门类的行业之间都有密切的技术、经验、知识和智力等要素有着关联。这种关联关系与一般产业的"产业关联"④ 有着本质的不同，文化创意产业的关联具有独特的关于文化的、精神的、知识的和意识形态的属性特征。⑤ 因此，它所体现出来的产业关联问题更主要地表现在一个以产业的形态所展开的价值运动关系，以及由这种关系所反映和体现的某种文化创意产品的生命的成长程度。

---

① 杨永忠. 创意产业经济学 [M]. 福州：福建人民出版社，2009：10.
② 这种"精神、文化体验"是消费者在思想、艺术、和审美等精神领域所获得的价值，它极具个性化，它是通过创意创造者的复杂的劳力劳动转化而来的，而且会不断根据市场需求的变化不断地进行更新、替代。
③ 杨永忠. 创意产业经济学 [M]. 福州：福建人民出版社，2009：11.
④ 所谓的一般产业的"产业关联"提示的是产业在其运动的过程中不同的产业形态之间由于相互之间的作用所形成的价值关系，它体现了产业链中不同部门所存在的相互依存的关系。
⑤ 胡惠林. 文化产业学 [M]. 北京：高等教育出版社，2006：194.

文化创意产业对其他产业有着前向和后向的关联,其中,前向关联是指某一产业的产品在其他产业中的利用而形成的关系,即该产业的产出为另一产业的投入物品;后向关联则是指某一产业在其生产过程中需要从其他产业输入投入品,从而形成两个产业之间的依赖关系,也即其他产业为该产业的生产提供基本的生产要素。以电影产业为例,电影产业的衍生产品所形成的产业就属于前向关联的类别;从其文化创意价值角度来看,电影产业的发展受到电影的表演人才和剧本的影响较大,而表演人才的培养和剧本的写作在很大的程度又受到专门高等院校的培养机构的教育和文学创作的制约,这种正是后向关联的集中表现。正是这种产业关联,推动了产业进步与增值,文化创意产业对其他产业的投入或从其他产业引入其发展所需的要素,能够在一定程度上实现知识、文化、技术创新的有效扩散,从而创造出更多的社会需求,进一步为文化创意产业的发展开拓更广大的市场空间与机遇,其文化创意产品也能从中获得更多的价值增值。

3.4 文化创意产业的价值链

3.4.1 文化创意产业价值链的构成

创意产业是具有原创性、具备明显知识经济特征和高度文化含量的一种产业,它将原创性的文化创意规模化、产业化,使之产生经济效益;它以创意为核心,将抽象的文化直接转换成具有高度经济价值的产业。

如图 3-5 所示,文化创意产业的价值链可以分为内容创意的产生、创意的生产、市场经营、创意的传播、创意的消费五个环节。

(1) 内容创意,即创意形成环节。参与的市场主体是文化内容提供者,其中的关键人物是艺术家、设计师等。这个环节是文化创意产业价值链的顶端,在任何情况下都是控制整个链条的关键环节,主要增值部分就在其原创性的知识含量之中。

(2) 生产制造环节。这个环节将文化创意(或作品)转化为产品,文创意企业通过技术、工艺等生产流程批量生产创意产品。

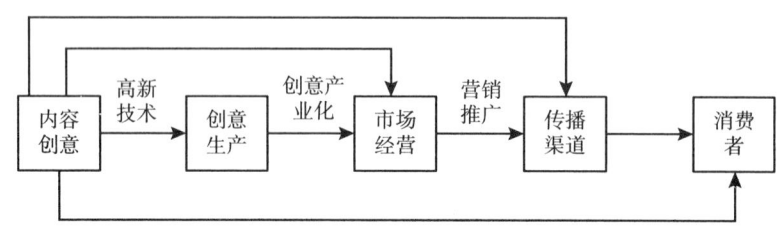

图 3-5 文化创意产业的价值链

资料来源：根据吴存东，吴琼．文化创意产业概论［M］．北京：中国经济出版社，2010：111 整理而得。

（3）营销推广环节。"新媒介人"阶层是这一环节的重要参与者，其中的关键人物是代理商、策划人、经纪人、传媒中介人和制作人等，他们运用各种营销模式将其价值和实用价值销售让渡给消费者。

（4）传播渠道环节。产品要变成产业，关键是渠道。没有销售或发行通路，再好的产品也变不成产业，因此传播渠道构成创意产业价值链上的重要环节，其市场主体主要是电影、电视的播映机构、报刊、电台、演出经营场所以及网络运营商等。

（5）最终消费环节。消费者对整个价值链条具有反馈和互动的作用。文化创意产业是由于创意赋予产品观念价值，引起消费者的购买兴趣和欲望，才具有高增值力的。因此消费者不断增长的需求是创意产业价值链上的最终决定环节。

3.4.2 文化创意产业价值链的特点

文化创意产业是以文化创意为核心内容的产业，具有创新性、渗透性、强辐射性和高风险性等独特的产业特征，因此它的产业链也与众不同。

（1）价值的非消耗性。文化创意产业以文化、知识为基础，提供的是以文化创意价值为主的产品和服务，当创意内容被注入物质载体后，每次复制既不会对原有的知识造成损害，也不会受到物质资源的制约，具有耐久和无限复制性，体现价值的非消耗性。文化产品的消费方式更多地表现为欣赏，人们所消耗的是知识、文化、艺术的物质载体,而其文化价值不但不会消耗,反而会在人们的共鸣中变得更加丰富。

(2) 内容创造的高盈利性。文化创意产业是知识密集型产业,精髓是人的创造力,创意产业产品的精神内容价值和作为精神产品载体的物质价值相比是较大的,内容价值在总价值中占有绝对的比例优势。

(3) 盈利的不确定性。文化创意产业的高风险特征决定了其盈利的不确定性。创意产品以精神性作为最主要的属性,满足的是人们对精神生活的需求,而这种需求带有极其强烈的不确定性,在供求关系中非理性的成分很大,因而变幻莫测。

(4) 消费者需求决定性。价值链中价值投入受到最终消费者需求的约束。同时,最终消费者需求也决定了价值在多大程度上能够实现。消费者文化消费能力和大众文化的审美取向从根本上决定了创意产业的产生和发展。

(5) 产业链条的跨越性。文化创意产业中的某些产品具有单件性,如画家的原创作品等,这时产业链可能只有两个环节,即从内容创造环节直接跨越到消费者环节。中间环节被省略,这是创意产业价值链区别于一般产业价值链的又一特性。

3.4.3 创意产业价值链演进中的创新特征

熊彼特(1912)就曾经提出,创新是经济体系内部的动力源泉。借用生物学,他把不断地从内部彻底变革经济结构,不断地毁灭旧产业、创造新产业称为"产业突变"。[①] 他不满足于仅把一般均衡理论作为体系的起点,而是建立一套从经济体系内部因素来说明经济动态现象的。创新并非单纯的技术上的新发明,而是一个经济概念,它是指企业家实行对生产要素的新的结合,引入一种新的生产函数,从而能够生产出比原先更多的产品。单纯的发明创造如果只停留在理念或实验品的阶段,不能对经济产生促进作用,不能看作创新。把科技成果商业化和产业化,这样的一个过程才是技术创新。经济体系之所以能够从一种均衡走向另一种均衡,其内在根源就在于层出不穷的创

---

① [德] 约瑟夫·熊彼特. 经济增长理论 [M]. 北京:商务印书馆,1990:78-82.

新活动。

从产业定位的角度来看,创意产业不再简单地区别于过去的传统文化产业,它是适应新的产业形态而出现的创新概念,是对新形态的概括总结与发展。创意产业的根本理念是通过"交融"促成不同行业、不同领域之间的重组与合作(曾琏、陈汉青,2007)[①]。创意产业的关联要素主要包括:第一,文化艺术创意,与传统的文化艺术工艺品相关,其主导趋向是使创意市场产业化;第二,数字高科技创意,与新兴的产业门类相关,其主导走向是科技的文化化,走向内容产业市场;第三,工业技术设计创意,与制造业各产业门类相关,其主导趋向是第二、第三产业的融合提升,增加其高附加值。创意产业的文化性、精神性、流动性、易逝性和组织结构与交易过程的复杂性,表明了创意产业必然超越过去时代的产业水平和产业模式,既建立在现代企业制度的构架之上,又具有自身对文化传承、精神创造、意境建构和天才灵感的追求。

从产业的主导方式来看,创意产业中的创意取代了过去劳动力简单的累积,成为产业生产方式的核心。从产业运作模式上看,创意产业改变了产业发展的静态平衡,趋向于一种动态的平衡,不断地设计市场、策划市场、激发市场。创意产业的产品也不再是基本的物质性必需品,而是更富于精神性、文化性、娱乐性、心理性的产品。

3.5 创意产业价值链的演化

3.5.1 产业结构演化的一般规律

西方最早研究产业结构演化规律及其成因的学者可以追溯到 17 世纪英国古典政治经济学家威廉·配第(W. Petty)。他在《政治算术》一书中指出,制造业比农业、进而商业比制造业能够得到更多的收入和利润,这种不同产

[①] 曾琏,陈汉青. 中国创意产业发展研究 [J]. 武汉理工大学学报,2007(4):152–156.

业间相对收入上的差异，促使劳动力向能够获得更高收入的部门转移。世界各国的国民收入水平的差异及其形成的不同经济发展阶段，其关键在于产业结构的不同。1940 年，克拉克以此为基础，重新研究了产业结构的演进趋势，提出"配第—克拉克定理"。随着人均国民收入水平的提高，劳动力首先由第一产业向第二产业转移；当人均国民收入水平进一步提高时，第二产业的边际收益开始下降，劳动力开始向第三产业移动。当人均收入继续提高，最后将形成大量的劳动力分布于第三产业上的特征。① 这一规律说明劳动力在不同产业之间的转移是由于经济增长过程中各产业之间收入的相对差异造成的。

1941 年，美国经济学家西蒙·库兹涅茨（Simon Kuznets，1941）从三次产业占国民收入比重的角度论证了产业结构演变规律，指出在国民生产总会不断增长的情况下，产值结构和劳动力结构都会有所变动。库兹涅茨把国民收入在三次产业分布上的变化趋势同劳动力分布的变化趋势结合起来，得出如下结论：一是附着人均国民收入的增加，农业实现的国民收入在整个国民收入中的比重不断下降；二是工业实现的国民收入在整个国民收入中的比重不断上升；三是服务业实现的收入在整个国民收入中的比重变化不明显，但第三产业（服务业）具有很强的吸纳劳动力的能力。②

20 世纪 80 年代，美国经济学家钱纳里、赛尔奎因等人在前人研究的基础上提出了"发展型式"③ 理论。④ 钱纳里（Hollis Chenery）提出的产业结构变化过程的动态形式是：第一阶段传统社会经济阶段，经济增长主要由初级产业（首先是农业）和服务业支撑，速度很慢。大量低效率使用的劳动力停滞在农业部门，还没有发生向高生产率和技术进步快的非农部门（首先是

---

① ［英］克拉克. 经济进步的条件（第 3 版）［M］. 伦敦：麦克米兰出版公司，1957：493 - 494.

② ［美］西蒙·库兹涅茨. 现代经济增长［M］. 戴睿，易诚，译. 北京：北京经济学院出版社，1989：134 - 145.

③ 钱纳里等人在一些基本假设的基本上，从大量观察值中选择了 10 个基本经济过程来描述几乎所有国家发展的基本特征，并用 27 个变量规定了这个 10 个基本经济过程。然后把收入水平和人口数据作为外生变量对所有这些过程进行一致的统计分析，构造了反映结构转换的主要变量典型性关系的"发展型式"。

④ ［美］钱纳里，赛尔奎因，等. 工业化和经济增长的比较研究［M］. 上海：上海三联书店，1989：256 - 266.

工业）大规模转移。第二阶段是高增长的工业化阶段，经济增长主要由急速上升的工业制造业支撑。产业结构和生产方式剧烈转变，劳动力大规模从农业部门转入工业部门。新技术得到迅速采用和不断扩散，新主导产业部门不断代替旧产业部门。第三阶段是经济增长进入发达阶段，工业制造业的贡献率下降，服务业具有非常重要的意义。尽管那些与耐用消费品有关的服务部门在减速发展，而与医疗、教育、文娱、旅游相关的服务部门则在加速发展，服务就业人数所占比重日益增大。

德国经济学家霍夫曼（W. G. Hoffmann, 1941）根据1969~1987年国家的时间序列数据，对工业化问题进行了许多富有开创性的研究，提出了被称为"霍夫曼工业化经验法则"的问题阶段理论。他根据霍夫曼比例，即消费品工业净产值与资本工业净产值的比例，把工业化分为四个阶段。第一个阶段：消费品工业占主导地位，霍夫曼比例为（5 +/-1）。第二阶段：资本品工业快于消费品工业的增长，消费品工业降到工业总产值的50%或以下，霍夫曼比例为（2.5 +/-0.5）。第三阶段：资本品工业继续快速增长，并已达到和消费品工业相平衡状态，霍夫曼比例为（1 +/-0.5）。第四阶段：资本品工业占主导地位，这一阶段被认为实现了工业化，霍夫曼比例为1以下。

基于以上产业演进规律，赫希曼（Hirschman, 1958）指出，由于发展中国家资源的稀缺性，全面投资和发展一切部门几乎是不可能的，只能把有限的资源有选择地投入到某些行业，以使有限资源最大限度地发挥促进经济增长的效果，此即不平衡增长。赫希曼认为，在发展中国家，有限的资本在社会资本和直接生产之间的分配具有替代性，因而一两种不平衡增长的途径：一是"短缺的发展"，即先对直接生产资本投资，引起社会资本短缺，而社会资本短缺引起直接生产成本的提高，这便迫使投资向社会资本转移以取得二者的平衡，然后再通过对直接生产成本的投资引发新一轮不平衡增长过程；二是"过剩的发展"，即使对社会资本投资，使二者达到平衡后再重复此过程。不平衡增长理论基本上符合我国的实际情况，因为我国40多年的经济发展走的就是一条"不平衡增长"的途径。至于选择哪一条不平衡增长途径，则应视经济发展的"瓶颈"制约而定。

罗斯托（1960）根据技术标准把经济成长按阶段划分为传统社会、为起飞创造前提、起飞、成熟、高额群众消费、追求生活质量六个阶段，而每个阶段的演进是以主导产业部门的更替为特征的。他认为经济成长的各个阶段都存在相应的起主导作用的产业部门，主导部门通过回顾、前瞻、旁侧三重影响带动其他部门发展。罗斯托认为主导部门序列不可任意改变，任何国家都要经历由低级向高级的发展过程。

日本学者筱原三代平（1957）认为，如果选择收入弹性较大的产业作为主导产业，随着经济的发展和国民收入的增加，在未来的产业结构中，该产业可以创造出较大的市场需求。

以上众多学者对产业结构变迁规律的研究，探讨了经济发展过程中主导产业或支柱产业的转换。这种产业的转换规律体现了产业演进的路径与趋势，是一种普遍规律。而创意产业的演进与其价值链的演化也同样脱离不了这一规律的作用。

3.5.2 创意产业价值链的演化

演化经济学认为，产业结构的转变是一种演化过程，大体上可以分为三个基本要素：变异、选择和发展。梅特卡夫（Metcalfe，1998）[①] 建立了一个产业内部的变迁模型。在此，我们可以用这一模型来解释创意产业。可将创意产业看作由 n 个企业组成的一个种群。由于个体企业的创新行为导致每个企业的技术水平不同，因而必将导致每个企业的单位生产成本不同。

在此，我们可以假设，文化创意产品所面临的市场是完全竞争市场，外部的市场价格完全相同。在创意产业价值链中的每个企业均拿出相同份额的利润用于投资，即具有相同的资本—产出比率。于是，我们就可以得到以下的命题：群体选择的过程造成创意产业内群体结构的变迁，比群体平均水平更有效率的企业，市场份额将有效提高；而效率低于群体平均水平的企业市场份额将降低。

每个企业的市场增长率假定为 g_i。那么我们可以得到如下的式子：

---

① J. Stanley Metcalfe. Evolutionary economics and creative destruction [M]. University of Michigan Press, 1998: 160–162.

$$g_i = f(p - h_i) \tag{3.1}$$

式中，p 为产品价格；h 为创意产业价值链中的第 i 个企业的生产成本；f 为投资于单位资本存量所获利润系数。同时，我们再假定群体经历以简单的复制动态为基础的选择过程。令 s_i 表示第 i 个企业的市场份额变化率。则：

$$\frac{ds_i}{dt} = s_i f(g_i - g) \tag{3.2}$$

其中，$\sum s_i = 1$，$g = \sum s_i g_i$。

同时，我们再令企业群体的平均生产成本为 $\overline{h_s} = \sum s_i h_i$，可得：

$$\frac{ds_i}{dt} = s_i f(\overline{h_s} - h_i) \tag{3.3}$$

同样，如果将创意产业看成若干个由 n 个企业组成的不同产业群体。微观企业的相互竞争导致创新企业的市场份额不断扩大，进而使得整个行业的效率都将提高。由于商品市场存在替代和互补关系，从而导致产业之间也存在着关联，高效的产业的高速增长也将导致该行业的产值在整个国民经济中的比重不断增加。

因此，价值链中的个体企业的创新行为将导致整个创意产业的结构发生变迁，产业演化的结果也必将造成经济结构的变迁（刘哲，2006）[①]。在演化融合过程中，创意产业价值链上节点的数量不断增加，创意产业系统不断细化，经济主体不断丰富。以广播电视业为例，分工结构和模块化结构促使广播电视产业价值链不断分化出制作、播出、广告、衍生服务等多个节点和环节。随着分工结构和模块化结构的发展，这些节点和环节将产生进一步的派生和细化，从而形成多元化、多层次的价值链。在这一价值链条上，新节点或新环节的产生往往意味着新行业的产生或生产迂回程度的加强，也就是说，新的中间产品的出现，初始投入与最终产出之间的链条拉长了。[②] 并且，在价值链的延伸过程中，创意产业将渗透到工业、农业乃至传统产业的任何领域之中。通过创意与工业的结合，将优化工业产品外观设计；创意与农业的结合，可以形成观光农业、体验农业等新领域。

---

① 刘哲. 试论创新能力的人才培养 [J]. 中州大学学报，2006（2）：107 – 108.
② 张艳辉. 价值链视角下创意产业功能深化研究 [M]. 上海：华东理工大学出版社，2011：112 – 113.

这一点正如厉无畏所说的，创意产业的根本观念就是通过"越界"促成了跨行业、跨领域的重组与合作，是一个全新的产业概念。[①] 任何一种创意活动都必须在一定的文化背景下，通过重塑传统产业结构来完成价值实现与增值，如图3-6所示。

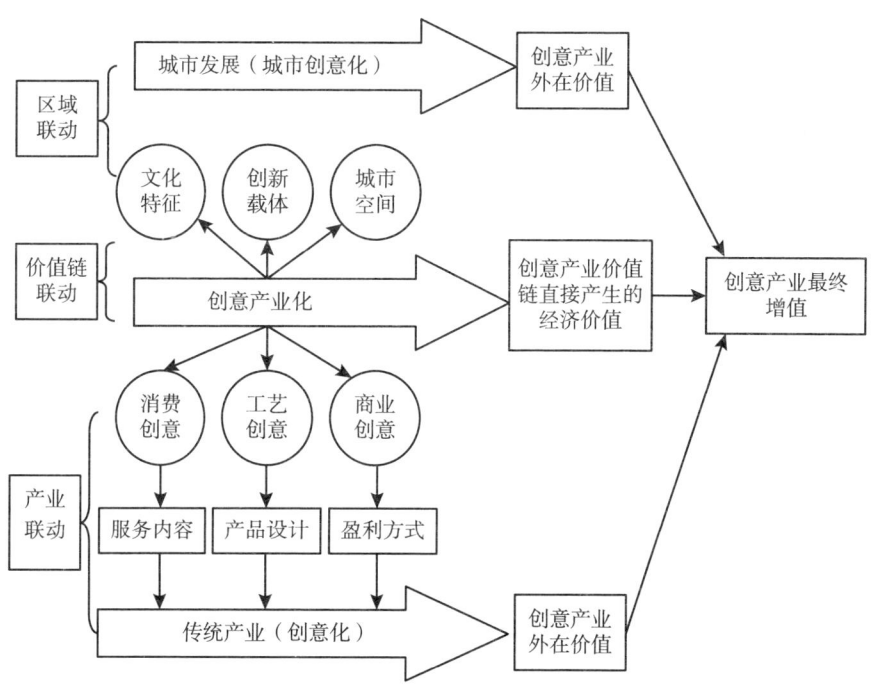

图3-6 创意产业价值链的演化过程

实际上，创意产业价值链的形成是一个动态的演化过程。正如图3-7所示，创意产业价值链最终将可能形成三种结果：第一，创意产业化。即以市场机制来促进文化、科技创意的发展，满足人们的精神需求，在创意产业生产系统中产生直接的经济价值。第二，产业创意化。即在传统产业的商品和服务中融入创意元素，使创意产业成为企业附加值的一个重要的环节。创意产业再通过产业关联对传统产业产生改造和促进作用，促进传统要素的重新组合，这就体现为创意产业价值链的对外拓展。第三，城市创意化。即创意

---

① 厉无畏. 创意改变中国 [M]. 北京：新华出版社，2009：34-36.

产业能够实现创意产品与城市品牌的协同营销,通过多元文化的整合达到提升城市整体形象的目的。创意产业的持续发展受惠于城市的基础设施、创新机制、文化氛围等,同时塑造并改善未来的城市形象与文化特征,有利于张扬城市个性、树立城市品牌、增强城市对消费人群的吸引力、提高城市空间的经济价值。

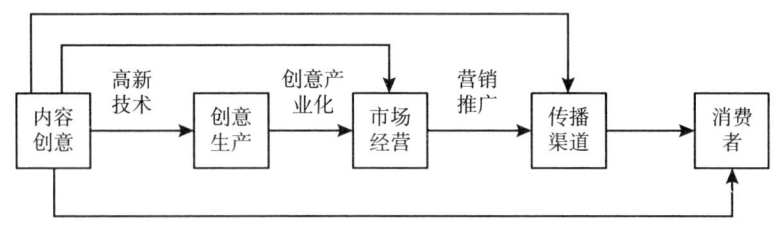

图 3-7　文化创意产业的价值链

资料来源:根据吴存东,吴琼. 文化创意产业概论[M]. 北京:中国经济出版社,2010:111 整理而得。

3.6　案例分析:动漫产业价值链

如前所述,创意产业价值链从创意灵感的产生、创意的构思、作品创作开始,通过一定的作品载体予以体现,到作品开发和产品生产,实现创意产业化转换,以产品载体的形式予以体现。到创意产品的传播、销售阶段,则以消费品为载体予以体现,从而实现创意经济价值和社会价值。在创意产业价值链的最前端,是创作者无形的创意灵魂和创意构思,通过进一步的创作转化为创意作品,再经一定规模的复制、生产成为创意产品或服务,在市场上进行传播与交换,并最终作为创意商品为消费者所使用或体验。在这一价值链的增值过程中,产业活动的核心内容分别围绕着创意的创作、复制、生产、传播、销售及使用、消费、体验等几方面展开,并相应地表现为创意理念、创意作品、创意产品等不同的形式。[①] 动漫产品的开发则严格地遵循了

---

① 潘瑾,陈晓春. 上海文化创意产业知识产权保护问题及对策研究[J]. 上海企业,2006(5):28-29.

这一价值链的特征。

我国的动漫产业经历了十几年的发展，已不仅仅局限于动画电影、电视片等形式，还涉及广告、游戏、玩具、家具用品、服装等众多行业。甚至动画产业的主要盈利点在于其衍生品。以美国为例，美国的动漫产业链模式就遵循了以下的步骤：影视动画片的创作生产、电视台和电影院的播放、动漫图书出版发行、影像制品的发行、形成版权的授权代理、衍生产品的开发和营销。而日本的动漫产业则将动画片、电子游戏和漫画视为一个经济整体。它与美国模式不太一样：在动漫期刊上连载、选择优秀作品出版单行本、改编成影视动画片、电视台和电影院的播放、动漫图书出版发行、影像制品的发行和游戏产业、形成版权的授权代理、开发和营销衍生品。以"流氓兔"形象为代表的韩国动漫产业具有独特的盈利模式。先有动漫形象和市场需求，然后动漫制作商以某动漫形象为载体制作动漫作品并通过媒体播出，使动漫形象及其品牌得到广泛传播。美、日、韩三国的动漫产业快速发展，归结到底在于它们都构建了完整清晰的价值链，促成了价值链各环节的良性循环发展。

我国的动漫产业起步并不晚，但是相对缺乏市场意识。在计划经济时代由国家投入生产，对市场需求缺乏敏感性。近年一些动漫企业为了生存承担国外动漫企业的外包业务，类似于制造业的加工环节，处于全球价值链的低端，因而也只能赚取极少的利润。国内的动漫产业主要是通过动画的播出和发行来回收成本和赚取利润，产业链的源头从动画制作开始，然后逐步延伸产业链。将动画电视剧卖给电视台，一般可以收回成本的20%左右。申请立项，争取政府财政拨款，根据项目情况拨款不同数目。打进中央电视台频道，不少省区市都有奖励、补贴机制。播出后视知名度情况，开发衍生产品获得收益。这个模式跟发达国家动漫产业发展模式相比，严重阻碍了我国动漫产业的发展，即使能够回收成本，也很难实现价值链的高效运转。

在动漫产业的价值链中，形象设计和衍生品开发销售是高附加值的核心环节。日本动漫公司主要开发这些高附加值的环节，而把那些附加值相对不高的某些制作环节外包给其他国家。所以构建高效、完善的动漫产业链，需要重点开发形象设计和衍生品的开发销售环节。为了说明这一问题，本书在此将以我国国产动漫片《喜羊羊与灰太狼》为例，分析这两个环节的开发策略,以期从中找出适合我国创意产业发展的思路。

(1) 动漫形象设计。《喜羊羊与灰太狼》是由广东原创动漫有限公司开发的,其动漫形象设计转变了以往诉求的低龄化,突破了过去国产动画平铺直叙的"小学生作文"模式,有起伏、有冲突、有幽默,同时也有感动,在推向市场的短短几个月内,得到我国广大青少年的喜爱,也在成年人中掀起了一起旋风。与根据神话与传说改编的动画片不同,《喜羊羊与灰太狼》更加切合现实,动画中很多元素新颖时尚、贴近人们生活。由此可见,动画产业既然是一种服务业,就应该能够满足各类不同群体的需要,并且应该根据社会的发展对内容和风格做出相应的调整,将新颖时尚的元素纳入动画中,增强动画片中的生活气息,以适应广大受众对象的需求。

《喜羊羊与灰太狼》中的另一大亮点就是与中国传统文化的结合。利用了中国语言的力量,牛气冲天、虎虎生威这一类词汇符合中国人春节讲求吉祥如意的传统。可见,中国传统文化博大精深,可以为动漫制作提供源源不断的题材。中国动画片中,水墨动画片、剪纸片、皮影片、木偶片等各式各样的形式,创造了世界动画片的新品种,完全可以将其与现有的 Flash 技术、3D 技术等科技手段相结合,创造出独具一格的中国动画新形式。

(2) 衍生品开发、销售。通过衍生品盈利则是构建动漫产业价值链的另一关键环节。按照国外的经验,国际上衍生产品与动画片产值的平均比例大概在 7∶3 到 9∶1 之间。从动漫产业本身的盈利结构来看,在动漫产业发达的国家,就电视剧动画来说,一般频道播出收入占 10%,衍生品收入占 90%;对电影动画片来说,一般票房收入占 30%,衍生品占 70%。[①] 为了提高衍生品环节的收益,广东原创动力让衍生产品制造商的设计人员也参与设计。在动画制作之前,衍生品制造商已开始设计这部影片相关衍生品的卖点。在影片制作的同时,衍生品的制造商也开始了衍生品的制造,这样大大缩短了衍生品走向市场的时间。同时因为衍生品制造商的投资,使得动画制作上有足够的资金,从而制作出更高质量的画面。这种以产业终端为出发点,及时回收资金的模式,促进了价值链从最初的创意制作到后来衍生品开发的高效运转。这一经验确实值得我们国家动漫产业发展进行推广和借鉴。

---

① 从《喜羊羊与灰太狼》玩具热销浅谈动漫衍生品的重要性。

目前国产动画的衍生品主要还是以衣帽、玩具、学习用品等为主。衍生品的开发主要是通过贴牌来实现的，绝大多数的国内动漫业经营管理者缺乏必要的市场调查，缺乏创意设计的思维与能力，同时也缺乏至关重要的动漫品牌服务意识。例如，我国国产动漫有一个知名品牌"蓝猫"，[①] 曾被认定为国家驰名商标，有关该品牌的贴牌衍生品约 6000 种，如卡通茶杯、卡通书包、卡通贴纸、卡通 T 恤衫、服装鞋帽等。但是这些衍生品除了产品外包装有"蓝猫"标识与图案外，产品本身无论在材质、性能、包装上几乎看不出与其他同类产品有什么区别，因此，较难实现长期的盈利。

随着我国动漫的市场需求不断扩大，其潜在的市场力量十分惊人。但是目前我国的原创力量仍然薄弱，缺乏民族品牌，这就导致了我国动漫市场大部分盈利流向日本、美国，成为动漫产品最大的输入国。因此，构建本土高效、健全、完善的动漫产业价值势在必行。

[①] 有关蓝猫的例中，本书在后续的章节中将另外探讨，在此不再赘述。

第4章
文化创意产业价值的创造、开发和实现

文化创意产业的高增值性特征在全球范围内备受重视，在促进社会经济的全面协调发展方面具有巨大的优势，这种优势主要源自文化创意产业价值的创造、开发和实现的机制。

4.1 文化创意产业的价值创造

价值创造是文化创意转化为产业的核心，也是文化创意产业实现市场效益的关键所在。文化创意产业作为一种新的产业形态，它强调了用全新的思维逻辑方式去融入现有的产业实现价值创造。因此，深入分析文化创意产业的价值链，并在这个基础上剖析文化创意产业的价值创造机制意义重大。

4.1.1 传统产业的价值创造

传统产业和产品的价值链可以用图4-1所示的环节予以说明，传统产业价值链是一个从产品设计开始到最终形成产品（表现为实体产品或无形服务），经过市场，通过企业的营销活动销售给消费者的确定的阶段，是一个环节移动到下一个环节的相对线性的过程。

在传统产业的价值链中，产品的生产是从新产品构思开始。新产品的构思，是指为满足一种消费需求而提出的设想方案。

第4章 文化创意产业价值的创造、开发和实现

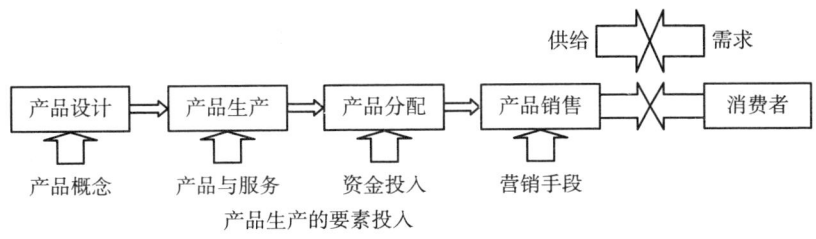

图4-1 传统产业的价值链

第一,一个新产品的出现,来源于一个有创意的构思。企业往往需要集思广益,从多方面寻找和收集好的产品构思。

第二,企业应对新产品的构思进行评价和筛选。以决定采用哪个构思作为发展方案。在评价和筛选过程中,企业一般都要考虑两个因素:一是构思方案是否符合企业目标,包括利润目标、销售目标、销售增长目标以及企业形象目标等;二是构思方案是否适应企业的能力,包括开发新产品所需的资金、技术和设备等。

第三,明确产品的概念。产品概念是指已经成型的产品构思。其主要通过产品设计与鉴定两个步骤来实现。在将产品构思以文字、图案或模型描绘出明确的几种设计方案之后,再经由设计鉴定工作对各方面条件作综合分析,并听取有代表性的消费者群体的意见,最后选定一种最佳的设计方案,使企业获得一个较为清晰的产品概念,并且得到进一步完善产品概念的思路。[①]

第四,初拟营销规划。企业在选定新产品开发方案后,就要拟定该产品进入市场的基本营销计划。明确企业的产品在市场销售中所要采取的营销手段和方法,并对企业开发新产品的方案进行经济效益分析。如果可行,那么就进入了正式批量生产环节,正式向市场中的消费者进行销售,以实现企业的利润。

4.1.2 文化创意产业的价值链

文化创意产业的价值链是指从最初的创意到创意需求者或消费者,联结

---

① 黄志锋,孙伟.市场营销学[M].成都:西南交通大学出版社,2009:77-79.

各个价值发生与转化环节的链条。[①] 文化创意产业是具有原创性和显著知识特征、蕴含丰富文化意义的新兴产业,它具有将原创的创意产业化、商品化的特征,并通过独特的市场经营手段和方法,使之产生经济效益和价值增值。在其市场化过程中,是以创意为核心,以高新技术手段为辅助,创意具有个性化特征的价值,最终形成完整的文化创意产品,销售给最终消费者。文化创意产业的价值链可以分为内容创意的产生、创意的生产、市场经营、创意的传播、创意的消费五个环节。

其中,在内容创意的产生环节中,内容创意主要包括创意生成和创意开发两个阶段。在创意生成阶段,主要表现为创意人员通过其智慧对创新思想的提炼,将其从各种渠道所获得的大量信息、符号等元素运用于创意的形成,最终形成在产品的设计上,使得最终产品能够成为创意的承载者,因此大大提高了产品的观念价值[②]。这一阶段在整个文化创意产业链中处于起始阶段,但却占据着整个文化创意产业价值链的顶端,在任何情况下都是控制整条价值链的关键环节,在以后的市场经营中产业的增值部分大多源于此。但仅有创意仍然不够,必须还要有完整的创意开发阶段。创意开发是创意的产品化过程,也就是说,在创意确定之后,文化创意人才就必须考虑如何借助各种高新技术,把创意融入产品的设计中,使产品真正地成为创意的物质载体和表达形式。从营销经营的角度来看,这一过程也就是市场营销学中所说的产品概念的形成,因此,这一阶段是创意的产品化的前提和基础。

在创意的生产环节,文化创意企业将根据上一环节所形成的创意产品概念,结合生产过程制造出具体的文化创意产品,也就是将创意产品化。对内容创意产生的创意进行产业化的生产制造,通过技术、工艺等生产流程,批量生产文化创意产品,在这一阶段,文化创意产业将完成具体创意产品的制造,是创意转化为可流通和交易的商品的重要阶段,也是文化创意产业进行市场经营,实现创意产品价值的基础。

---

① 韩顺法. 基于二向性的创意产业价值研究 [J]. 科技进步与对策,2010(2):59-63.
② 所谓的观念价值是指人们在消费商品物理属性的同时,因商品在内的文化属性、象征意义以及个人消费文化创意产品时所带来的感受和体验的差异,导致了消费者对文化创意产品的价值认同上表现出来的差别。

第4章 | 文化创意产业价值的创造、开发和实现

在市场经营环节,文化创意企业就必须确定其在市场上的经营方式。在此之前,文化创意企业必须要进行充分的市场调研,研究消费者对于创意产品的需求及偏好程度,制订可行的市场开拓计划,并确定文化创意产品准确的市场定位,勾勒企业的形象和所提供的价值,使市场上的消费者能全面理解和正确认识企业有别于其他竞争者的象征,[①] 这对于文化创意企业能否在市场经营中取得成功至关重要。同时,文化创意企业还必须确定参与其市场经营环节的诸如代理商、策划人、经纪人等中介机构,通过这些中介机构的参与,采用各种营销方式将文化创意产品传递、销售给最终消费者,以实现文化创意产品的市场价值。

在创意的传播环节,合适的传播渠道和方式的选择与确定,对于文化创意产品价值的增值产生重大影响。因为在完成创意的生产和市场营销方式的确定后,文化创意产品要想得到市场及消费者的认可,就必须通过相应的渠道和路径传递给最终消费者,引起消费者的共鸣,才能吸引消费者的注意和购买,实现创意价值,产生市场效应。具体来讲,文化创意企业必须确定最佳的营销推广方式,通过特定的销售渠道将文化创意产品推向市场,借助各种促销手段和方法,如广告、开展艺术品展览会等方式,提高消费者对文化创意产品观念价值的主观感受,认同其创意产品。温彻尔丽(Venturelli,1998)曾经研究了信息技术对文化创意产业的影响中所发现,各国在创意生产力方面的差距并非来自国家低层次的创造性人才或低质量的创造性内容;相反,差距体现在通过广告、市场营销及对众多网络实行控制以实现销售的力量上,体现在通过与广播、有线电视网、卫星、无线技术和互联网等其他媒体的横向和垂直的联系来进行销售的力量上。[②] 特别是在知识经济时代,互联网、新媒体和高科技的传播方式已经成为文化创意产业价值实现的重要手段,一方面,它提高了传播的效率;另一方面,大大地降低了传播的成本。由此可见,合适的传播渠道和方式的选择与确定,对于文化创意产品在市场中的销售与扩散至关重要。

最后,在创意的消费环节,最终消费者的购买与消费是文化创意产业价

[①] 黄志锋,孙伟. 市场营销学 [M]. 成都:西南交通大学出版社,2009:55-56.
[②] Venturelli Shalini. Liberalizing the European Media:Politics, Regulation and the Public Sphere [M]. Oxford:Oxford University Press,1998:47-76.

值链的最终环节。文化创意产业价值的最终实现是市场中的消费者的认同并由此产生的购买行为而决定。在当前知识经济和体验经济时代，消费者的需求日益多样化和个性化，其精神、文化需求日益成为市场中消费的主流，这种市场中的变化要求文化创意企业在销售的环节中采取创新的经营方式来适合这种需求变化的特征，以文化创意产品所蕴含的文化资源信息，引起消费者的共鸣，以激发消费者的需求和购买力。因此，在文化创意产业发展的过程中，文化创意企业必须加强对市场的把握度，以适合消费者精神需求的文化创意产品来迎合消费者才是文化创意企业的生存之道。

4.1.3 文化创意产业的价值结构

文化创意产业是不同经济活动单元的集合，不同价值创造体的分工与协作形成了文化创意产业的价值结构。评估文化创意产业价值结构易于理解创意产业的价值创造功能，文化创意产业投资者非常关注产业结构内部的价值，他们需要确定在产业结构的哪些位置能够给他们创造更多的利润。

这里根据创意的价值实现机理来分析文化创意产业内部的价值结构。Chris Higson 和 Oliver Rivers（2007）[①] 等将在消费领域实现价值的创意称为内容型创意；把在生产领域实现价值的创意称为过程型创意。内容型创意指能够直接进入消费领域，被消费后实现其价值的创意。这类创意经过商业化运作形成了独立的产业形态，产品重内容、艺术形式及文化价值，例如，绘画作品、表演、戏曲、文学、电影、音乐、动画等。过程型创意指必须依附于其他产业并借助有形产品或无形产品来实现自身价值的创意，当创意脱离传统产业或从传统产业专业化的分工中独立出来后，则形成了生产服务性的创意产业，它们都具有极强的创新特征，包括建筑设计、工艺设计、工业设计、管理咨询、企业研发、广告策划、服装设计、网页制作、软件编程等。根据创意价值转化的不同阶段，创意产业的价值流程可以划分为三个部分，即创意的形成、创意的传播与实施以及创意产权开发，如图 4-2 所示。

---

① Chris Higson, Oliver Rivers. Creative business-crafting the value narrative [R]. Research Paper, 2007.

第4章 | 文化创意产业价值的创造、开发和实现

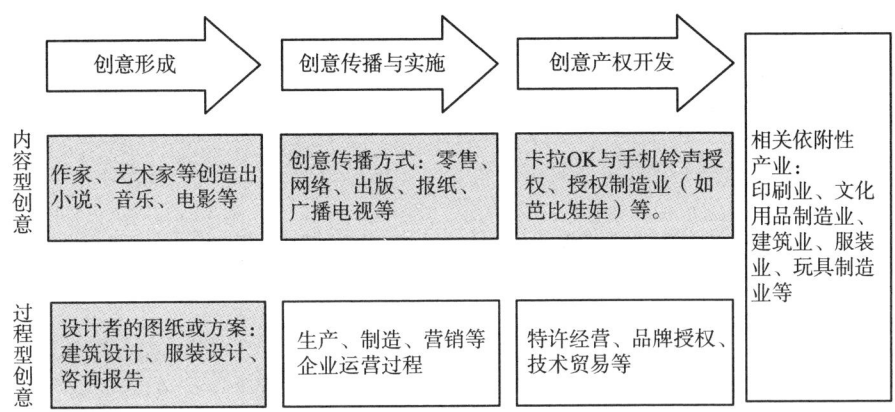

图4-2 创意产业的内部价值结构

注：灰色部分代表创意产业，白色部分代表创意产业的相关产业。

从图4-2中可以看出，创意的形成来源于创意者的创造活动，它是一个复杂的精神生产过程，有时需要不同的创作过程来完成，例如，一部电影，从剧本改编到后期制作的完成有很长的工序；创意的传播与实施指创意产品从生产者到最终消费者的过程，它的传递必然借助相应的传播媒介，是创意产业的重要组成部分；创意的产权开发是对创意产权的再次利用，将创意融入相关的产品或行业，使创意价值进一步延伸、增值。在创意产权开发的基础上形成了与创意产业相关的依附性产业，包括印刷业、通信业、文化用品制造业、建筑业、服装业等。过程型创意与内容型创意在产业组织结构内有着不同的价值转化方式，过程型创意不像内容型创意那样在创意产业内部得到延伸，它对传统产业的升级意义重大。

产业价值链研究的重点就是看其价值是如何创造出来的，产业价值链是价值链在产业层面上的延伸，是多个企业价值链的整合，是产业中一个不断转移、创造价值的通道。① 产业价值链取决于价值在产业内部产生、转移的联结关系，创意产业内部价值的转化形成了特定的创意产业价值链。创意产业价值链是指从最初的创意到创意需求者或消费者，联结各个价值发生与转化环节的链条。从创意产生到创意的传播再到创意产权的开发，都以创意不

---

① 李平，狄辉. 产业价值链模块化重构的价值决定研究 [J]. 中国工业经济，2006 (9)：71-77.

可替代性而产生垄断利润,创意产业的价值增值效应显著,始终位于产业价值链的高端位置,创意产业的价值增值环节分布在产业"微笑曲线"的两端(见图4-3)。

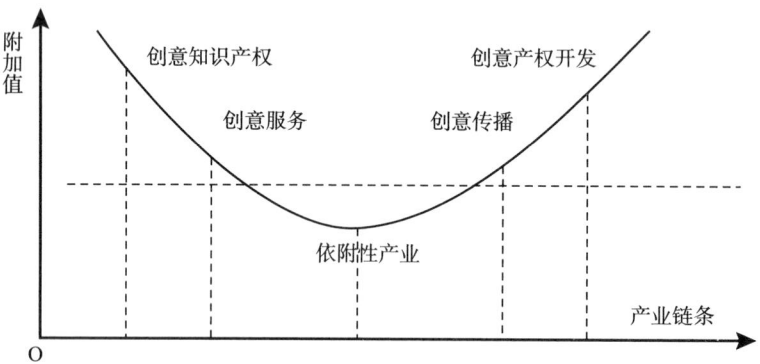

图4-3 文化创意产业的微笑曲线

创意含量的高低决定了微笑曲线的曲张力,创意含量越高,价值曲线越陡。此外,从产业收益上看,创意产业的收益往往是通过产权受理、经营许可和分成契约的方法确立的。

4.1.4 文化创意产业的价值创造机制

营销学理论告诉我们,价值是与市场需求相联系,市场需求是推动产品价值市场的外在动力。企业向外部市场提供的产品,只有通过消费者的购买、消费后便实现了产品的市场价值,并在这个基础上给企业带来盈利。对于文化创意产业而言,其文化创意产品的价值创造也要遵循这一规律。

因此,我们有必须首先了解文化创意产品的价值构成。从消费者的角度来看,文化创意产业给市场中的消费者所带来的市场价值主要由两个部分组成:功能价值(function value)和观念价值(concept value)。[①] 其中,功能价值是指产品给消费者带来需求的满足能力,也就是这种产品的使用价值;观

---

① 厉无畏,王慧敏. 创意产业新论[M]. 上海:东方出版社,2009:168-170.

念价值则是人们在消费商品物理属性的同时,因商品在内的文化属性、象征意义以及个人消费文化创意产品时所带来的感受和体验的差异,导致了消费者对文化创意产品的价值认同上表现出来的差别。如果说,文化创意产品中所包含的功能价值是满足消费者对物质方面的需求的话,那么,观念价值则是由消费者精神领域方面的需求相联系。从整体上来讲,文化创意产品所体现的功能价值表现在文化创意所附着的物质产品身上的物理属性,因此它是物质的、有形的;而观念价值则是主观的,只能通过消费者的消费而体验和感知的无形附加物。

文化创意产业与传统产业之间存在重大差别,其价值创造机制也与传统产业大相径庭,如图4-4所示。

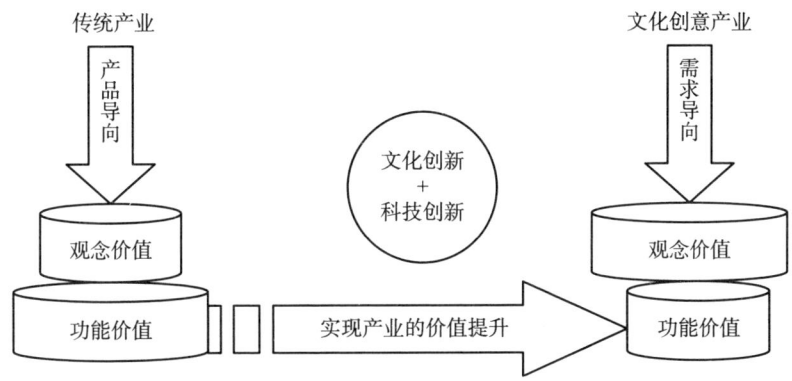

图4-4 文化创意产业的价值创造机制

在传统产业的价值创造机制中,企业的经营是以产品导向为主的价值创造机制,通过产品的生产,首先满足消费者的某种物质方面的需求,并在此基础上,为消费者提供一些附加的价值与服务,供消费者消费、体验,以此形成消费者对企业良好的偏好和品牌忠诚,从而带来企业利润的增长。但企业的经营仍是以实体产品为主,附加的价值与服务则是实体产品经营的有效补充。因此,在传统产业的价值创造机制中,其价值的构成比例中,功能价值占据价值总量的大部分。

而文化创意产业的经营和价值创造机制则不然,文化创意企业在经营中首先会以消费者的需求(特别是文化等精神领域的需求)为导向,其经营的关键首先是促进消费者对文化创意产品的观念价值的形成。提高消费者对文化创意产品中所蕴含的文化的认同，激发消费者消费观念的变革，塑造有利于文化创意企业运营的外部消费环境，通过满足消费者的观念需求、文化需求，从而形成独特的观念价值。特别是在当今知识经济时代，传统产业市场中的产品同质化现象日益严重，市场供大于求，消费者可以从丰富的产品来源中，轻易地获得满足其需求的产品，但是，随着消费者收入水平的增长和社会经济物质产品的日益丰富，消费者在消费中所感受到的精神上的愉悦和畅快的消费体验却相对缺乏。在这种情况下，文化创意产业通过文化和科技创新，增加了传统产品上的文化、消费体验的含量，让产品成为文化资源和信息的承载者，[①] 就比较容易提高产品的观念价值。因此，文化创意产业通过其独特的观念价值的塑造，向传统产业的产品中注入了新的文化信息要素，提供了新的价值元素，促进了新的市场需求，从而实现了传统产业产品的价值提升。

4.2 文化创意产业的价值开发

文化创意产业的价值开发是实现文化创意产业价值的基础，同时也是文化创意产业价值链中的关键一环。[②] 由于文化创意产业具有独特的杂糅性，与其他产业可以实现横向、纵向的融合，最终形成了文化创意产业的价值链。因此，文化创意产业是一个关于文化创意产业间所存在的相互依存关系的概念。它所揭示的是文化创意产业在其运动过程中以文化创意企业为主的不同产业形态间相互作用的价值关系。在一般产业经济学中，这种关系称为"产业关联"。文化创意产业本身有着一般产业形态所不具有的文化性的、精神性的、知识性的属性，在文化创意产业的价值开发过程中，文化创意产业可以以其所独有的文化创意实现与其他产业之间的杂糅。为了更清晰的把握文化创意产业的价值开发过程，本部分将采用产业关联理论，结合价值链理论对文化创意产业的价值开发进行分析。根据文化创意在产业链上的融合和关

---

① 厉无畏. 创意改变中国 [M]. 北京：新华出版社，2009：31 - 33.
② 厉无畏，王惠敏. 创意产业新论 [M]. 上海：东方出版社，2009：174.

联的程度，文化创意产业的价值开发的表现主要有纵向关联和横向关联两种形态。

4.2.1 文化创意产业关联的价值链开发

纵向关联是指产业与产业之间通过产品在上下游环节中所形成的供需关系进而形成的互相关联、互为存在前提条件的内在联系。从产品之间的供需关系来看，任何一个行业（除最终消费品外）的生产及产品都可以作为其他产品或行业的生产投入要素。当然，这里在有个前提，那就是能够作为投入的东西必须要能给该行业的生产带来更多的价值增值。从经济发展的角度来讲，产业之间的这种关联关系是一个产业实现产业增值和产业进步的一大动力。促进以文化创意企业为主导的整条产业链的发展，将能够更好更宽地推动和促进其他关联产业的发展，具有更强的产业扩张力。

文化创意产业在产业链中的关联关系具有明显的特殊性，这种特征有别于传统产业之间的关系特征，表现在它是以信息流（更多的是以智力资源、无形资本为主）为主导，具有广泛的杂糅性和强大的辐射性，能够有效地把纵向价值链中的各参与行业或企业，紧密地结合在以文化创意企业为核心的"价值网"中。

哈耶克（Hayek，1945）曾在其著作《知识在社会中的作用》一书中，把推动社会经济发展的知识分为两类：一类是科学知识，这部分知识往往可以通过理论和书籍的学习获得；另一类是有序的知识，也称为"黏性知识"或"沉默信息"，是指在特定的环境中不依赖于语言而表达和接受的信息，是一种接受者在现场接受和意会的内在信息。文化创意企业生产的创意向市场中的消费者所传递的信息，具有上述两类知识类别的双重特征。我们知道，文化创意产品是以无形资本或智力资源为主导，这些资源中所蕴含的信息却不像科技产品那样可以量化，因而，文化创意产业的价值链相对而言就显得更加复杂。其生产出来的创意能不能被市场所认可和接受，往往存在着比较大的风险。当然，这种风险背后也必然伴随着高收益，因为，大量创意能被市场所接受和认可，无疑其多重开发的潜力是相当巨大的。因此，文化创意产业的价值开发，是对其核心创意的开发，更重要的是应挖掘并实现其所蕴含的附加价值。在此，本书以动漫产业为例来说明文化创意产业的价值开发问题，如图4－5所示。

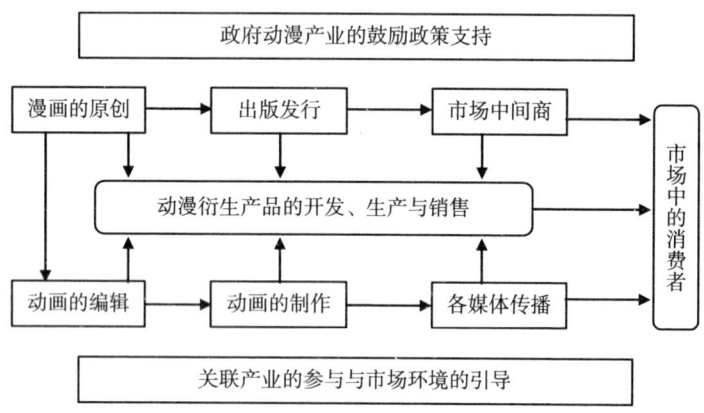

图4－5　动漫产业的价值链

动漫产业的发展是文化创意产业的一大重要的领域之一，动漫产业具有知识密集、资本密集、风险大、产业链长、影响程度广的特点，近几年我国国内很多城市都十分重视动漫产业的发展，我国也一直加大力度实现动漫产业的腾飞，期望以动漫产业带动文化创意产业的蓬勃发展。

从图4－5中可以看出，在动漫产业的价值链中，漫画的原创是动漫产业链中的价值增值源头，它需要创意人才运用其智慧，结合他们的想象、平时的社会生活的观察或借鉴其他作品的思想，创作出来。当他们原创的漫画具有个性或独特特征时，则比较容易引起文化创意企业的兴趣和重视，一旦成型，那么就要进入产业链中的下游环节，即编辑、出版、发行。通过出版发行漫画图书，并通过市场中广泛的中间商，如新华书店、各网站等的积极推广，将漫画图书销售给最终消费者，并由此产生利润。但这里产生的利润仅仅是创意产品化实现的生产利润而已，而创意所蕴含的潜在价值并未实例地体现出来。因为在漫画被多数读者接受的过程中，往往会产生大量的"黏性知识"，例如，对于读者的情感、生活态度、审美观、价值观等方面的改变，而这种改变却能进一步衍生出更多的附加价值，并为动漫产业的创意在市场中的推广营造了一个良好的市场氛围，有利于吸引众多的关联产业的参与。

第 4 章 | 文化创意产业价值的创造、开发和实现

因此，在文化创意产业创意产品化过程中，创意能以其智力资源对相关产业进行"嫁接"。首当其冲的，漫画图书中的故事情节能够经过文化创意人员，借助现代信息技术如媒体传播技术，将其搬上银幕，开发和制作成电视动画片，进而在各种媒体上向市场进行传播，进一步扩大创意的市场影响力和影响面。并向相关产业进行相应的扩散，实现创意与相关产业的融合，产生各种不同的衍生产品，并通过特定的市场销售渠道，销售给最终消费者，从而实现盈利。

在此，我们以蓝猫卡通的创意为例，来论证文化创意产业关联的价值链开发问题。"蓝猫"系列是我国国内影响面较广和市场运作最成熟的动画片之一。"蓝猫"系列最早是1998年由号称"蓝猫"之父的王宏在与北京三辰公司的董事长孙文华制作由《10万个为什么》改编而来的《蓝猫淘气3000问》的漫画书籍，并经过出版社发行，面向全国市场进行销售，为王宏的蓝猫事业挖了第一桶金。但毕竟单纯的图书出版产生的利润有限，1999年，王宏联系了相关媒体、传媒机构等企业，以《蓝猫淘气3000问》的故事情节为原型，将其改编为《蓝猫淘气3000问》的动画片，并于1999年12月在北京电视台首播，随后又在国内电视台相继播出。

至此，"蓝猫"迅速成为全国亿万观众，特别是少年儿童以目中的知名品牌，打破了洋卡通一统国内动画市场的局面。2001年，王宏在"蓝猫"品牌不断地强化的条件下，在北京成立了"蓝猫"产品营销公司，大规模组织"蓝猫"衍生产品的开发并建立专卖网络，推动"蓝猫"走出银幕，迅速形成以"蓝猫"为核心的、覆盖上、中、下游盈利点的完整的产业链。据统计，从2001年王宏所在的三辰集团授权"蓝猫"品牌形象给儿童用品的生产开始，两年内迅速发展出10多家上游专业公司，其品牌延伸到了图书、音像出版、儿童文具、儿童鞋服、自行车等16个行业，6600多种衍生商品。实现销售收入达逾10亿元。

我们回顾"蓝猫"的成长历程，可以发现它开拓了一条国产动漫产业走向市场化的经典路径，探索出了最大限度开发衍生产品有有效方法，实现文化创意产业的价值增值的开发提供了可供借鉴的宝贵经验。它是以当今市场中青少年科技教育的需求为背景，创作出了独特的内容创意，以先进的信息技术、传媒技术为支撑，以产业之间的关联为保障，打造了跨单一产业链的

大产业观，把创意、技术、营销、产业衔接等环节紧密在联系起来，形成了一个"上游开发、中游拓展、下游延伸"的完整产业价值链，把广泛的儿童消费品产生整合进动漫产业链中，从而永久获得该链条的上游资源支持，实现儿童消费、家庭及学校教育与动漫文化的资源融合，再借助其独有的商业运作模式和恰当的传播策略，最终实现了蕴含在"蓝猫"之上的创意的附加价值。

4.2.2 文化创意产业关联的价值链开发的经济学分析

如前所述，文化创意产业通过产业关联实现创意的产、供、销的一体化能有效地提高蕴含在创意身上的附加价值，增强了市场的竞争力。在文化创意产业关联的价值链开发实现的类似垄断产业的利润可以通过两种途径来实现。第一种是文化创意企业通过并购或自建生产企业的形式，独自生产独一无二的文化创意产品，以提高自身的利润水平。第二种是在市场销售中通过价格加成策略来实现盈利水平的增长。

4.2.2.1 一体化情况下的价值链开发的分析

一体化的组织路线如图4-6所示。

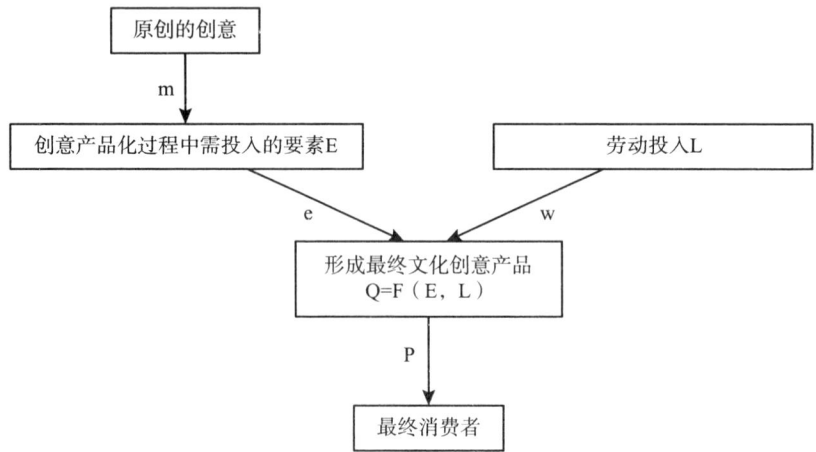

图4-6 文化创意产业关联的价值链开发路径

第4章 | 文化创意产业价值的创造、开发和实现

从图 4-6 中可以看出,假设创意生产者向文化创意企业提供原创的创意以供其将创意产品化的价格(也就是边际成本)为 m,文化创意企业将原创的创意转化为可投入具体产品生产过程的要素,同时雇用劳动人员进行生产,假定这两种要素的单价分别为 e 和 w,最后生产出最终的文化创意产品。可以看出,生产的文化创意产品的产量 Q 是两种要素 E 和 L 的函数,在此,我们记为 $Q = F(E, L)$。市场中的最终消费者则以价格 P 购买 Q 单位进行消费。为了分析的方便,我们假定消费者的需求符合线性函数的特征,为了便于产量的比较,我们采用反需求函数来分析消费者的需求,记为 $P = a - bQ$。

(1) 当文化创意企业的生产函数为固定比例函数时,为了分析的方便,在不影响一般性结论的前提下,我们假定其生产函数的固定比例为 1,也就是说,生产一单位文化创意产品,必须要投入一单位的要素 E 和一单位的要素 L。则其生产函数为:

$$Q = \min(E, L) \tag{4.1}$$

情况 1:当文化创意企业自己投资,承担文化创意产品的产、供、销环节时,其边际成本为 $MC = m + w$,边际收益为 $MR = a - 2bQ$,根据利润最大化原则 $MR = MC$,联立以上两个式子,可以得出实现利润最大化的最优产出:

$$Q' = (a - m - w)/2b \tag{4.2}$$

情况 2:当文化创意企业仅仅是文化创意产品生产出来,但却委托市场的下游企业完成销售时,下游企业同样为了实现最大利润,也应该按照利润最大化原则 $MR = MC$,来完成最终的市场销售。

对于这些下游企业而言,他们的边际成本 $MC = m + w$,边际收益则是 P,由此可得出 $P = e + w$。由于生产函数为固定生产函数,固定比例为 1,我们可以推导出上游的文化创意企业面临的需求函数应该是:

$$e = p - w = a - bQ - w = a - bE - w \tag{4.3}$$

由此,我们可以推导出文化创意企业的利润函数为:

$$\prod = (e - m)E = (a - bE - w - m)E \tag{4.4}$$

为了产生最大利润,我们可以对式(4.4)求一阶导数,并令其等于 0。由此可得:

$$Q'' = (a - m - w)/2b \tag{4.5}$$

对比式 (4.2) 与式 (4.5),两者的结果是一样的。也就是说,在文化创意实现产业化过程中,文化创意企业是否独自承担整个产业价值的运作是没有差别的,其最优化的产出应该是 $Q^* = (a - m - w)/2b$。因此,产生的最大利润也就是其价值就是 $(P - e - w) \times (a - m - w)/2b$。

(2) 当文化创意企业的生产函数为可变比例生产函数时,为了分析的方便,在不影响一般性结论的前提下,假定文化创意企业的生产函数服从柯布—道格拉斯生产函数:

$$Q = E^k L^{(1-k)} \tag{4.6}$$

由于其生产产品过程中需要投入要素 E 和劳动投入 L,在生产过程中假定其追求低生产成本的生产方式生产一定量的产品,因此,其成本函数可以如下式所示:

$$C(e, w, Q) = MineE + wl = MineE + wQ^2/E \tag{4.7}$$

为了使成本最小,我们可以对式 (4.7) 求一阶导数,得:

$$\partial C/\partial E = e - wQ^2/E^2 = 0 \tag{4.8}$$

进一步,可以得出该企业对生产要素 E 的需求函数:

$$E(e, w, Q) = Q(w/e)^{1/2} \tag{4.9}$$

同理,亦可推导出对生产要素 L 的需求函数:

$$L(e, w, Q) = Q(e/w)^{1/2} \tag{4.10}$$

最后,我们可以把式 (4.9) 和式 (4.10) 代入式 (4.7),则其成本为:

$$C(e, w, Q) = 2Q(we)^{1/2} \tag{4.11}$$

情况1:当文化创意企业自己投资,承担文化创意产品的产、供、销环节时,由于 e = m,对于式 (4.11) 中的 Q 求导,得出企业的边际成本:

$$MC = 2w^{1/2}m^{1/2} \tag{4.12}$$

其利润最大化的产出为:

$$Q^* = (a - 2w^{1/2}m^{1/2})/2b \tag{4.13}$$

情况2:当文化创意企业仅仅是文化创意产品生产出来,但却委托市场的下游企业完成销售时,下游企业同样为了实现最大利润,也应该按照利润最大化原则 MR = MC,来完成最终的市场销售。

在这种情况下，令 P 等于式（4.12）的边际成本 MC 并代入反需求函数 P = a - bQ，求出 Q 再代入式（4.9）得出对生产要素 E 的需求函数：

$$E = [a(w/e)^{1/2} - 2w]/b \quad (4.14)$$

因此，上游供应企业最大化的利润 $\prod = (e - m)E$，其必要条件为一阶导数为 0，即：

$$\partial \prod /\partial E = aw^{1/2} - 2we^{1/2} - 1/2(e - m)aw^{1/2}/e = 0 \quad (4.15)$$

为了方便比较以上两种情况的利润，我们令 a = 10，b = m = w = 1，可解，e = 7.9265，从而得出情况 1 的产量 $Q^* = (a - 2w^{1/2}m^{1/2})/2b = 4.37$，而情况 2 中的产量 $Q_n^* = 4$。

由此可见，在生产函数为可变比例的条件下，情况 1 比情况 2 的产量要高，从而利润会更大，因为下游企业可以改变要素的投入比例，如果上游企业给予其产品的价格较高时，它就可以调整要素投入的比例，多用较为便宜的要素替代相对较贵的要素。而在固定比例的条件下，这一投入比例则不可能改变。

4.2.2.2 市场销售中通过价格加成策略来实现盈利水平的分析

在文化创意产业的价值链中，文化创意企业往往会与上下游企业签订长期的、具有法律约束力的合同或协议，以约束双方的行为。这一现象在经济生活中经常会遇到。例如，微软公司利用其 Windows 操作系统的垄断，与下游的计算机制造商签订的具有约束力的合同就是一个典型的例子。下面我们将用价格加成策略来分析这一价值的创造。

为了简化分析，我们假设上游与下游的相关企业都是垄断企业，产品的反需求函数为 P = 10 - Q，负责销售的相关企业的边际成本为 0，制造企业的边际成本为 2。

（1）当文化创意企业自己投资，承担文化创意产品的产、供、销环节时，市场需求曲线就是垄断厂商的需求曲线，该企业为了实现利润最大化，必须按照 MR = MC 的原则进行生产和销售，根据上面的分析，我们可以看出最大化的利润的销售量为 $Q_n^* = 4$，利润 = 16，如图 4 - 7 所示。

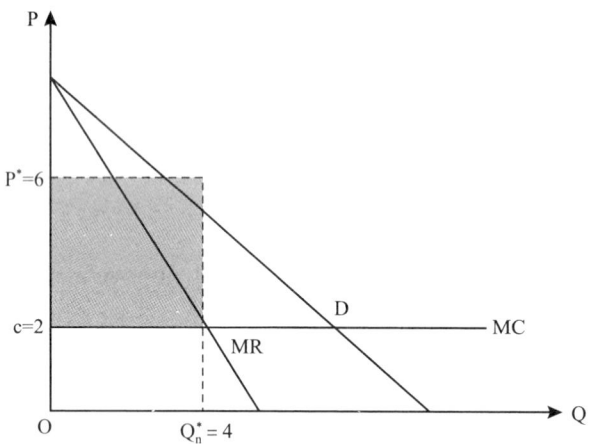

图4-7 文化创意企业独自承担产、供、销的利润

（2）当文化创意企业仅负责文化创意产品的生产，但却委托市场的下游企业完成销售时。上游的垄断生产商的文化创意产品由下游的垄断销售商进行销售，下游企业则会在进价的基础上进行一个垄断价格加成。垄断的销售商面临着一条向下倾斜的需求曲线 D_2 以及边际收益曲线 MR_2，其边际成本 MC_2 就是产品的进价 P_1，也就是垄断生产商的销售价格，因此销售企业需要的产品数量 Q_2^* 由生产企业的销售价格 P_1 与边际收益曲线 MR_2 的交点所决定。生产企业所面临的需求曲线就是销售企业的边际收益曲线 MR_2，通过选择它的产出水平 Q_1^*，使边际成本 c 等于边际收益 MR_1，从而产生最大利润。

如图4-8所示，在再次的价格加成之后，最优销售量 $Q^*=2$，比文化创意企业的自产自销的模式下的产量要少。相应地，生产企业的价格 $P_1=6$，销售企业的价格 $P_2=8$。与文化创意企业的自产自销的模式相比，市场中的消费价格将更高，且销售量将减少，因此，其利润水平也下降了。

所以，从以上的分析我们可以得出，在文化创意产业的价值链中，文化创意企业始终应该主导整条价值链中，从事创意的开发、产品化和市场化的全进程，这样，将带来文化创意企业的价值制造实现最大化。

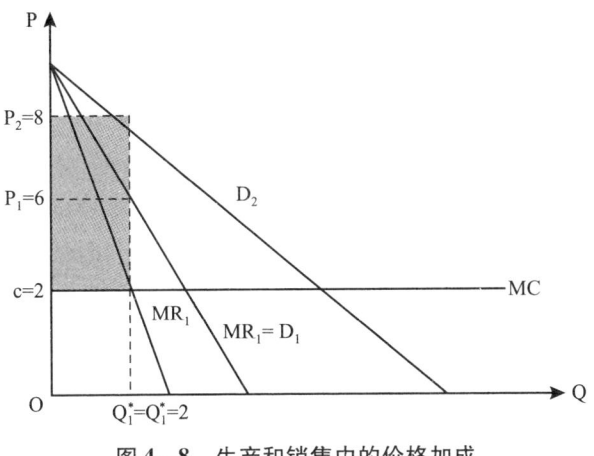

图 4-8　生产和销售中的价格加成

4.3　文化创意产业的价值实现

文化创意产业在其观念价值开发、传播并产品化的基础上，最后还要通过市场的销售才能最终完成整个价值链的运作过程，实现价值增值。当然，文化创意产业的价值增值同样也需要挖掘新的需求。因为文化创意产业最后提交市场的文化创意产品是为了满足消费者的需求，离开了市场需求，则文化创意产业的价值链的增值效果就无法显现。因此，市场是文化创意产业的价值实现的场所和平台，也是文化创意企业更深入地了解需求、检验创意的最终场所。

4.3.1　文化创意产业价值实现的外部市场条件

一个产业生产的产品实现，在市场中实现其价值及价值水平的高低，与该产业所处的市场条件和环境密切相关，文化创意产业亦不例外。21世纪以来，社会经济环境出现了巨大的变化，首当其冲的就是体验经济在全球市场上的勃兴。作为一个新兴的产业形态，文化创意产业价值的体现必须建立在体验经济的条件下，来探讨其价值实现问题，如图4-9所示。

从图4-9中可以看到，在商品经济时代，企业参与市场竞争主要依靠产品的质量好坏和价格的高低,在这一竞争过程中,物美价廉是企业参与市场竞争的最大优势。在产品经济时代,市场竞争的重点则转向整体产品①的差异化,开始突出产品的创新能力所体现出来的差异化。在服务经济时代,市场竞争的重点进一步发生变化,此时市场竞争主要围绕着无形产品而展开,而有形产品则是完成这一过程的一个重要的组成部分,因此,此时更加讲究企业为其产品提供服务的能力,企业提供的服务是否能引起客户的满意将决定企业能否在市场中存活的重要指标之一。在服务经济时代,产品已经成为企业开拓市场的重要基础设施之一,而服务则是贯穿于整个产业链的价值体系当中。在体验经济时代,客户最关心的是个人的精神体验和其消费的过程,企业提供的产品能否引起客户的愉悦则转变为这一时期市场竞争最重要的价值考评标准。

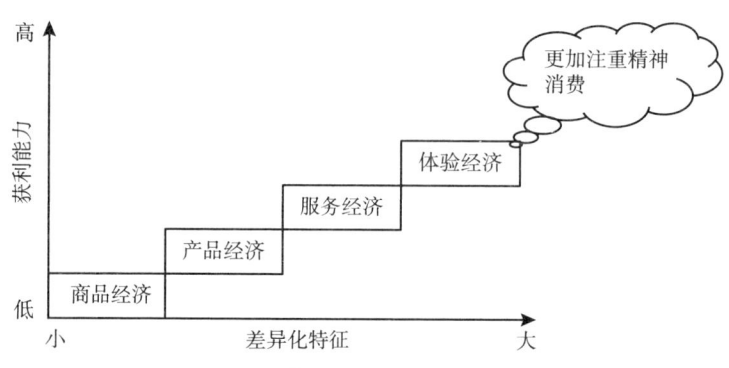

图 4-9 市场经济发展的四个阶段

而文化创意能够通过改变或增加产品的内容、功能、审美特征等提升消费者感受,为消费者提供潜在价值。因此,无论是对于有形产品还是无形产品,无论是创新产品还是传统产品,增添文化创意后都能增加精神享受,引起新需求。② 这种新需求将伴随着文化创意所带来的差异化的精神体验而成

---

① 这里所说的整体产品指市场营销领域所说的完整产品的三个层次,核心产品、形式产品和延伸产品三个层次。
② 陈信康,兰斓. 创意体验概念辨析及概念识别 [J]. 管理学报, 2010 (12): 1805 - 1810, 1818.

为体验经济时代的消费者需求的主要特点之一。

另外,体验从本质上讲是基于情感的个性化需求,消费者以往的经验、当时的情绪、追求个性化品质的作风以及其他一些因素会影响其体验。[1] 因此,文化创意所带来的差异化的精神体验能否具有价值,关键取决于消费者是否感受并接受。为了有效地实现创意的价值,文化创意企业与最终消费者或客户之间建立有效地接触与良性互动就极为关键和重要。在我国当前的经济条件下,我国消费者这种文化创意产业引致的体验性需求,以及对创意的感知是广泛存在的,这说明在我国通过消费创意以获得创意体验的情况已经非常普遍(陈信康和兰斓,2010)。

文化创意产业给消费者或客户带来的创意体验是一个受到传统文化习俗、社会风俗、消费的群体特征等诸多要素共同作用并产生影响的一个抽象的概念。西方发达国家的一些文化创意产业研究者对此做了大量的实证研究(例如,Besmer & Treffinger,1981[2];Besmer,1998[3];Besmer & Quin,1999[4];Ryan & Deci,2000[5];Quin,Besmer & Buffalo,2006[6]),他们的实证研究结果表明:文化创意产业所带来的体验是文化创意产品产生新的创意思维的一个重要的产品线索,在消费者的购买决策中起到关键的作用,特别是在当前的体验经济时代,体验已经成为客户价值实现的一个重要的驱动要素。尤其对于文化创意产业而言,体验经济时代的来临,为提供文化创意产业产品价值的实现,提供了一个充分的外部市场环境条件。

---

[1] Holbrook M., Hirschman E. The experience Aspects of Comsumption:Comsumer Fantancies, Feelings and Funs [J]. Journal of Comsumer Research,1982,9(2):132-139.

[2] Besmer S., Treffinger D. Analysis of Creative Products:Review and Synthesis [J]. Journal of Creative Behavior,1981,15(3):158-178.

[3] Besmer S. Creative Product Analysis Matrix:Testing the Model Structure and a Comparison Among Products - Three Novel Chairs [J]. Creativity Research Journal,1998,11(4):333-346.

[4] Besemer S. P., O'Quin K. Confirming the Three factors Creative Product Analysis Matrix Model in an American Sample [J]. Creativity Reaearch Journal,1999,12(4):287-296.

[5] Ryan R., Deci E. Self determination Theory and the Facilitation of Intrinsic Motivation, Social Development, and Well being [J]. American Psychologist,2000,55(1):68-78.

[6] O'Quin K., Besemer S. P., Buffalo N. Using the Creative Product Semantic Scale as a Metric for Results Oriented Business [J]. Creativity and Innovation Management,2006,15(1):34-44.

4.3.2 创意产业价值实现的架构

如前所述,当前的体验经济的飞速发展,为文化创意产业的价值实现提供了一个良好的外部市场条件和平台。文化创意产业是具有原创性、具备明显知识经济特征的产业形态,其本身就蕴含着大量的文化信息要素,给消费者带来的将是更多的体验和满足。因此,文化创意产业价值链运作的最终决定还是在于消费者的需求。可以说,消费者的需求是文化创意产业价值链上的最终决定环节,它决定着文化创意企业的价值实现程度,同时,其需求的多样性和多变性也将对文化创意产业价值链具有反馈和互动作用,如图 4 – 10 所示。

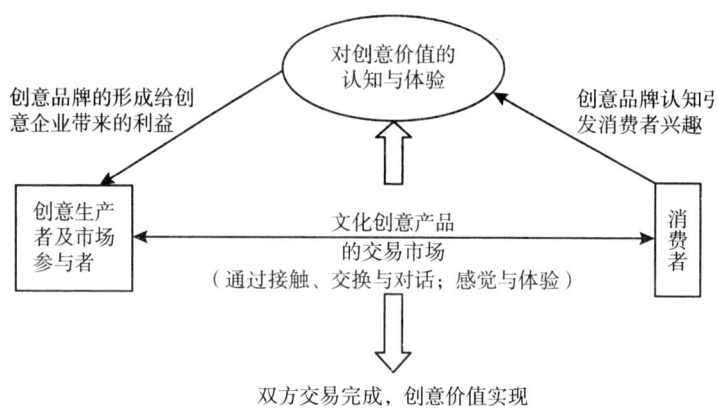

图 4 – 10 文化创意产业的价值实现

在一般的市场交易中,商品的价值一般来源于两个部分:一部分是有形资本的凝结,另一部分则主要蕴含着无形资本。[①] 市场中同一种商品但不同品牌的价格差距主要是由商品的无形资本所决定的。对于大多数满足人的生理和物质需求的产品而言,如果说有形的物质成本是决定产品价格的主要因

---

① 魏鹏举. 文化创意产业导论 [M]. 北京:中国人民大学出版社,2010:88.

素的话，那么，无形资本则是产品的附加价值、获取超额利润和强化产品竞争力的最主要来源。对于文化创意产品而言，其价值也与普通产品一样，同样也是由有形资本和无形资本两个部分构成，但是差别在于：文化创意产品的价值绝大多数是由其所蕴含的无形资本，也就是创意所决定，这种创意通过凝结在实体产品之上，被市场中的消费者所购买，感受其中的文化内涵和精神体验。而有形的物质资本一般在文化创意产品的价格中所占比重不大。文化创意产品的这种相对独特的价值构成，使得其市场经营也不能照搬照抄传统产品的手段和方法。在市场经营中，文化创意企业首先要引导消费者对创意品牌的认知，通过现代传播手段和技术，向消费者传达创意产品和品牌中所蕴含的文化内涵，以引发消费者对文化创意产品的兴趣。

文化创意产品属于创造性的产生，独特性与超越性是这类产品所追求的最重要的品质，这种品质也决定了其在市场中成功的概率，通过创新给消费者带来新奇的精神感受，并在此基础上开拓新的产业价值链，创造新的需求，激发消费者新的消费欲望。对于文化创意产业来说，消费者新的需求的产生过程也就是价值创造和实现过程。文化创意企业挖掘、激发和满足的消费需求越多、越广，其创造和实现的价值也就越大。因此，文化创意产业的发展就必须充分地考虑消费者需要什么，再来决定文化创意的创新方向，并付诸实践，以独创的创意给消费者带来全新的体验。佛罗里达曾说过："体验正在取代商品和服务，因为消费者的消费经历将刺激我们的创造官能并增强我们的创造能力。"可以看出，消费者对文化创意产品的体验是刺激文化创意产业发展的重要因素。因为消费者与文化创意企业之间是一个双向沟通的过程，文化创意企业通过创意并产品化和产业化来构筑他们与消费者之间的经济互动关系，而消费者通过消费文化创意产品向企业反馈和表达他们的休闲与文化的消费方式，这些反馈给文化创意企业的体验活动在很大的程度上将刺激文化创意生产者产生新的创意，从而形成良性的循环。

当然，在这一进程中，培育文化创意产业的品牌至关重要。文化创意产业的发展、文化创意的价值实现都需要品牌的支持，世界上一些以文化创意产业而闻名的国家和地区都毫不例外地拥有自己的文化创意品牌，如伦敦的歌剧、日本的动漫等，都带来明显的品牌声誉效应。因此，在我国发展自己的文化创意产业中，培育自己民族特色的文化创意品牌就显得迫在眉睫。对此，在文化创意产业的价值实现过程中，我们就需要将文化创意产业与传统文化要素重新进行优化组合，结合现代先进的传播技术和手段，对我国丰富的传统文化资源进行深度挖掘，对不同时代的文化资源、不同地域的文化传统和文化财富进行重新优化整合，并使之得到提炼，借助现代营销的策略和方法，通过诸如网站、报纸、电视、博览会等多种媒体的形式进行品牌宣传推广，以提高创意品牌的知名度，从而为企业的文化创意产品的市场开拓，奠定有利的营销基础并产生丰厚的收益，实现其价值。

4.3.3 创意产业价值的实现方式：差异化竞争

个性化、差异化是文化创意产品和服务的基本特征。差异化竞争是经济学、管理学各学派研究的重点内容。对于产品差异化产生的原因，西方的经济学理论从厂商竞争角度进行了解释，提出了伯川德悖论[1]（Bertrand - Praradox），即两个以上的生产同质产品的厂商，以不变的规模收益生产同类产品，以边际成本销售，会推动获利空间（泰勒尔，1997）[2]。回避伯川德悖论最常见的做法就是实现产品差异化。产品差异化降低了产品之间的替代性，在一部分消费者眼中变成"不同"的产品，面对具有不同偏好的消费群体，可以制定不同的价格。

在企业的竞争层面上，文化创意企业在生产经营过程中，将充分发挥和运用其产品或服务不同于其他企业的产品或服务的优势，作为指导企业持续稳定发展的方向。企业生产经营过程中的所有环节，都或多或少地存在各种差异，就文化创意企业而言，差异存在于产品内部构造工艺，以及外部的价格体系、市场渠道、广告宣传、消费群体定位等诸多方面，从而

---

[1] 伯川德悖论简单来说指的是伯川德价格竞争模型从理论上得出竞争价格等于边际成本，从而导致零利润的结论与现实社会中竞争价格高于边际成本的事实不符。对于伯川德悖论的解释主要是从放宽其前提假设入手的，Edgworth 提出了生产能力约束假设认为伯川德竞争企业 1 单个不足以提供市场所需求的产量，从而面临的需求曲线并不是完美的市场需求曲线。提高价格的企业 2 在配给原则下将获得市场需求量减去企业 1 产量的市场份额，且能获得经济利润。从产品差异化的角度来看，可以排除极端的垄断竞争现象和完全竞争的可能性，最终得出企业将拥有一定的市场力度，从而使竞争价格高于边际成本。

[2] ［法］泰勒尔. 产业组织理论［M］. 张维迎，译. 北京：中国人民大学出版社，1998：168 - 190.

造就市场差异无所不在。创意企业实现差异化，应以满足消费需要为导向，为其提供他们真正想要的东西和更多的附加值，从而形成强大的核心竞争优势。当然，差异化不能不考虑成本。差异有可能会带来成本的上涨，但差异化也可以带来溢价收益，当溢价收益大于成本上升幅度时，企业的效益就会增加。

4.3.4 文化创意产品价格歧视（差异化定价）的方案设计

文化创意企业实施差异化竞争的根本目的是为了获得更多利润，价格竞争是提高利润率的重要方式。创意产品的个性化、体验性是实施价格歧视的诱因。庇古（Pigou，1920）将价格歧视分为三种类型：一级价格歧视、二级价格歧视、三级价格歧视。而文化创意产品实施歧视定价策略的关键问题在于，文化企业如何根据消费者市场分割情况，分割消费者群体，设计合理的差异定价方案，以防止消费者的套利行为。

为此，我们假定文化创意企业应用信息技术能够将消费者分割成不同的消费群体，不同的消费群体有不同的消费需求和消费特点。因此，对信息商品的保留价格[①]也有所差别。文化创意企业充分利用对消费分割实行歧视性定价，可以获得更大的利润。本书假定文化创意企业应用信息技术能够将消费者进行分割识别：H 和 L（H 为高质量需求的消费者，L 为低质量需求的消费者）。为了讨论的便利，引入以下一系列的参数变量，如表 4 - 1 所示。

表 4 - 1　　　　　　　　　模型的参数变量

消费者类型	所占比例	保留价格高低概率 高	保留价格高低概率 低	保留价格 高	保留价格 低
H	λ	α	$1-\alpha$	$\alpha \times \theta$	$(1-\alpha) \times \eta$
L	$1-\lambda$	β	$1-\beta$	$\beta \times \theta$	$(1-\beta) \times \eta$

---

① 所谓的保留价格是指每个顾客愿意为其所购买的每单位产品所支付的最高意愿价格。

4.3.4.1 质量—价格组合

质量—价格组合,即质量歧视,属于三级价格歧视,是通过改变捆绑信息商品质量制定的价格歧视。

假设文化创意企业能够有效地改变信息商品某一方面的特性,进而改变商品的质量,从而能够不均衡地影响高需求消费者的估价。部分信息商品的质量降低到 δ,使消费者的高估价降低到 $\delta\theta(\eta/\theta < \delta < 1)$,同时消费者的低估价保持不变。那么,此时相应的参数变量就可以转化,如表4-2所示。

表4-2　　　　　　　　质量—价格组合中的参数变量

商品类型	销售目标群	保留价格 高	保留价格 低	销售单价
高质量信息商品	H	$\alpha \times \theta$	$(1-\alpha) \times \eta$	p
低质量信息商品	L	$\beta \times \delta \times \theta$	$(1-\beta) \times \eta$	p'

创意企业制定的销售单价应不超过消费者的保留价格。这样消费者才会有意愿去购买这类信息商品。由此我们可以得出以下的约束条件:

$$\begin{cases} p \leq \alpha\theta + (1-\alpha)\eta \\ p' \leq \beta\delta\theta + (1-\beta)\eta \end{cases}$$

同时,为了防止消费者在 H 型消费市场与 L 型消费市场间的套利行为,则应满足下列约束条件:

$$\begin{cases} \alpha\theta + (1-\alpha)\eta - p \geq \alpha\delta\theta + (1-\alpha)\eta - p' \\ \beta\delta\theta + (1-\beta)\eta - p' \geq \beta\theta + (1-\beta)\eta - p \end{cases}$$

首先,我们可以分析高质量信息商品的收益函数,在此基础上进一步分析最优的 δ 该如何选择。为了获取最大化利润,厂商将选择尽可能大的 p 和 p'。在这种情况下,p 和 p' 所满足的约束为:

$$\begin{cases} p' \leq \beta\delta\theta + (1-\beta)\eta \\ p \leq \alpha\theta - \alpha\delta\theta + p' \end{cases}$$

由于 $\alpha > \beta$ 和 $\eta < \delta \times \theta < \theta$,所以当不等式的等号成立时,$p$ 和 p' 最大化

约束条件将得到满足，因此我们就可以得到：

$$\begin{cases} p' = \beta\delta\theta + (1-\beta)\eta \\ p = \alpha\theta - \alpha\delta\theta + p' \end{cases}$$

由上述最大化约束则可以得到高质量信息商品的收益函数为：

$$\pi_1 = \lambda p + (1-\lambda)p' = (\lambda\alpha - \lambda\delta\alpha + \delta\beta)\theta + (1-\beta)\eta$$

同理，低质量信息商品的收益函数为：

$$\pi_2 = \lambda p + (1-\lambda)p' = (\alpha - \beta - \lambda\delta\beta + \delta\beta + \lambda\beta)\theta + (1-\alpha)\eta$$

非捆绑高价销售对象是高估价消费者，低价销售对象是所有消费者；捆绑高价销售对象为高需求消费者，低价销售对象为所有消费者。那么，我们可以利用前面的收益函数可得：

$$\begin{cases} \pi_{s_1}^* = [\lambda\alpha + (1-\lambda)\beta]\theta \\ \pi_{s_2}^* = \eta \\ \pi_{B_1}^* = \lambda[\alpha\theta + (1-\alpha)\theta] \\ \pi_{B_2}^* = \beta\theta + (1-\beta)\eta \end{cases}$$

因为 $\pi_{s_2}^* \leqslant \pi_{B_2}^*$，所以企业只要保证：

$$\begin{cases} \pi_1 \geqslant \max(\pi_{s_1}^*, \pi_{B_1}^*, \pi_{B_2}^*) \\ \pi_2 \geqslant \max(\pi_{s_1}^*, \pi_{B_1}^*, \pi_{B_2}^*) \end{cases}$$

就能够改变部分信息商品的特性歧视定价，而且获得比以前更大的利润。从上述不等式组我们就可以得到：

$$\begin{cases} \lambda\alpha > \beta \\ \delta_1 \leqslant \dfrac{1-\alpha}{\lambda\alpha - \beta} \times \dfrac{\eta}{\theta} - \dfrac{(1-\lambda)\beta}{\lambda\alpha - \beta} \\ \delta_2 \leqslant \left(1 + \dfrac{1-\lambda}{\lambda\alpha - \beta}\right) \times \dfrac{\eta}{\theta} \\ \delta_3 \geqslant \dfrac{(2\beta - \alpha - 2\lambda\beta + \lambda\alpha)\theta - (1-\alpha)\eta}{(1-\lambda)\beta\theta} \\ \delta_4 \geqslant \dfrac{[(\beta-\alpha)\theta + (\alpha-1)\eta]}{\beta\eta} \\ \delta_5 \geqslant \dfrac{(2\beta - \lambda\beta - \alpha)\theta + (\alpha-\beta)\eta}{(1-\lambda)\beta\theta} \end{cases}$$

所以最优的 δ 应该满足：
$$\begin{cases} \max(\delta_3, \delta_4, \delta_5) \leqslant \delta \leqslant \min(\delta_1, \delta_2) \\ \lambda\alpha > \beta \end{cases}$$

4.3.4.2 数量—价格组合

数量—价格组合，即数量歧视，属于二级价格歧视。它是通过变化捆绑信息商品数量来制定歧视价格。企业可以通过变化捆绑商品数量特征的非线性定价有数量折扣和数量溢价。数量折扣相对较为简单，本书在此将主要探讨数量溢价问题。

如果文化创意企业能够根据消费者的需求分割市场，给 H 类型消费者供应完全捆绑信息商品，其中平均每个信息商品的售价为 p；同时给 L 类型消费者供应部分捆绑 $\varepsilon(0<\varepsilon<1)$，销售价格为 p′，使这部分消费者的高估价和低估价分别降低到 $\varepsilon\theta$ 和 $\varepsilon\eta$。此时，相应的参数变量，如表 4-3 所示。

表 4-3   数量—价格组合中的参数变量

商品类型	销售目标群	保留价格 高	保留价格 低	销售单价
完全捆绑信息商品	H	$\alpha \times \theta$	$(1-\alpha) \times \eta$	p
部分捆绑信息商品	L	$\beta \times \varepsilon \times \theta (0<\varepsilon<1)$	$(1-\beta) \times \varepsilon \times \eta$	p′

文化创意企业为了获得较大利润，销售价格必须满足以下的约束：
$$\begin{cases} p \leqslant \alpha\theta + (1-\alpha)\eta \\ p' \leqslant \beta\varepsilon\theta + (1-\beta)\varepsilon\eta \end{cases}$$

定价时，企业为了防止消费者的套利行为，则应满足下列约束条件：
$$\begin{cases} \alpha\theta + (1-\alpha)\eta - p \geqslant \alpha\varepsilon\theta + (1-\alpha)\varepsilon\eta - p' \\ \beta\varepsilon\theta + (1-\beta)\varepsilon\eta - p' \geqslant \beta\theta + (1-\beta)\eta - p \end{cases}$$

同样，我们首先分析完全捆绑下每个信息商品的收益函数，在此基础上进一步分析最优的 δ 该如何选择。

为了获得最大的销售利润，企业应该选择尽可能大的销售价格 p 和 p′。

第 4 章 | 文化创意产业价值的创造、开发和实现

于是有下列的不等式：

$$\begin{cases} p \leqslant \alpha\theta + (1-\alpha)\eta - \alpha\varepsilon\theta - (1-\alpha)\varepsilon\eta + p' \\ p' \leqslant \beta\varepsilon\theta + (1-\beta)\varepsilon\eta \end{cases}$$

当不等式的等号成立时才会满足企业利润最大化的要求，则得到：

$$\begin{cases} p = (\alpha - \alpha\varepsilon + \varepsilon\beta)\theta + (1 - \alpha + \alpha\varepsilon - \varepsilon\beta)\mu \\ p' = \beta\varepsilon\theta + (1-\beta)\varepsilon\eta \end{cases}$$

利用这组约束等式条件进行计算，可以推导出企业的利润函数为：

$$\begin{aligned} \pi'_1 &= \lambda p + (1-\lambda)p' \\ &= (\lambda\alpha - \lambda\varepsilon\alpha + \varepsilon\beta)\theta + (\lambda + \varepsilon - \lambda\varepsilon - \lambda\alpha + \lambda\varepsilon\alpha - \varepsilon\beta)\eta \end{aligned}$$

同理，部分捆绑下企业的利润应该为：

$$\pi'_2 = (\alpha - \beta - \beta\varepsilon - \lambda\varepsilon\beta + \lambda\beta)\theta + (\lambda + \varepsilon - \varepsilon\beta + \beta - \alpha - \lambda\varepsilon + \lambda\varepsilon\beta - \lambda\beta)\eta$$

与上一种情况一样，企业要获得利润最大化就必须满足：

$$\begin{cases} \pi_1 \geqslant \max(\pi^*_{s_1}, \pi^*_{s_2}, \pi^*_{B_1}, \pi^*_{B_2}) \\ \pi_2 \geqslant \max(\pi^*_{s_1}, \pi^*_{s_2}, \pi^*_{B_1}, \pi^*_{B_2}) \end{cases}$$

由上述不等式可得：

$$\begin{cases} \lambda\alpha > \beta \\ \varepsilon \leqslant 1 - \dfrac{\lambda(\alpha-\beta)\theta}{(\lambda\alpha-\beta)(\theta-\eta)-(1-\lambda)\eta} \\ \dfrac{1-\lambda}{\lambda\alpha-\beta} - 1 \leqslant \dfrac{\eta}{\theta} \leqslant \dfrac{1-\lambda}{\lambda\alpha-\beta} + 1 \\ \varepsilon_1 \geqslant \dfrac{(1-\lambda)(2\beta-\alpha)\theta - (\lambda+\beta-\alpha-\lambda\beta)\eta}{(1-\lambda)[\beta\theta+(1-\beta)\eta]} \\ \varepsilon_2 \geqslant \dfrac{(\beta-\alpha)(\theta-\eta)}{\beta\theta+(1-\beta)\eta} \\ \varepsilon_3 \geqslant \dfrac{(2\beta-\lambda\beta-\alpha)\theta + (\alpha+2\beta+1-\lambda+\lambda\beta)\eta}{(1-\lambda)[\beta\theta+(1-\beta)\eta]} \end{cases}$$

进一步，优化的 ε 应满足：

$$\begin{cases} \max(\varepsilon_1, \varepsilon_2, \varepsilon_3) \leqslant \varepsilon \leqslant 1 - \dfrac{\lambda(\alpha-\beta)\theta}{(\lambda\alpha-\beta)(\theta-\eta)-(1-\lambda)\eta} \\ \lambda\alpha > \beta \\ \dfrac{1-\lambda}{\lambda\alpha-\beta} - 1 \leqslant \dfrac{\eta}{\theta} \leqslant \dfrac{1-\lambda}{\lambda\alpha-\beta} + 1 \end{cases}$$

131

通过以上两种方案的设计探讨，我们不难发现创意企业利用信息技术对信息商品的不同消费群体分类时，信息商品的质量与数量划分区间是存在一定的限度的。在考虑其决策过程，我们可以得出以下几点结论。

（1）价格歧视需要充分考虑消费者类型的分布以及其保留价格高低的概率。显然在两种歧视价格定价下，H 类消费者对捆绑信息商品估价高的概率 α 与 H 类高需求消费者占所有消费者的比例 λ 之乘积应大于 L 类消费者估价高的概率 β。

（2）企业利用数据挖掘等技术对信息商品的不同消费群体进行分类时，信息商品的质量与数量划分区间存在一定的限度。如质量歧视，即通过改变捆绑信息商品某方面特性定价时，部分信息商品的质量降低率并非无限度的。由优化的 δ 结果可知，降低率是在一定区间范围内选择的，与多种参数变量相关联，如 H、L 两类消费者对每种信息商品以及捆绑信息商品的高、低估价及其概率，H 类消费者占所有消费者的比例等等。数量歧视时，除了要满足和质量歧视相类似的结论外，消费者对捆绑信息商品的高、低估价比值也受到了 H、L 两类消费者对每种信息商品高、低估价的概率等因素的制约。

4.4　文化创意产业价值实现的管理流程

文化创意产业的价值实现是一项综合的系统管理过程。

从图 4-11 中可以看出，文化创意产业的价值实现过程需要多个环节的配合，将文化创意企业的经营能力、资源条件、市场分析能力等多要素进行优化整合，最终实现其市场经营的目标。

4.4.1　消费需求的分析是文化创意产业价值实现管理流程的基础

市场是表现消费者对商品、服务、理念有所期望和需求的营销场所。消费者表现出需求，文化创意企业就应在创意设计产品之前研究这些需求的特点，以此一指导创意的生产。在当前的经济条件下，消费者的需求和兴趣愈发呈现出多元化、多样性的特点，因而，对消费需求的分析和把握，是文化创意产业实现其创意价值的基础。

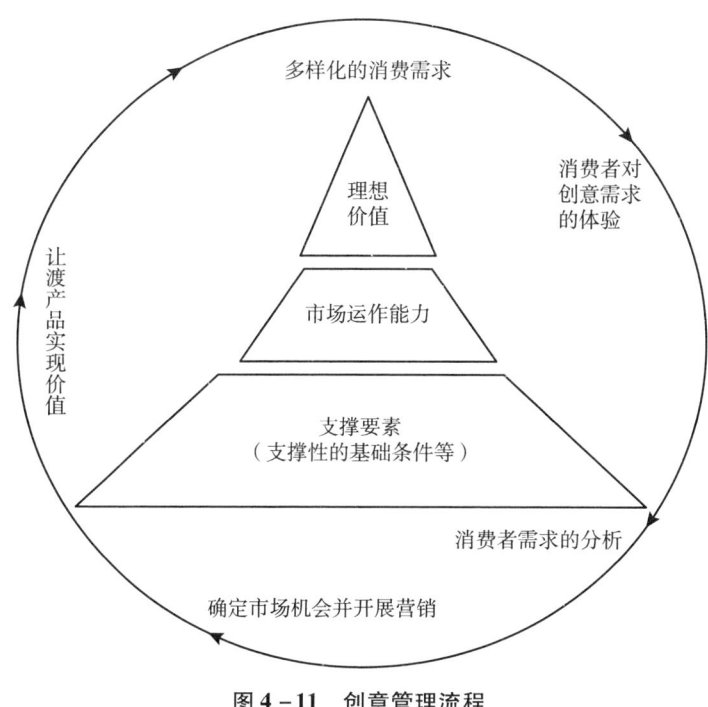

图4-11 创意管理流程

目前，随着经济的发展，我国人民生活水平不断地提高，早在20世纪末我国就已基本解决人民的温饱问题。2009年我国的人均GDP就已超过3000美元，正步入小康阶段。按照发展经济学的观点，在人类生活步入相当富裕的小康阶段时，人民物质生活水平将得到更大幅度的提高，人们开始更多地关注文化精神消费，对文化消费提出了更高的要求。在现实社会中，通常经济越发达、收入越高的国家或地区，文化产品的消费需求也就越旺盛，其消费规模也就越大，由此显现出来的消费需求也越多元化和多样化。在这种情况下，分析、把握这种需求变动的特点，对于发展文化创意产业、实现其产业价值至关重要。

4.4.2 创意开发、生产是文化创意产业价值实现管理流程的核心

如果说，消费需求的分析是文化创意产业价值实现管理流程的基础，那么，创意开发、生产是文化创意产业价值实现管理流程的核心。创意的开发、生产需要包括支撑性的基础条件等各种基础要素的整个价值链的整合，包括基础作业活动和辅助作业活动两个阶段。基本作业活动包括内部后勤、生产作业、外部后勤、市场与销售、服务等环节的活动；而辅助作业活动则包括采购、技术开发、人力资源管理和企业基础设施等环节的活动。正是这些互不相同但却又相互联系的生产经营活动，构成了文化创意产业价值创造和实现的价值链。在这条价值链中，如何才能协调各环节的活动，促进创意开发、生产活动的顺畅进行，是文化创意产业价值实现管理流程的重点。因而，满足消费者多样化的需求，给消费者带来全新的体验和感受则必不可少。文化创意企业就应该通过加大研发、创造的力度，促进人力资本、产业资本、文化资本在内的创意产业资本要素，在不同阶段和时间内，以不同的比例与创意产业相结合，生产以内容为核心的文化创意产品。并借助其基本作业活动环节中的市场营销和渠道完成文化创意产品的市场销售，将文化创意产品送达消费者手中，吸引消费者的消费，以实现文化创意产品的价值。

4.4.3 市场运作是文化创意产业价值实现管理流程的关键

经过文化创意企业开发出来的文化创意产品在市场中被消费者认可和接受的程度，还取决于文化创意产业的市场运作能力。市场运作的水平和能力是文化创意产业价值实现管理流程的关键，文化创意企业采取的市场运作的手段、渠道模式、营销方法都将决定文化创意产品和市场有机结合的效果，直接影响文化创意产业价值的市场规模大小。为此，文化创意企业在实际的市场运作中，就应该根据市场的实际条件，采取灵活有效的手段和方法，借助现代高新技术手段，为文化创意产品扩大受众面提供广泛的接触平台。例如，可以考虑利用数字媒体技术提供的平台为文化创意产品的市场化开拓市

场空间，使创意更容易获得受众消费者的积极响应。在销售渠道的优化上，应该选择经营销售能力较强的代理商、中介机构进行营销传播和分销，或者条件成熟的文化创意企业可以考虑自建销售网络，并运用各种营销模式，整合渠道内的资源，通过直接、代理、合作经销等多种方式，将文化创意产品的价值让渡给消费者，实现文化创意产品的价值增值。

第 5 章
创意产业价值评价研究

创意产业自产生之日便对社会经济的发展产生巨大的影响，带来社会经济各个领域的变革，为整体社会经济的转型和企业的经营都带来了很大程度上的冲击。创意产业对社会经济创造的价值巨大，这一点毋庸置疑。

5.1　综合评价方法研究现状

评价是人类社会中一项经常性的、极为重要的认识活动。现实社会生活中，对一个事物的评价常常要涉及多个因素或多个指标。评价就是在多因素相互作用下的一种综合判断。综合评价的依据就是指标，评价所采用的指标是多种多样的。我们衡量事物发展的情况和规律，往往需要考察其多方面的因素，通过不同的侧面来反映。目前管理科学也产生了众多评价不同行业领域的评价方法。在此，本节将对这些常用研究方法作一个简要的介绍。

5.1.1　模糊综合评判法

模糊综合评价法是美国控制论专家 L. A. Eden 于 1965 年根据科技发展需要创立的，他运用精确的数学方法描述了模糊概念，借用数学的一些概念，对实际的综合评价问题提供一些评价的方法。其基本原理是：首先，确定被评判对象的因素（指标）集和评价（等级）集；其次，分别确定各个因素的权重及它们的隶属度向量，获得模糊证券矩阵；最后，把模糊评判矩阵与因素的权向量进行模糊运算并进行归一化，得到模糊评价综合结果。模糊综合评价法由于可以较好地解决综合评估中的模糊性（如事务类属间的不清晰性，评估专家认识上的模糊性等），因而更加适合于评估因素众多、结构层次多的对象系统。而创意产业的综合发展的影响因素较多、发展变化快、综合评估中存在着较强的模糊性，采用综合模糊评价方法作为主要的评估工具，具有较好的适合性。

5.1.2 层次分析法

层次分析法（analytic hierarchy process，AHP）是美国著名的运筹学家 T. L. Satty 等人在 20 世纪 70 年代提出的一种定性与定量分析相结合的多准则决策方法。这一方法的特点，是在对复杂决策问题的本质、影响因素以及内在关系等进行深入分析之后，构建珍上层次结构模型，然后利用较少的定量信息，把决策的思维过程数学化，从而为求解多目标、多准则或无结构特性的复杂决策等问题，提供一种简便的决策方法。

5.1.2.1 基本思想

AHP 方法的基本思想将决策者对这 n 个元素优劣整体的判断转变为对这 n 个元素的两两比较，然后再转为对这 n 个元素的整体优劣排序判断及确定各元素的权重。

5.1.2.2 基本原理

利用 AHP 方法进行相关问题的决策和评价时，一般分为以下几个步骤。

（1）构造层次分析结构。应用层次分析法分析社会的、经济的以及科学管理领域的问题，首先要把问题条理化、层次化，构造出一个层次分析的模型。构造一个好的层次结构对于问题的解决极为重要，它决定分析结果的有效程度。处于最上面的层次一般是问题的预定目标，通常只有一个元素，中间层的元素一般是准则、子准则，最低一层一般是决策方案。一个典型的层次结构如图 5-1 所示。

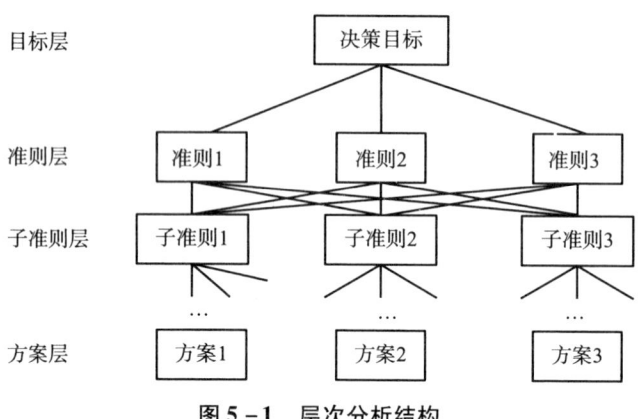

图 5-1 层次分析结构

（2）构造两两比较判断矩阵。假定目标元素为 C_K，同与之相边的有关元素 A_1，A_2，…，A_n 有支配关系。假定以上一层次某目标元素 C_K 作为准则，通过向决策者询问在原则 C_K 下元素 A_i 对 A_j 的优劣比较，构造一判断矩阵，如图 5-2 所示。

B_k	C_1	C_2	…	C_n
C_1	C_{11}	C_{12}	…	C_{1n}
C_2	C_{21}	C_{22}	…	C_{2n}
…	…			
C_n	C_{n1}	C_{n2}	…	C_{nn}

图 5-2 判断矩阵

从图 5-2 中可以看出判断矩阵中元素具有下述性质：$a_{ij} > 0$；$a_{ij} = \dfrac{1}{a_{ji}}$；$a_{ii} = 1$。其中，$a_{ij}$ 表示对 C_k 来说，A_i 对 A_j 相对重要性的数值体现。通常 a_{ij} 可取 1，2，…，9 以及它们的倒数作为标度，其含义如表 5-1 所示。

（3）计算单一准则下元素的相对重要性。这一步要根据判断矩阵计算对于上一层某元素而言，本层次与之联系的各元素的相对重要性的权重值。即对于各判断矩阵 A，把其视为单层次子模型，根据上述单层次模式中的方法去求解特征根问题：$AW = \lambda_{max} W$。

表 5 - 1　　　　　　　　　　　标度的含义

1	表示两个元素相比，具有同样的重要性
3	表示两个元素相比，一个元素比一个元素稍微重要
5	表示两个元素相比，一个元素比一个元素明显重要
7	表示两个元素相比，一个元素比一个元素强烈重要
9	表示两个元素相比，一个元素比一个元素极端重要
2, 4, 6, 8	介于上述两个相邻判断尺度之间

首先，计算判断矩阵每一行元素的乘积 M_i：

$$M_i = \prod_{j=1}^{n} a_{ij} (i = 1, 2, \cdots, n)$$

其次，计算 M_i 的 n 次方根 $\overline{W_i}$：

$$\overline{W_i} = \sqrt[n]{M_i}$$

再次，对向量进行正规化（归一化处理）：

$$W_i = \frac{\overline{W_i}}{\sum_{j=1}^{n} \overline{W_j}}$$

则即 $W = (w_1, w_2, \cdots, w_n)^T$。

最后，计算判断矩阵 A 的最大特征根 λ_{max}。即先对于判断矩阵 A，求解最大特征根问题：

$$AW = \lambda_{max} W \tag{5.1}$$

可得：

$$\lambda_{max} = \sum_{i=1}^{n} \frac{(AW)_i}{nW_i}$$

其中，$(AW)_i$ 表示向量 AW 的第 i 个元素。

由此可以得到特征向量 W 并将其归一化，将归一化后所得到的特征向量 $W = (w_1, w_2, \cdots, w_n)^T$ 作为本层次元素 $A_1, A_2, \cdots, A_n$ 对于目标元素 C_k 的排序权重值。

（4）判断矩阵的一致性检验。由于客观事物的复杂性和人们的偏爱不同，判断矩阵很难有严格的一致性，但应该要求有大致的一致性。因此，在

得到 λ_{max} 和所对应的特征向量 $W = (w_1, w_2, \cdots, w_n)^T$ 后，还需要检验各判断矩阵的一致性。

进行一致性检查的步骤如下。

首先，计算一致性指标 C. I.。

$$C.I. = \frac{\lambda_{max} - n}{n - 1}$$

式中，n 为判断矩阵的阶数。

其次，计算平均随机一致性指标 R. I.。R. I. 是多次重复进行随机判断矩阵特征值的计算后取自述平均数得到的，表 5-2 给出了 15 维矩阵重复计算 1000 次的平均随机一致性指标。

表 5-2　　　　　　　　　　R. I. 取值

维数	1	2	3	4	5	6	7	8	9
R. I.	0	0	0.52	0.89	1.12	1.26	1.36	1.41	1.46

最后，计算一致性比例 C. R.。

$$C.R. = \frac{C.I.}{R.I.}$$

当 C. R. <0.1 时，一般认为判断矩阵的一致性是可以接受的。

（5）计算各层次上元素的组合权重。层次总排序需要自上而下逐层进行，对于最高层，它的层次单排序即为总排序。如果上一层所有元素 A_1，A_2，…，A_n 的组合权重已知，其权重值分别为 a_1，a_2，…，a_m，与 A_i 相应的本层元素 B_1，B_2，…，B_n 的单排序结果 b_1^i，b_2^i，b_3^i，…，b_n^i（i = 1，2，…，m）。若 B_j 与 A_i 无联系时，$b_j^i = 0$，则本层次元素的组合权重可根据表 5-3 进行计算。显然有 $\sum_{j=2}^{n} b_j = 1$。

（6）评价层次总排序计算结果的一致性。为评价层次总排序计算结果的一致性，也需计算与层次单排序相类似的检验量。

设：C. I. 为层次总排序一致性指标；R. I. 为层次总排序随机一致性指标。其公式为：

$$C.I. = \sum_{i=1}^{m} a_i C.I._i \qquad (5.2)$$

$C.I._i$ 为 A_i 相应的 B 层次中判断矩阵的一致性指标。

$$R.I. = \sum_{i=1}^{m} a_i R.I._i \qquad (5.3)$$

$R.I._i$ 为 A_i 相应的 B 层次中判断矩阵的随机一致性指标。并取：

$$C.R. = \frac{C.I.}{R.I.} \qquad (5.4)$$

当 C.R. <0.1，认为层次总排序的结果具有满意的一致性。若不满足一致性条件，需对判断矩阵进行调整。

AHP 的最终结果是得到相对于总的目标各决策方案的优先顺序权重，据此做出相应的决策。

表 5-3　　　　　　　　各层次元素的组合权重

| 层次 | A_1 | A_2 | … | A_m | 层次元素 |
	a_1	a_2	…	a_m	组合权重
B_1	B_1^1	B_1^2	…	B_1^m	$b_1 = \sum_{i=1}^{m} a_i b_1^i$
B_2	B_2^1	B_2^2	…	B_2^m	$b_2 = \sum_{i=2}^{m} a_i b_2^i$
…	…	…	…	…	…
B_n	B_n^1	B_n^2	…	B_n^m	$b_n = \sum_{i=2}^{m} a_i b_n^i$

5.2　创意产业价值评价体系的建立

创意产业价值链在形成和发展的过程中，文化创意企业在整条价值链中起到核心的作用。可以说，文化创意企业作用的发挥，对于整条价值链价值的实现产生根本影响。在此，本书对创意产业价值链的价值评估主要站在处于核心位置的文化创意企业角度，应用层次分析法去研究和分析对创意产业价值的影响因素。

5.2.1 评价指标的选取

创意产业将抽象的创意转换成具有高度经济价值的产品和产业，代表了一种新的经济增长模式。在其价值实现过程中，与价值链上的相关环节、创意产业竞争力等因素关系紧密。本书重点选取了作为评价要素的几个指标作为反映创意产业发展和表现出来的竞争力水平的准则层指标。

5.2.1.1 创意性指标

创意是创意产业发展的关键，是创意产业发展之源。在此，我们引入创意性指标主要用来评估创意创新能力。这里我们所说的创意能力，一方面是指将人的原创性和文化要素引入经济活动中，并实现经济价值的能力。也就是通过引入文化和创意使企业满足或创造市场需求，增强企业竞争力的能力。另一方面，考虑到文化创意提供产品和服务的创新性，文化创意企业要实现自身成长，首先要有好的产品或服务。只有能够在激烈的市场竞争中，根据外部市场的变化，努力开发适销对路、具有高附加值的产品或服务，才能使企业不断提高其产品的竞争能力。[1] 具体该类指标又可细化成以下指标层的几个指标。

（1）企业创新能力。企业的创新能力是指企业产生新思想，并将其转化为市场化的能力，由内部资源、管理水平、市场竞争等多方面因素决定，需要较高的组织和协调能力（Richard，2003）[2]。默格兰（Mogran，2004）将创新能力定义为一个过程，在这个过程中，企业从内部或外部获取市场知识和技术知识，将这些知识整合起来获得新的创意，并将这些创意与相应的资源组合起来，创造出有价值的产品。[3] 配拉沙尔和辛格（Manu Parashar & Sunil Kumar Singh，2005）[4] 也指出，创新能力是一种随着新知识而出现并持续提

---

[1] 魏江. 企业核心能力的内涵与本质 [J]. 管理工程学报，1999（1）：12-20.

[2] [美] 理查德·L. 达夫特. 组织理论与设计 [M]. 王凤彬，张秀萍，等译. 北京：清华大学出版社，2003：168-172.

[3] 张艳辉. 价值链视角下创意产业功能深化研究 [M]. 上海：华东理工大学出版社，2011：129-130.

[4] Manu Parashar, Sunil Kumar Singh. Innovation capability [J]. IIMB Management Riview，2005，17（4）：115-123.

升的能力,并将创新能力分为知识能力、创造能力和态度能力。基于以上的研究基础,本书认为,提高企业的创新能力,有利于增加创意产业的竞争力,从而提高整个创意产业价值链所创造的价值。

(2)创意人力资本。新增长理论认为,人力资本是经济增长的原动力。所谓的人力资本是指凝结在人体之中,具有经济文化价值的知识、技术、健康和努力程度等因素的总和。它是以劳动者的异质性和潜在能力为前提,反映了人的观念、知识、技术、能力和健康等质量要求的稀缺性以及相应的市场供求关系。[1]

在创意产业发展中,人力资本对经济增长的作用主要表现在才能(talent)的创造力上,也就是佛罗里达所倡导的创意阶层的贡献。佛罗里达将人力资本在创意产业发展中归结为"创意资本"(Florida,2004)。创意资本的奇妙之处主要在于 3T 的和谐发展,即受过教育的天才(talent),在技术(technology)和容忍度(tolerance)[2]的共同作用下,可以更好地激发和产生创新,从而促进创意产业的内生性发展。佛罗里达也进一步强调,创意阶层对于创意产业的极端重要性,可以说,创意产业的高速发展必须依靠文化创意人力资本的投入产出和文化创意阶层的崛起。对于创意产业而言,文化创意阶层越富裕,则表现出来的创造力就越强,因而能够极大地提升创意产业本身的竞争力,从而增加其产生的价值。因此,创意产业价值链中包含的创意人力资本越丰富,将有利于增加创意产业的竞争力,从而提高整个创意产业价值链所创造的价值。

(3)文化资本或资源。经济学理论强调知识积累对经济的内生增长作用,如阿罗(Allow,1962)就提出了"边干边学"的重要概念,罗默(Romer,1986)亦提出知识溢出思想,认为技术进步是经济增长的唯一原因。经济学中强调了技术和知识在经济增长中的作用,依靠技术和知识的积累实现了社会经济的发展。

创意产业的发展促使文化知识成为新经济增长的强大资本,之前的几个章节亦有探讨文化资源对于创意产业发展的重要支撑作用,在此不再赘述。文化是知识的重要组成部分,当技术对经济经济增长的贡献达到一定高度后,

---

[1] 应宏锋. 政府人力资本对区域经济增长的影响 [D]. 西安:西北大学,2006.
[2] R. Florida. The Rise of the Creative Class [M]. New York: Basic Books, 2002: 46, 68 - 69.

产品的使用价值已不再能成为竞争的优势。因此，在如何保持经济的活力和产品的竞争优势中，文化被纳入到了经济贡献的范畴。一方面，文化可以使经济软性化；另一方面，创意产业的发展使文化成为一种重要的知识资本进入到经济生产领域和新增长空间。可以想象，缺少文化资源，创意产业的发展将是无源之水，无本之木。因此，丰富的文化资源，将有利于增加整个创意产业价值链所创造的附加价值。

5.2.1.2 经营性指标

文化创意要得到落实，才可能转化为实际的竞争优势，从而创造出新的价值，这就需要文化创意价值链上的企业在运营上保持高效率，奠定进步发展壮大的基础。本书所提出的经营性指标，主要包含以下几个子指标。

（1）管理者团队。管理者团队是管委会企业快速发展并吸引风险投资的核心，是一个企业无可替代区别于其他企业的重要组成部分，文化创意企业内企业的高效益主要来自其产品或服务的高附加价值，而其创造高附加值的主要生产经营要素是包含在信息、技术、专利、技能中的对企业生产经营活动产生积极影响的智力因素。[①] 由此可看出，管理者团队的能力也对创意产业价值链上的价值增值产生重大影响。因此，高效的管理者团队，将有利于实现文化创意企业的资源配置，从而增加整个创意产业价值链所创造的附加价值。

（2）价值链环节上企业的内部管理能力。企业内部管理能力是企业在生产经营过程中，不断提高内部管理水平，创新和调整内部激励机制，增强内部凝聚力，来维系自身生存和发展的综合能力。管理能力维系着文化创意企业的运营，进而影响整个价值链的整合运营。因此，企业卓越的内部管理能力，将有利于提高文化创意企业产品的生产和经营效率，从而增加整个创意产业价值链所创造的附加价值。

（3）市场销售和策划能力。如前所述，文化创意产品最终在市场上实现其价值增值，在很大的程度取决于企业的市场销售和策划能力。文化创意企业就必须确定其在市场上的经营方式。在此之前，文化创意企业必须要进行

---

① 陈楚. 创意产业人才的识别与开发 [J]. 职业培训，2007（5）：15-24.

充分的市场调研，研究消费者对于创意产品的需求及偏好程度，制订可行的市场开拓计划，并确定文化创意产品准确的市场定位，勾勒企业的形象和所提供的价值，使市场上的消费者能全面理解和正确认识企业有别于其他竞争者的象征，[1] 这对于文化创意企业能否在市场经营中取得成功至关重要。同时，文化创意企业还必须确定参与其市场经营环节的诸如代理商、策划人、经纪人等中介机构，通过这些中介机构的参与，采用各种营销方式进行合理策划，将文化创意产品传递、销售给最终消费者，以实现文化创意产品的市场价值。

因此，良好的市场运作和策划能力，将更高效地促进创意产品在市场中的流通和交易，进而更快捷地在外部市场实现整个创意产业所创造的附加价值。

5.2.1.3 成长性指标

一个产业是否具有良好的发展前景，还应该关注其成长前景。在此，成长性指标主要表现在增长速度、市场容量、市场和社会的宽容度、产业政策的完善程度和公共服务设施现状五个方面。

（1）销售增长速度。销售增长速度指某一时期相对于上一时期销售额的增长情况。在这里，本书所指的销售增长速度包括近年来的销售平均增长速度和预期增长速度，并以此为标准，反映企业增长的快慢及未来的增长趋势。进一步分析销售增长速度的变化对创意产业价值链价值增值的影响。因此，高速的销售增长速度，将大大加快文化创意产品的市场扩散速度，进而更快捷地在外部市场实现整个创意产业所创造的附加价值。

（2）市场容量。市场容量主要包括现有的文化创意产品的市场容量和预期的市场容量的增长速度。本书用这两个指标表明文化创意企业所在业务领域市场空间的大小及可能的增长空间，进一步分析企业未来成长的潜力大小，以此分析文化创意产品的市场发展前景。所以，庞大的市场容量，将有助于吸纳更多的文化创意产品及其衍生品，进而促进创意产业的发展。

（3）市场和社会的宽容度。市场和社会的宽容度体现为一个地区的社会

---

[1] 黄志锋，孙伟. 市场营销学 [M]. 成都：西南交通大学出版社，2009：55-56.

风俗习惯、价值观念、生活方式、文化传统以及社会公众对创新的态度。从潘罗斯（Penrose，1959）开创的企业成长理论开始，创新环境尤其是宽松和多样化的创意氛围一直被认为是创意产业内企业成长的重要动力。一个宽松的社会氛围对文化创意人才的吸引是巨大的。文化创意人才是否选择某个地区来实现自己的创意，与这个地区的社会宽容度有着很大的关系。如果文化创意在一个比较宽松的社会环境下，其创意思维就相对能够得到社会的认可和鼓励，得到社会的承认与尊重，创意人才因此而获得满足感，就会在一定的程度上促使其创意思维活动的增加。因此，宽松的社会氛围，有利于激发文化创意人才的创意思维，有利于形成创意思维产品化的外部条件，进而在外部市场真正实现整个创意产业所创造的附加价值。

（4）产业政策的完善程度。政策是政府实现目标的有力工具，创意产业的发展离不开政府政策的引导。如果说适宜的社会文化环境是创意产业成长的前提条件，那么，完善的政策则是创意产业成长和发展的重要引擎。在创意产业发展过程中，政府起着不可替代的作用，具体表现在制定吸引投资的一系列优惠措施、提供良好的基础设施、优质高效的公共服务、建立公平严肃的法律环境等方面。当前我国的创意产业仍旧处于起步阶段，产业未来的发展还有一段很长的路要走，这就需要更加完善的政策予以适当扶持。可见，政府的政策对于创意产业的发展不可或缺。因此，完善的产业政策，有利于更好地引导创意产业持续、快速健康发展，奠定创意产业发展的外部平台，从而为创意产业价值链的整体运行提供坚强的支撑。

（5）便捷的公共服务设施。一个城市要从工业化的效率型城市提升为后工业化时代的创新型城市，最基本的是要为文化创意阶层的生存与文化创意企业的发展提供有便利和良好的环境。完善的基础设施为创意产业的发展提供基础硬件。作为处于价值链高端的现代服务业，创意产业的发展对硬件设施的要求是显而易见的。便利的交通、高速大容量的网络信息系统、配套的生产服务设施等都是文化创意企业发展所不可或缺的必要因素。对创意产业发展所需的公共物品和准公共物品进行投资，加快交通、电力、通信等基础设施的建设。在基础设施建设中融入文化创意元素，在创意产业发展过程中促进设施完善，实现两者的相辅相成和有机结合。因此，便捷的公共服务设施，为创意产业的发展提供了便利的基础硬件，在完善的基础设施平台上，将更快速地真正实现整个创意产业所创造的附加价值。

5.2.1.4 带动性指标

带动性指标主要用来考察处于价值链核心的文化创意企业，这些企业不仅要实现自身的成长，更重要的是要充分发挥这些文化创意企业的辐射和带动作用，引领价值链上其他企业的共同发展，从而推动行业内新的增长极的出现和发展。这一指标主要包括以下几个子指标。

（1）商业模式。商业模式的确立，决定创意产业价值链的最终市场运行。商业模式决定了企业的发展方向，是企业在市场上立足的先决条件。现在的市场环境，已经不是企业单靠自身的力量就能在市场上稳操胜券的时候了，要想使企业有生存空间并能持续地记得，非得靠系统的安排、整体价值链的力量，即商业模式的设计。

对于企业而言，想一时盈利并不困难，难的是持续盈利。在创意产业发展过程中，本书所倡导的就是持续盈利。这就要求企业必须使自己的商业模式具有独特性、创新性、不易模仿性的特征，同时市场上客户的需求和潜在的需求能不断满足，并且能够随着市场的变化，与时俱进。此外，在文化创意企业所处的价值链链条上，企业与企业之间的关系，不仅仅表现为企业之间的竞争，而更重要的是每个企业所属产业价值链的竞争，即系统的竞争。因此，企业内及企业外各种要素的整合、协调就显得尤其重要。在这一进程中，独特的、适应创意产业发展的商业模式至关重要。

（2）衍生产品的带动。所谓的衍生产品是指由原创意或创意产品衍生来的产品，它是原创意思维在价值链条上的延伸。在当前的经济条件下，创意产业价值链的垂直分拆将激发创意市场、制作市场、广告市场乃至发行市场的潜力，促进产业的持续强劲发展，共同推动创意产业整体实力的增强。随着市场竞争触角的不断延伸，文化创意产品也必将带来变化：原先单一产品的单一价值环节如今已由单一产品的多元价值环节所替代。这种对于衍生产品的带动，将极大地改变现有企业经营的格局，提高其价值创造能力，同时也为文化创意的持续生命力提供了市场的可能。

（3）品牌形象的影响力。创意产业的发展需要品牌的支持，世界上一些以创意产业而闻名的国家和地区都拥有自己的文化创意品牌，如伦敦的歌剧、日本的动漫、德国的会展，都带有这样的声誉效应。品牌形象一方面可以增强企业的内部凝聚力，另一方面对引导消费者增加忠诚度、加快市场空间的扩充，也将起到重要的作用。如今，各种工业品、消费品的生产者和销售者，品牌意识都越来越强，这些企业纷纷认识到品牌的巨大作用，认识到它能使有形商品增值，帮助企业获得更大的市场份额和销售量，更好地获得消费者的认同。这点对于创意产业的发展及其价值的创造和实现尤为重要。

5.2.2 数据的来源及简要说明

5.2.2.1 数据来源

本书的调查问卷（问卷可见附录）于 2011 年 4~8 月在福建地区进行，主要通过邮寄问卷、电话调研和网络调研的方式对福建的泉州、厦门等地的创意产业发展现状进行调研。调查对象主要是对创意产业有一定了解的人群，其中部分为创意产业的从业人员。总计发放问卷 100 份，回收 82 份，有效问卷 73 份，问题的有效回收率为 73%。有效样本构成情况如表 5-4 所示。

表 5-4　　　　　　　有效样本构成情况一览表（N=73）

类别		人数	占比（%）
性别	男	44	60.27
	女	33	39.73
工作所处的行业	研发设计	14	19.18
	建筑设计	6	8.22
	生产制造	18	24.66
	文化传媒	12	16.44
	咨询策划	8	10.96
	其他	15	20.55

续表

类别		人数	占比（%）
年龄	30周岁以下	45	61.64
	31~40周岁	23	31.51
	41~50周岁	4	5.48
	50周岁以上	1	1.37
文化程度	高中或中专以下	3	4.11
	大专	10	13.70
	本科	35	47.95
	硕士及以上	25	34.25

5.2.2.2 数据的简要说明

根据上述的影响创意产业价值链的若干指标要素，创意产业价值链价值评价主要包括以下四个方面：创意性指标、经营性指标、成长性指标和带动性指标。每个指标具体包含的子指标如表5-5所示。这些因素直接关系到创意产业价值的确定。

表5-5　　　　　　　　创意产业价值链价值评估体系

目标层	准则层	指标层
创意产业价值链的价值	创意性指标 U_1	企业的创新能力 U_{11}
		创意人力资本 U_{12}
		文化资本或资源 U_{13}
	经营性指标 U_2	管理者团队 U_{21}
		内部管理能力 U_{22}
		市场销售和策划能力 U_{23}
	成长性指标 U_3	销售增长速度 U_{31}
		市场容量 U_{32}
		市场和社会的宽容度 U_{33}
		产业政策的完善程度 U_{34}
		便捷的公共服务设施 U_{35}

续表

目标层	准则层	指标层
创意产业 价值链的价值	带动性指标 U_4	商业模式 U_{41}
		衍生产品的带动 U_{42}
		品牌形象的影响力 U_{43}

5.2.2.3 变量的测量

为了了解创意产业价值的影响因素,本书所获得的数据采用问卷调查法,设计出"创意产业价值调查问卷",对企业相关人员进行问卷调研,问卷采用李维特五级量表。对变量的测量如下所示。

(1) 创意性指标因素。创意是创意产业发展的关键,是创意产业发展之源。在此,我们引入创意性指标主要用来评估创意创新能力。在当前激烈的市场竞争条件下,提高创意的创新能力,已成为增强创意产业的整体竞争力的途径之一。本指标主要通过企业创新能力、创意人力资本、文化资本或资源三个方面来体现。原始量表的 Cronbach's α 值为 0.885,表明量表信度良好。

(2) 经营性指标因素。经营性指标主要用来反映创意企业的运营效率问题。本指标内容主要通过管理者团队、内部管理能力、市场销售与策划能力三个方面来体现。原始量表的 Cronbach's α 值为 0.746,超过 0.7,表明量表信度较好。

(3) 成长性指标因素。成长性指标主要用来反映创意产业的发展前景。本指标内容主要通过创意产品的销售增长速度、市场容量、社会宽容度、产业政策的完善程度和公共服务设施的现状几个方面。原始量表的 Cronbach's α 值为 0.640,考虑到可能由于样本数目较少,接受此信度检验。

(4) 带动性指标因素。带动性指标主要衡量处于价值链核心的创意企业的辐射和带动作用。本指标内容通过创意企业的商业模式、衍生产品的带动作用和品牌形象的影响力三个方面。原始量表的 Cronbach's α 值为 0.848,表明量表信度良好。

信度分析表,如表 5-6 所示。

表 5-6　　　　　　　　　　　信度分析表

验证维度	测量项目	Scale if item deleted	Cronbach's α
创意性指标	企业创新能力	0.885	0.885
	创意人力资本	0.879	
	文化资本或资源	0.887	
经营性指标	管理者团队	0.726	0.746
	内部管理能力	0.719	
	销售和策划能力	0.751	
成长性指标	销售增长速度	0.630	0.640
	市场容量	0.688	
	社会宽容度	0.571	
	产业政策的完善程度	0.558	
	公共服务设施	0.555	
带动性指标	商业模式	0.832	0.848
	衍生产品的带动	0.842	
	品牌形象的影响力	0.833	

5.2.2.4　效度分析

效度是指测量工具能正确测量出想要衡量的性质的程度，分为内容效度和建构效度。[①] 本书主要进行 Bartlett's 检验以及 KMO 检验。当所有变量间的简单相关系数平方和远远大于偏相关系数平方和时，KMO 值接近于 1。KMO 值越接近于 1，表明变量间的相关性越强，原有变量越适合作因子分析，意味着问卷通过了效度检验。

如表 5-7 所示，KMO 值为 0.830，并且 Bartlett 检验时，卡方值为 3056 达到显著水平，p-value = 0.000 < 0.05 拒绝了单位相关阵的原假设，表示本书研究的问题项适合进行因子分析。

---

① 内容效度是指问卷内容是否具有相当的理论架构基础，足以衡量出研究所提出的命题内容。建构效度则是题项能没得抽象概念的程度，常用因子分析进行测量。

表 5-7　　　　　　　　　　KMO 和 Bartlett 检验

Kaiser – Meier – Olkin Measure of Sampling Adequacy		0.830
Bartlett's Test of Sphericity	Approx. Chi – Square	3.056E3
	Df	741
	Sig.	0.000

本书在抽取因子的过程中，把特征值大于 1 作为选取因子的原则，并利用方差最大正交旋转法绝对值小于 0.5 的项目。此外，如果一个项目形成一个因子，在本书中也予以剔除；删除在两个以上因子上负荷大于 0.50 的条目，根据上述原则，经过二次筛选，结果删除了 3 个项目，剩余 11 项依附于 4 个因子。4 个因子解释了总方差的 52.350%，解释力尚可，因子解释原有变量总方差见表 5-8，旋转后的因子载荷矩阵见表 5-9。

表 5-8　　　　　　　因子解释原有变量总方差的情况

Component	Initial Eigenvalues			Extraction Sums of Squared Loadings			Rotation Sums of Squared Loadings		
	Total	% of Variance	Cumulative %	Total	% of Variance	Cumulative %	Total	% of Variance	Cumulative %
1	7.062	28.249	28.249	7.062	28.249	28.249	4.211	16.843	16.843
2	2.824	11.298	39.547	2.824	11.298	39.547	3.093	12.370	29.213
3	1.803	7.214	46.761	1.803	7.214	46.761	2.241	8.962	38.175
4	1.397	5.589	52.350	1.397	5.589	52.350	1.881	7.525	45.700
5	0.902	3.608	55.958						
6	0.832	3.327	59.285						
7	0.713	2.852	62.137						

表 5-8 显示了初始因子解、因子解和最终因子解三种情况下因子特征根值、方差贡献率和累计方差贡献率。初始因子解情况下，因子特征根值大于 1 的因子共有 4 个，其方差贡献率为 52.350%。所以提取这 4 个因子可以解

释原有变量的大部分信息。

表 5-9　　　　　　　　　　旋转后的因子载荷矩阵

	Component			
	1	2	3	4
1	0.103	0.065	-0.026	0.669
2	0.055	0.265	0.123	0.786
3	0.058	-0.068	0.291	0.712
4	0.057	0.154	0.698	0.093
5	-0.033	0.272	0.659	0.077
6	0.080	0.171	0.635	0.197
7	0.176	0.131	0.622	0.084
8	0.047	0.226	0.208	0.076
9	0.179	0.099	0.010	0.230
10	-0.020	0.356	0.194	0.092
11	0.224	-0.021	0.051	0.128

Extraction Method: Principal Component Anasis. Rotation Method: Varimax with Kaiser Normalization

Rotation converged in 4 iterations

5.3　创意产业价值评价体系的计算

5.3.1　指标体系

本书采用层次分析法对创意产业价值进行评估时，首先考虑了创意产业价值的重要影响因素：创意性指标、经营性指标、成长性指标和带动性指标等四类，形成反映创意产业价值链经济效益的指标体系，并根据总目标的要求和指标的性质建立经济效益综合评价的层次结构。该体系共涉及 14 项指标。

创意性指标包括企业的创新能力、创意人力资本和文化资本或资源三项指标。企业的创新能力反映处于创意产业价值链核心的企业的创新水平；创意人力资本反映该企业的所表现出来的创造力；文化资本或资源反映创意产业发展和价值实现所借助的平台基础。

经营性指标包括管理者团队、内部管理能力及市场销售和策划能力三项指标。管理者团队和内部管理能力反映文化创意企业内部的管理效率和对资源的配置的能力；市场销售和策划的能力则反映文化创意企业的市场开拓和开发的能力。

成长性指标包括销售增长速度、市场容量、市场和社会的宽容度、产业政策的完善程度和公共服务设施的情况五项指标。销售增长速度反映文化创意企业的增长快慢和未来的增长趋势；市场容量反映企业的外部增长空间大小；市场和社会的宽容度反映市场消费者对创意的接受和认可的程度；产业政策的完善程度反映文化创意企业运营的外部宏观环境；公共服务设施的现状反映创意产业发展的基础硬件设施。

带动性指标主要包括商业模式、衍生产品的带动和品牌形象的影响力三项指标。商业模式反映企业在市场的实际运营方式；衍生产品的带动反映文化创意在价值链上不同企业、行业之间延伸的能力；品牌形象的影响力反映市场消费者对文化创意产品的接受和认同以及消费者的忠诚度。

按照科学、全面、简明、可行原则，本书设计的创意产业价值链价值评价指标体系如表5-10所示。

表5-10　　　　　　创意产业价值链价值评价指标体系

目标层	准则层	权重	指标层	相对权重	合成权重
创意产业价值链价值 U	创意性指标 U_1	0.4232	企业的创新能力 U_{11}	0.5000	0.2116
			创意人力资本 U_{12}	0.2500	0.1058
			文化资本或资源 U_{13}	0.2500	0.1058
	经营性指标 U_2	0.2274	管理者团队 U_{21}	0.2500	0.0568
			内部管理能力 U_{22}	0.2500	0.0568
			市场销售和策划能力 U_{23}	0.5000	0.1137

续表

目标层	准则层	权重	指标层	相对权重	合成权重
创意产业价值链价值 U	成长性指标 U_3	0.2274	销售增长速度 U_{31}	0.4021	0.0914
			市场容量 U_{32}	0.2447	0.0556
			市场和社会的宽容度 U_{33}	0.0788	0.0179
			产业政策的完善程度 U_{34}	0.1372	0.0312
			便捷的公共服务设施 U_{35}	0.1372	0.0312
	带动性指标 U_4	0.1222	商业模式 U_{41}	0.2000	0.0244
			衍生产品的带动 U_{42}	0.4000	0.0489
			品牌形象的影响力 U_{43}	0.4000	0.0489

5.3.2 权重计算

本书采用层次分析法确定指标权重。笔者和 3 位长期从事创意产业研究的专家对表 5-10 中的指标体系进行充分讨论之后按照常用的 1~9 标度法共同确定所有非底层指标的判断矩阵（判断矩阵的元素代表行指标与列指标的相对重要性比值），借助市场调查问卷所获得的数据，采用几何平均值法（乘积方根法）计算最大特征值所对应的特征向量，归一化的特征向量，即为相对权重向量[①]。

评价目标创意产业价值链价值 U 的判断矩阵 M 为：

$$M = \begin{bmatrix} 1 & 2 & 2 & 3 \\ 1/2 & 1 & 1 & 2 \\ 1/2 & 1 & 1 & 2 \\ 1/3 & 1/2 & 1/2 & 1 \end{bmatrix}$$

其特征向量 $\overline{W} = [\overline{W_1} \quad \overline{W_2} \quad \overline{W_3} \quad \overline{W_4}]^T$ 各元素分别为：

$$\overline{W_1} = \left(\prod_{j=1}^{4} M_{1j}\right)^{\frac{1}{4}} = (1 \times 2 \times 2 \times 3)^{\frac{1}{4}} = 1.8612$$

$$\overline{W_2} = \left(\prod_{j=1}^{4} M_{2j}\right)^{\frac{1}{4}} = \left(\frac{1}{2} \times 1 \times 1 \times 2\right)^{\frac{1}{4}} = 1.0000$$

---

① 王莲芬，许树柏. 层次分析法引论 [M]. 北京：中国人民大学出版社，1990：5-18.

$$\overline{W_3} = (\prod_{j=1}^{4} M_{3j})^{\frac{1}{4}} = (\frac{1}{2} \times 1 \times 1 \times 2)^{\frac{1}{4}} = 1.0000$$

$$\overline{W_4} = (\prod_{j=1}^{4} M_{4j})^{\frac{1}{4}} = (\frac{1}{3} \times \frac{1}{2} \times \frac{1}{2} \times 1)^{\frac{1}{4}} = 0.5373$$

归一化特征向量为：

$$W = [0.4232 \quad 0.2274 \quad 0.2274 \quad 0.1222]^T$$

此即目标层各指标的权重向量。

上述判断矩阵的最大特征值为：

$$\lambda_{max} = \sum_{i=1}^{n} \frac{(MW)_i}{nW_i} = 4.010$$

其中，n 为判断矩阵的阶数。一致性指标值为：

$$CI = \frac{\lambda_{max} - n}{n - 1} = 0.0034$$

由 n=4，判断矩阵的平均随机一致性指标 RI=0.9，随机一致性比率为：

$$CR = \frac{CI}{RI} = 0.0038 < 0.1$$

因此，可以认为目标创意产业价值链价值 U 的判断矩阵 M 具有满意的一致性。

对准则层各指标进行同样处理，结果如下。

①创意性指标 U_1 的判断矩阵为：

$$M_1 = \begin{bmatrix} 1 & 2 & 2 \\ 1/2 & 1 & 1 \\ 1/2 & 1 & 1 \end{bmatrix}$$

归一化特征向量为：

$$W_1 = [0.5000 \quad 0.2500 \quad 0.2500]^T$$

随机一致性比率为：

$$CR_1 = 0.0000 < 0.1$$

②经营性指标 U_2 的判断矩阵为：

$$M_2 = \begin{bmatrix} 1 & 1 & 1/2 \\ 1 & 1 & 1/2 \\ 2 & 2 & 1 \end{bmatrix}$$

归一化特征向量为：

$$W_2 = [0.2500 \quad 0.2500 \quad 0.5000]^T$$

随机一致性比率为：

$$CR_2 = 0.0000 < 0.1$$

③成长性指标 U_3 的判断矩阵为

$$M_3 = \begin{bmatrix} 1 & 2 & 4 & 3 & 3 \\ 1/2 & 1 & 3 & 2 & 2 \\ 1/4 & 1/3 & 1 & 1/2 & 1/2 \\ 1/3 & 1/2 & 2 & 1 & 1 \\ 1/3 & 1/2 & 2 & 1 & 1 \end{bmatrix}$$

归一化特征向量为：

$$W_3 = [0.4021 \quad 0.2447 \quad 0.0788 \quad 0.1372 \quad 0.1372]^T$$

随机一致性比率为：

$$CR_3 = 0.0074 < 0.1$$

④带动性指标 U_4 的判断矩阵为：

$$M_4 = \begin{bmatrix} 1 & 1/2 & 1/2 \\ 2 & 1 & 1 \\ 2 & 1 & 1 \end{bmatrix}$$

归一化特征向量为：

$$W_4 = [0.2000 \quad 0.4000 \quad 0.4000]^T$$

随机一致性比率为：

$$CR_4 = 0.0000 < 0.1$$

最终结果如表 5-10 所示；表中同时给出了底层指标的合成权重（合成权重＝准则层权重×指标层相对权重）。

根据上述计算，目标层、准则层的判断矩阵的随机一致性比率都小于 0.1。准则层 4 个指标的一致性指标 CI 值分别为 0.0000、0.0000、0.0083、0.0000，平均随机一致性指标 RI 值分别为 0.9、0.9、1.12、0.9，权重向量为 $W = [0.4232 \quad 0.2274 \quad 0.2274 \quad 0.1222]^T$，因此层次总排序 CI 值、层次总排序 RI 值、层次总排序 CR 值分别为：

$$CI = 0.4232 \times 0.0000 + 0.2274 \times 0.0000 + 0.2274 \times 0.0083$$
$$+ 0.1222 \times 0.0000 = 0.0019$$

$$RI = 0.4232 \times 0.9 + 0.2274 \times 0.9 + 0.2274 \times 1.12 + 0.1222 \times 0.9 = 0.95$$

$$CR = \frac{CI}{RI} = 0.0020 < 0.1$$

说明表 5-9 指标体系的判断矩阵具有满意的一致性。

5.4　结果与讨论

通过对表 5-9 的分析和计算，创意产业价值链评估的要素按重要程度进行排序，依次为：企业的创新能力、市场销售和策划能力、销售增长速度、衍生产品的带动、品牌形象的影响力、创意人力资本、文化资本或资源、管理者团队、内部的管理能力、市场容量、商业模式、产业政策的完善程度、公共设施的便捷程度、市场和社会的宽容度。

因此，我国目前发展创意产业，增值附着其上的产品的附加价值需要各个方面的共同努力。首先，企业应该加强自身能力的培养，提高自身的经营管理水平和能力，大力引进创意产业发展所需的创意人才。其次，外部社会应该更好地形成有利于创意产业发展所需的市场环境。最后，政府也应出台更完善的产业政策，提供便捷的公共服务设施，为创意产业的发展保驾护航。具体的对策方式本书将在创意产业的可持续运营这一章节进行探讨。

| 第 6 章 |
基于价值链视角的文化创意产业聚集

文化创意产业的发展已经无法依靠单个个人或企业的行为，而是需要集体的互动或合作，需要企业在地理位置的集聚以形成规模经济效应，还需要整个行业的地理聚集和整个产业链的完整打造。因而集聚化将是文化创意产业发展的一大趋势之一。文化创意产业集聚是文化创意产业发展的良好载体，为文化创意产业的发展提供了独特的发展环境。

6.1 产业聚集和文化创意产业聚集的概念

任何一种产业的发展最终必然走向必定是在一定的空间中实现。当前文化创意产业聚集发展已经是未来文化创意产业发展的一大趋势。产业聚集是一个产业发展的高级形态，对于文化创意产业而言，一旦文化创意产业聚集能够形成，那么，它将对文化创意产业的发展带来包括聚集效应、协同效应、区位效应、外部效应等优势，将更有利于文化创意产业价值的成型，提高文化创意产业的整体核心竞争力，营造文化创意产业发展的良好的外部环境，进一步地成为社会经济持续发展的有效的推动力。因此，文化创意产业聚集的发展，将对文化创意产业的飞速发展产生不可估量的影响。

6.1.1 产业聚集的概念

聚集理论最早是由经济学家马歇尔（Alfred Marshall，1990）在他的著作

《经济学原理》(Principles of Economics) 一书中提出,他在书中用一个章节的篇幅论述了具体产业在地理分布上的客观性。[1] 恩赖特(Enright, M. 1993)指出,聚集是某一领域内相互联系的企业和相关机构在相信地区的集中分布,它们既有共性,又互为补充。聚集的地理分布从地区、国家或者从一个城市向邻近的地区和国家延伸。聚集的地理分布范围与产生信息、交易、激励和其他活动的距离有关。[2] 迈克尔·波特(Porter, 1990) 在他们研究的基础上,进一步发展了聚集概念,他结合产业经济学的理论,在其著作《国家竞争优势》一书中正式提出"产业聚集"的概念,并把它上升到国家竞争力的高度,国内外学者更是掀起了从产业聚集的角度研究创意产业发展的热潮。按照波特的观点,产业聚集是一组在地理上相近、并具有相互联系的公司和关联机构,它们同处于一个特定的行业领域,由于具有共性或互补而联系在一起所形成的产业上的聚集。交易成本的降低、规模经济的实现、竞争优势的提高、知识溢出的效益是产业聚集形成的根本原因(Porter, 1998a)[3]。按照波特的理论,企业的聚集现象表明,大量的竞争优势并不在企业内部,而是广泛地分布在企业业务所在的领域。波特(Porter, 1998b)在《1998 年全球竞争报告》(Global Competitiveness Report, 1998) 一文中,发现了聚集在经济发展中所扮演的角色。产业聚集作为一种创造竞争优势而形成的产业空间组织形式,它具有的群体优势和集聚发展的规模效益是其他形式无法比拟的。波特用实际数据验证了很多国家的情况,并为这一说明微观经济商业(经营)环境与国家经济繁荣,特别是本土聚集对经济发展的影响之间的关系的总体理论提供了理论支持。[4]

---

[1] Porter, M. Clusters and Competition: New agendas for companies, governments, and institutions. In M. Porter, On Competition [M]. Boston: Harvard Business School Press, 1998: 197 – 287.

[2] Enright, M. "The geographic scope of competitive advantage". in Stuck in the Region? Changing Scales of Regional Identity [J]. Netherlands Geographical Studies, 1993, 155: 87 – 102.

[3] [美]迈克尔·E. 波特. 国家竞争优势 [M]. 李明轩,邱如美,译. 北京:华夏出版社,2002: 139 – 159.

[4] Porter, M. The microeconomic foundations of economic development (parts Ⅰ and Ⅱ) [R]. The global competitiveness report 1998. Geneva: World Economic Forum, 1998: 39 – 63.

6.1.2 文化创意产业聚集的概念

自产业聚集概念和理论提出并得到学术界的众多学者的重视之后,国内外不少学者从不同角度,从产业聚集思想的角度研究了文化创意产业聚集的发展问题。

佛罗里达(Florida,2002)[1]认为,文化创意产业聚集与一般产业聚集不同,它需要不同的政策和环境;阿伦·斯科特(Allen Scott,2004)[2]文化创意产业具有城市聚焦化趋势,它的发展与城市经济的发展水平密切相关;同时,他还指出,不同文化创意产业区之间完全可以形成网络组织,即聚集,以更好地促进文化创意产业的发展;普拉特(Pratt,2004)[3]则认为文化创意产业聚集是产业聚集的一个内部分支,与普通产业聚集没有本质差别,其发展规律也同样是有章可循;凯夫斯(Caves,2004)[4]从制度经济学的合同理论和组织结构理论的角度分析了创意行为的经济特点,并解释了为何生产无形资产的行业容易聚集并提出了经济分析的框架;帕米兰(Pumhiran,2005)[5]则从产业聚集的功能作用角度,分析了文化创意产业聚集对文化创意产业的发展所起的几大作用,论证了文化创意产业聚集建设的必要性。科瑞德(Currid,2006)[6]通过对比分析在美国纽约文化和艺术行业的集中程度的分析发现,文化创意产业聚集主要集中在具有原创性和创新性的区域;哈顿(Hutton,2004)[7]则从地理学的角度对文化创意产业聚集进行研究,他发

---

[1] R. Florida. The Rise of the Creative Class [M]. New York: Basic Books, 2002: 180-217.

[2] Allen Scott. Creative cities: conceptual issues and policy questions [J]. Journal of Urban Affairs, 2006, 28 (1): 1-17.

[3] Pratt, A. Creative clusters: towards the governance of the creative industries production system [J]. Media International Australia: Culture and Policy, 2004 (112): 50-66.

[4] Caves, R. Creative Industries: Contracts between Arts and Commerce [M]. Cambridge, MA: Harvard University Press: 32-38.

[5] Pumhiran, N. Reflection on the Disposition of Creative milieu and its implications for cultural clustering strategies, Paper presented to the 41st. IsoCaRP Congress, 2005. Rivkin-Fish, Ziggy. (2005).

[6] Currid, E. New York as a Global Creative Hub: A Competitive Analysis of Four Theories on World Cities [J]. Economic Development Quarterly, 2006 (20): 330-350.

[7] Hutton, T. The new economy of inner city [J]. Cities, 2004, 21 (2): 89-108.

现，文化创意产业聚集更倾向于大城市的内城及其边缘地区，且周边历史文化资源沉淀较深厚，这些因素的存在都为文化创意产业聚集的发展提供了"新生产的空间"。

而我国国内在文化创意产业聚集上的研究相对于西方发达国家而言，则显得寥寥无几，现有的研究思路更多的是从案例分析的角度去进行经验的总结。例如，厉无畏、于雪梅（2005）[①]从实证的角度，结合上海文化创意产业基地发展的现状，分析了我国文化创意产业聚集的新特征及趋势，探讨了文化创意产业聚集发展的聚集优势效益问题，并在此基础上提出了促进文化创意产业发展的路径的对策和建议。陈倩倩、王缉慈（2005）[②]则从音乐产业的领域的角度以例，分析我国文化创意产业聚集发展所需的外部环境要素，但他们的研究面相对过窄，适用于音乐产业领域的做法能否普遍适应整个文化创意产业领域，仍旧是个值得商榷的问题。潘瑾、李鉴、陈媛（2007）[③]则从文化创意产业聚集的发展所产生的知识溢出效应分析了发展文化创意产业聚集的必要性。刘奕、马胜杰（2007）[④]从北京市、上海市创意文化产业聚集发展的现状剖析了发展我国文化创意产业聚集的政策思路。范桂玉（2009）[⑤]也从实证的角度，以北京市为例分析了我国文化创意产业聚集形成所必需的条件。

本书认为，从以上学者的观点可以看出，目前国外对文化创意产业聚集的研究主要集中在实证研究上，解释了文化创意产业聚集的发展途径，但均没有从根本上、从产业聚集角度去解释说明文化创意产业聚集的形成机理。应该说，他们对于文化创意产业聚集的研究为文化创意产业聚集的发展问题提供了一定理论支持，他们的研究以个别城市或地区的文化创意产业聚集发展的经验为模板，分析了文化创意产业聚集发展的路径，对于当前我国发展文化创意产业聚集战略是有重要的借鉴意义。但研究的深度仍有所欠缺，特别是对于文化创意产业聚集的构成要素、形成机理并未涉及或涉及较少，没

---

① 厉无畏，于雪梅. 关于上海文化创意产业基地发展的思考 [J]. 上海经济研究，2005（8）：48－53.
② 陈倩倩，王缉慈. 论创意产业及其集群的发展 [J]. 地域研究与开发，2005（5）：5－8，37.
③ 潘瑾，李鉴，陈媛. 创意产业集群的知识溢出探析 [J]. 科技管理研究，2007（8）：80－82.
④ 刘奕，马胜杰. 我国创意产业集群发展的现状及对策 [J]. 学习与探索，2007（3）：136－138.
⑤ 范桂玉. 北京市文化创意产业集群发展机制研究 [J]. 特区经济，2009（10）：84－86.

有从这一角度得出文化创意产业发展的一般规律。对于文化创意产业应该在哪些城市或区域、产业形成聚集研究相对较少。这些领域需要在大部实证研究分析的基础上去分析和解决。结合以上分析，本书认为，文化创意产业聚集可以概括为：在一定的区域范围内，生产某种类创意产品的文化创意企业较高密度的聚集。它可以将零散地分布于文化创意产业内的各种资源有效地聚集在一起，统一而高效地分配创意产品的生产、创造和分销的各个环节之中，最终达到各种文化创意资源的最大化利用，实现文化创意产业的飞速发展。

6.1.3 发展文化创意产业聚集区的意义

6.1.3.1 发展文化创意产业聚集区有利于促进我国文化创意产业价值的成型

文化创意产业聚集是由西方发达国家的学者首先提出，按照发达国家文化创意产业的发展经验，文化创意产业的迅猛发展对于发达国家和地区的产业结构调整和保障就业等方面都起到了良好的促进作用，同时也能更好地满足人们对于物质、文化、精神方面的个性化的需求，同时，对于区域环境的改善和居民生活水平的提高都起到了不可估量的推动作用。

文化创意产业聚集中的每一家文化创意企业都会在外部经济中重新定位自己在区域中的经济地位，结合自身的实际能力和优势，通过产业分工协作的经济关联，开展纵向合作，参与到文化创意产业价值链的缔结过程当中，创造他们共同的竞争优势。波特的价值链理论告诉我们，文化创意产业与传统产业形态一样，也是一条上游、中游、下游齐具的完整的产业链，但我国目前的文化创意产业还未完全实现跨行业和国际化的情况，还未形成完整的产业链，因此，真正意义上的文化创意产业并未得到真正的发展。如前所述，许多发达国家是通过文化创意产业的聚集来促进文化创意产业链的成型，从这个角度来看，发展文化创意产业聚集化对于我国文化创意产业的发展就显得更为重要。

6.1.3.2 发展文化创意产业聚集区能够更好地塑造文化创意产业的核心竞争力[①]

按照迈克尔·波特的理论,同一产业相关企业的聚集、相互竞争和相互协作,对于企业提高其核心竞争力有很强的拉动作用。波特认为,企业在地理位置上的聚集,能够对企业的竞争优势的形成产业深远的影响。企业之间的聚集,能够提高它们之间的生产率,提供持续不断的改革的动力,促进企业的创新。[②] 实际上,如果深入对企业的聚集现象进行深入研究,我们可以发现,独立存在的企业,其竞争优势是有限的,而作为聚集群中的企业,其竞争优势是显著的。

单从资源的角度来看,单个企业可以通过投入和兼并等方式实现对资源的占有,通过企业内部的分工协作实现对资源的有效配置。但不同的企业获取资源的交易成本是不一样的,同时,各个企业为获取资源的支付能力也不同。相对大企业而言,中小企业在这方面就处于竞争的劣势。而聚集则不同,通过聚集,即使中小企业也可通过彼此之间的合作,实现企业行为的长期性,以弥补单个企业在这方面的劣势。同理,这种现象也适用于文化创意产业。通过文化创意产业聚集,可有效增强文化创意产业企业之间的抗替代能力,缩小文化创意产业竞争者之间的实力差距,共同提高和塑造创意产业的核心竞争力。

另外,通过文化创意产业聚集,可有效地节约文化创意产业的交易成本,通过聚集,将文化创意产业的供应商、生产商和销售商都聚集于同一空间,使得创意生产者能够更便利地了解供应市场或销售市场的信息,有利于缓解和降低交易伙伴之间信息不对称的程度。同时,也加深了聚集区内的分工,不仅仅通过市场、契约促进了文化创意企业之间的分工合作,而且还通过非正式交流增强了各文化创意企业之间的协作,为文化创意企业之间的协作提

[①] 核心竞争力(core competence),又称核心能力、核心竞争优势,最早是由 2 位美国战略管理专家帕拉哈德(C. K. Prahalad)和哈默(Gary Hamel)于 1990 年在《哈佛商业评论》发表的《公司的核心能力》一文中提出来的。所谓核心竞争力是指企业内部经过整合知识和技能,尤其是协调各方面资源的知识和技能,即能使公司为客户带来特别利益的一类独有的技能和技术。而把企业界关注的焦点从研究竞争策略转向了增强核心能力是企业战略理论的一个重要的里程碑。

[②] [美] 迈克尔·E. 波特. 国家竞争优势 [M]. 李明轩, 邱如美, 译. 北京: 华夏出版社, 2002: 139-159.

供了良好的条件。在文化创意产业集群中,可以有效地将众多文化创意生产企业集中起来,分布在一定的区域内,互相协调,产业分工,以一家企业或数家企业为龙头,形成上、中、下游,从文化创意到生产复制、衍生产品开发、产品包装、销售服务,形成一条完整的产业链,这样,不仅生产规模巨大,实现较高的市场占有率,而且还能带动一系列的附属产业的发展。这正如理查德·达夫特所说的:"现代企业联合的形势很可能是未来的潮流,它将取代公司之间一对一的竞争,供应商、客户,甚至是竞争者都将走到一起,共享技术、技能、资源,共担成本。"[①] 我国的上海市、杭州市等城市出现的文化创意产业园区,以及各地地方政府对文化创意产业园区的政策性推动,都充分地论证了文化创意产业实现产业聚集对于发挥区域内的各种文化资源和创意资源的优化配置和整合能力,发挥技术进步与技术创新、文化创意的作用。可以预见,随着文化创意产业的发展,文化创意产业聚集将很可能成为我国文化创意产业发展的一种全新的主要模式之一。

6.1.3.3 发展文化创意产业聚集区能为文化创意产业的发展塑造良好的外部环境

文化创意产业聚集化的发展是文化创意产业发展的良好载体,它为文化创意产业的发展提供了独特的发展环境。

众所周知,文化创意产业的核心竞争力在于创新能力,集群能够为文化创意企业提供良好的创新氛围,促成文化创意企业的创新行为。文化创意产业聚集可以汇聚文化创意产业链中各个环节的文化创意企业,它既是文化创意创作、生产的核心区域,也是文化创意产业市场的交易中心。文化创意产业聚集的存在和发展,可以有效地聚集来自各国各地的文化创意从业者,有利于各种不同文化的融合互动,为创意灵感的产生提供较为宽松的外部环境条件。这正如美国学者波特所说:"对产业而言,产业的集聚就好像是一个磁场,会把高级人才和其他关键要素吸引进来。"[②] 文化创意产业的聚集发

[①] [美] 理查德·L. 达夫特. 组织理论与设计 [M]. 王凤彬,张秀萍,等译. 北京:清华大学出版社,2003:559-571.
[②] [美] 迈克尔·E. 波特. 国家竞争优势 [M]. 李明轩,邱如美,译. 北京:华夏出版社,2005:148.

展,一方面可以带来波特所说的"聚集效应",并改善文化创意产业聚集区域内的"创新条件",另一方面还会产生文化创意"知识溢出"的外部效益,实现生产环节分工社会化、专业化程度,放大产业集群的功能。

其次,文化创意产业聚集可以为文化创意企业提供良好的制度环境。从国内外不少国家和地区的文化创意产业的发展进程来看,在文化创意产业聚集发展过程中,政府起着不可替代的重要作用。因为文化创意产业聚集的形成也必然伴随着一系列制度和规则的建设。具体表现为政府在制定吸引投资的一系列优惠措施、提供优良的基础设施、建立公正公平的法律环境等方面。[1] 这些优惠政策的推出对于文化创意产业聚集的发展产生了深远的影响。例如,国家制定"十一五"规划中将文化创意产业列入重点发展产业,为文化创意产业的发展提供政策指导,各地政策积极策划文化创意产业聚集区的建设。像北京市、上海市、杭州市等地已经形成了许多种类的文化创意产业聚集区,这些聚集区的建设与当地政府的支持是分不开的。

最后,产业集群的形成对于集群内的企业竞争能力的提高和地区或区域文化创意产业的发展有着非常重要的意义。通过产业集群战略的实施,可以使得区域内的文化创意产业资源得到更为合理的配置,有助于银行扩展信用贷款,解决文化创意集群内中小文化创意企业担保不足的问题,解决目前困扰着我国众多中小文化创意企业融资难的问题;同时,由于集群内的产业间的密切关联及地域上的集中,能有效地降低创意产品的开发和转换成本,加快技术创新和改造的速度,促进区域经济的发展。这一特点在国内外一些文化创意产业聚集区得到了充分的证明。

6.1.3.4 发展文化创意产业聚集区能为城市的持续发展提供强大的推动力

文化创意产业聚集区将会不断地为城市的发展提供强大的推动力,也会为城市的总体规划和发展思路提供新的思路。[2] 从最直接的经济层面上来讲,文化创意产业聚集区的建设,必然将会带动一个城市的经济朝着更高层次、可循环的方向提升。另外,由于文化创意产业聚集区能够有效地促进原创、管理和经营人才形成集聚效应,这将推动城市转变粗放型的发展模式,朝着

---

[1] 蒋三庚. 文化创意产业研究 [M]. 北京:首都经济贸易大学出版社,2006:87.
[2] 厉无畏. 创意改变中国 [M]. 北京:新华出版社,2009:328.

第 6 章 | 基于价值链视角的文化创意产业聚集

创新、现代、不可复制的优势产业发展。文化创意产业聚集区的形成,将推动城市朝着更加和谐的状态、更高的文明程度发展。

和谐社会是人们各尽所能、各得其所、和谐相处的社会,是健康蓬勃、活力十足的社会,也是当前我国社会发展所强调的发展目标,从这一角度来看,文化创意产业聚集区的发展和建设符合我国的现实国情。文化创意产业聚集区在城市文化发展、城市居民素质的提升等方面都具有良好的示范效应。特别是高素质的创意阶层和创意人才的聚集,在整体上将有利于提升城市居民的素质,为一个城市的精神文明建设提供了良好的基础,而创意阶层的工作、休闲乃至娱乐方式,也将给城市建设和发展构建了良好的人力资源平台。反过来,城市原有的特征,如制造业的基础设施和作为业余消遣的音乐收藏等,就成了通过文化重新发展工业的新投入(Leadbeater and Oakley,1999[1];Sassen,1995[2])。通过这种方式的转变,文化创意产业聚集区能够为该地区城市和旧工业城市迎接新经济提供机会,使它们实现产业复苏或开启新的产业形态。

另外,城市也能够为文化创意产业聚集区的形成提供了良好的创意环境,作为"一个共享的空间和传统,人们能在其中学习、比较、竞争和合作,思想和见解都能通过它得以产生、发展、传播和摒弃"(Leadbeater and Oakley,1999)[3],对发展文化创意产业聚集至关重要。将创意注入城市原有的基础设施,将进一步焕发原有的基础设施的生命力,实现新的价值,这不失为一种集废旧工厂改造、历史建筑保护、新兴技术振兴、传统文化与现代艺术融合与发展为一体的、具有高附加值的文化创意产业发展的并报模式。例如,上海昌平路 990 号和 1000 号原来是上海窗钩厂和上海航空设备厂,现在则成为上海新型广告、动漫、影视图片产业园区,[4] 在上海的文化创意产业发展中起着举足轻重的作用。

---

[1] Leadbeater, C., K. Oakley. The Independents: Britain's New Cultural Entrepreneurs [M]. London: Demos/Institute of Contemporary Arts, 1999: 26 – 28.

[2] Sassen, S. On Concentration and Centrality in the Global City. In P. L. Knox and P. J. Taylor (eds.), World Cities in a World – System [M]. Cambridge: Cambridge University Press, 1995: 63 – 78.

[3] Leadbeater, C., K. Oakley. The Independents: Britain's New Cultural Entrepreneurs [M]. London: Demos/Institute of Contemporary Arts, 1999: 31.

[4] 冯梅. 中国文化创意产业发展问题研究 [M]. 北京:经济科学出版社,2009:209.

6.1.4 文化创意产业聚集的特点

产业聚焦是当今世界经济全球化的重要特征。在国际文化创意产业变革突飞猛进,以数字化为特征的文化产业战略升级,出现和形成文化创意产业聚集现象是经济全球化背景下的文化创意产业发展的必然趋势。在这一发展过程中,文化创意产业聚集呈现出了以下的几个方面的特点。

(1) 文化创意产业聚集具有明显的区位效应特征。从目前的情况来看,国际上一些文化创意产业比较发达的国家和地区都在不同程度上出现文化创意产业的空间聚集现象,如英国的伦敦、俄罗斯的对彼得堡、美国的洛杉矶等国家的文化创意产业聚集区都体现了空间上的聚集现象。纵览国际文化创意产业的空间布局,总体上体现出了明显的区位特征,主要表现为对于人文自然环境、创意氛围以及文化设施的高度依赖。[①] 很明显,创意环境中的创意氛围是让创意人才获取独特的体验、共享知识、形成默契、产生创意火花的一个有效的途径,良好的创意氛围能促进技术的发展、人际交流的进行以及利用创意中介来促进思想和见解的形成,通过这样的创意环境氛围,创意产品的独特性更容易得到承认,并加以传播。

迈克尔·波特曾指出:"对产业而言,地理集中性就好像是一个磁场,会把高级人才和其他关键要素吸引进来。"[②] 明确地指出产业聚集的以人为本的区位定位特色,群集中的投入包括人力资源,为聚集区内的创意企业和创意中介服务机构的生产率和创新能力的提高提供了重要的条件。一个地区或城市成长的关键不是降低企业运营成本以及产品成本,而在于拥有大量受过良好教育、具备高生产力的人力资源。[③] 2002 年,佛罗里达提出了 "3T 模型",即创意人才 (talent) 的培养、创意技术 (technology) 的培育以及城市文化的包容 (tolerance)。[④] 佛罗里达的 "3T 模型" 为创意城市吸引创意人

[①] 魏鹏举. 文化创意产业导论 [M]. 北京:中国人民大学出版社,2010:137.
[②] [美] 迈克尔·E. 波特. 国家竞争优势 [M]. 李明轩,邱如美,译. 北京:华夏出版社 2005:148.
[③] 白远,池娟. 文化创意产业发展比较研究——理论与产品的国际贸易 [M]. 北京:中国金融出版社,2009:40.
[④] R. Florida. The Rise of the Creative Class [M]. New York:Basic Books,2002:46,68-69.

才，刺激经济发展，以提高城市的竞争力方面提供了新的理论支撑。佛罗里达还用美国有创造力的人在区位选择方面的证据，说明过去是文化创意企业区位吸引了人才，现在是有创造力的人吸引企业，证明了文化创意产业的发展与创意人才的聚集之间不可分割的联系。

（2）文化创意产业聚集具有明显的外部效应特征。所谓的外部效应是指，并不直接反映在市场中的生产和消费的效应，未被市场交易所体现的额外成本和额外收益。[①] 也就是说，某一主体采取某种行为对他人产生有利或不利的影响时，得到偿付的情况。按照经济学的观点，当某一主体的私人成本或收益不等于社会成本或收益时，外部效应就会产生。外部效应主要有两种：正的外部效应和负的外部效应。由于文化创意产业聚集区内最核心的要素是具有高度创意活力的人才和有利于更好激发创意思想的宽松的创意氛围。

通过文化创意产业的聚集，一方面，聚集区的各参与主体实现了他们和产业在技术、技能、信息、营销、顾客需求方面的资源共享和各参与文体之间的互补，并着力改善其"创新条件"。在文化创意产业聚集区内，外部服务将更容易获得，结果必将导致交易成本下降。因此，大量的文化创意企业可集中资源实现专业化。另一方面，这种跨越企业和产业的交叉联系，对于促进竞争和提高生产率，特别是对新企业的形成和确定企业创新方向和速度至关重要，聚集区则为相关的企业和他们的供应商、政府和其他机构之间的对话提供了一个有效的平台，这一平台也同时突出了他们在共同关心的领域内的相互协调和相互促进的概率，这样一来，扭曲竞争或限制对抗强度的风险也会随之减少。各参与主体往往可以通过相互之间的依存关系，建立信誉和道德约束机制，从而大大减少各种不良行为（如盗版等行为）对聚集区产生负面的影响。可以说聚集所形成的外部效益明显要比一般的现代产业聚集更为显著和突出，这也是国内外一些著名的文化创意产业聚集园区能够有效保持竞争优势的关键所在。

（3）文化创意产业聚集具有明显的协同效应特征。所谓的协同效应，是指在战略管理的框架下，企业经过内部的资源整合，使得企业整体的价

[①] ［美］J. E. 斯蒂格利茨. 经济学（第二版）（上册）[M]. 梁小民, 黄险峰, 译. 北京：中国人民大学出版社, 2003: 465.

值大于企业各个独立组成部分价值的简单之和。① 这一概念也就是我们常说的"1+1>2"的现象。协同效应自20世纪60年代由伊戈尔·安索夫（H. Igor Ansof）首次提出这一概念以后，一直受到国内外企业的追捧。特别是在当前各种资源相对短缺的条件下，企业的经营如何实现最优化，如何实现对资源的最大化利用以产生最佳收益，部门与部门、企业与企业之间的协作就显得至关重要。在这种条件下，协同就成了经济发展所追求的目标之一。

对于文化创意产业聚集区的建设来讲，如何利用聚集区内的各种资源（如创意思想、品牌、销售渠道、资金、信息等），实现企业之间的优势互补，以实现在聚集区所在的产品或市场领域内创造出可持续的竞争优势，产业聚集区就有了天然的优势。如前所述，为各相关企业提供支持和服务是文化创意产业聚集区的功能所在。在文化创意产业聚集区内，可以有效地为创意企业提供研发、生产、经营、通信与网络等共享设施与服务；创意中介服务机构可以为创意聚集区内的文化创意企业提供政策、融资、法律和企业管理等中介服务；为创意人才提供良好的创意环境和氛围，同时，结合创意企业尽可能地将创意人才的创意成果转化为商品进入生产和销售环节。借助协同可以实现文化创意产业内部的创意创作、出版、传播、生产、销售及消费等各个环节上下衔接，环环相扣，从而形成完整的产业链，以发挥最大化的协同效应。

可以这样说，文化创意产业聚集区中的产业链的任何一个环节都不再只是单一企业，就聚集区内部而言，企业之间进行了"零和博弈"，在产业聚集状态下，无论是企业技术创新还是研发设计等所需的信息、人力等要素都可以得到有效的保证和强化。保证了企业的自我创造力和整个聚焦区的创造活力；就外部市场而言，通过企业之间的协同与协作，进行"非零和博弈"，通过在区域内共享市场、信息、技术、研发等的经验来提高生产效率，更大幅度增强整个文化创意产业聚集区的整体竞争力。

6.1.5　文化创意产业聚集的形成条件

文化创意产业聚集区的形成不是一蹴而就的，它需要多种条件的积累，

---

① [英]安德鲁·坎贝尔，凯瑟琳·萨姆斯·卢克斯. 战略协同（第二版）[M]. 任通海，龙大伟，译. 北京：机械工业出版，2000：30.

需要具备成长的条件。文化创意产业聚集要求要有宽松的社会生态环境,包括多样的文化活动、交融的生活方式、宽容的社会制度等。

6.1.5.1 要素条件

(1)丰富的文化资源。文化是创意的平台与资源,是创意源源不断的温床。文化资源是发展文化创意产业所不可或缺的重要资源。文化资源可通过创意活动来活化创新,实现传统与时尚的融合,更易使人产生共鸣和文化价值的认同,从而实现高附加值。文化创意产业的发展不是凭空想象出来的,特别是文化创意产业的聚集更是在文化发展的基础上实现的,是在城市经济结构的变迁中由密集的创意活动聚集而成的。文化资源对于文化创意产业的聚集具有不可替代的作用。世界上许多国家的文化创意产业及其相关产业一般都是在大城市聚集,究其原因,就是因为大城市具有深厚的文化积淀和底蕴。

(2)必要的人力资源。文化创意产业的发展是以人的创造力作为核心的。人的创造力在整个文化创意产业发展的原动力。创意人才资源的存在为文化创意产业聚集的形成提供了智力支持,人才在空间上的聚集,将更能促进创意产品不断升级,创意企业加快创新。文化创意人才的聚集往往会带来文化创意产业的聚集。这种聚集的效应主要是人才带来的区域品牌,形成特殊的文化创意区域,将极大地带动和辐射周边区域文化创意产业的发展。[①]比较典型的例子有美国纽约的苏荷创意聚集区(SOHO)、北京大山子(798)艺术区等。可以说,能否拥有大量的各类创意人才,将成为夺取文化创意产业发展制高点的决胜因素。

(3)套的资本资源。资本是所有的重要因素中最具影响力和活力的资源要素。文化创意产业作为一种比较新型的产业形态,较之传统的产业而言,更需要有充足的资源注入文化创意产业中。一个好的创意,如果没有交配的注入,永远就只能停留在脑海之中、纸面之上。因此,一个良好、通畅的融资和筹资渠道,一个高效率运作的资本市场是发展文化创意产业聚集必不可少的要件。通过资本市场,不断拓展文化创意产业投融资渠道,真正地为文

[①] 魏鹏举.文化创意产业导论[M].北京:中国人民大学出版社,2010:140.

化创意产业和创意产业实现空间上的聚集提供源源不断的资金来源。

6.1.5.2 需求条件

同其他产业发展相似，文化创意产业的发展同样也离不开需求。文化创意消费是文化创意产业链条中的最终环节。不管是发展文化创意产业还是形成文化创意产业聚集都需要有效的需求予以支撑，创意消费需求构成了文化创意产业聚集的外部客观条件。我国人口众多、消费市场巨大，对创意产品的需求近几年也是与日俱增，这些客观条件的存在，都为文化创意产业的发展提供了更加广阔的市场空间。而文化创意产业在空间上的聚集将能以更低的成本、更高的效率为外部市场提供更完善的创意产品。

2008年中央经济工作会议就曾经提出，2009年中国将把扩大内需作为保增长的根本途径，农民消费、住房消费、汽车消费、服务消费和旅游消费将成为下一步扩大居民消费的五大重点领域，而服务消费和旅游消费则是文化创意产业的重要内容之一。这种外部需求条件，将进一步引发文化创意聚集区内的文化创意企业以创新为手段，以消费需求为导向，进行价值创新，引导创意生产和消费环节的价值增值，实现产业链的各个环节上下联动、前后衔接，最终形成真正意义的文化创意聚集区。

6.1.5.3 相关设施条件

（1）政府政策支持。发展文化创意产业聚集虽然是以市场为基础作用的，但政府通过公共服务的完善和相关政策法规的出台可以为文化创意产业聚集营造一个良好的外部市场氛围，推动文化创意产业聚集的发展。除此之外，政策是推动文化创意产业发展的力量之一，不同的政策措施将会带来不同的发展局面。因而，政府的文化创意产业发展目标的规划、文化创意产业激励政策的出台、政府的引导，培养重点企业，各种优惠政策和措施的完善，将为文化创意产业聚集区的建设提供充分的外部支持。

（2）配套的文化创意中介服务机构。文化创意中介服务机构的存在是文化创意产业聚集区内不可或缺的重要一环，文化创意中介服务机构是文化创意生产、供应、销售、消费链中起到桥梁的联系作用，它可以拓展文化信息传播的渠道，优势配置文化创意资源，降低交易成本，在文化创意产业聚集的发展中起到了不可估量的作用。例如，在世界著名的硅谷高科技园区内，就存在着一些专门的公司，这些公司可以在 1~2 周的时间内按照委托者的思路和要求，做出商品化的样本，并且为其委托者提供全套的生产工艺、质量检测和成本核算资料，大大地缩短了委托者的创意梦想变为现实的周期。① 正是这些中介服务机构发挥的作用，一直以来为硅谷内的科技企业所称道。

（3）充分的知识产权保护。从某种意义上来讲，知识产权是文化创意产业的核心资产，是文化创意产业生存和发展的关键。在文化创意产业聚集区内引入知识产权保护，首先可以保证创意生产者的利益，有效推动创意群体的形成，维护了产业发展的市场环境。对原创性的创意进行承认和保护，实际上就是尊重和承认个人创造力的价值。只有通过完善知识产权保护政策，保障文化创意企业和个人的创造性劳动及其合法权益，才能真正地为文化创意产业聚集的发展提供良好的制度环境。

6.2 我国文化创意产业聚集的发展现状

20 世纪末以来，随着全球经济后工业化程度的进一步加强，文化创意产业逐渐地成为发达国家或地区的支柱产业，对他们经济的发展起到了越来越重要的作用，与此同时，这一现象也引起了各国政府相关部门的重视，各国政府部门也出台了相关的政策，以扶持文化创意产业的发展。文化创意产业虽然在我国起步较晚，但其发展速度令人侧目，例如当前我国的文化生产日益市场化，文化创意产业聚集区在我国大江南北的大量涌现，足以表明了我国文化创意产业强劲的发展态势。可以说，目前我国的文化创意产业聚集区的发展已经初具规模。从北到南，我国的文化创意产业聚焦区已经形成了北京、上海、长三角、珠三角的几大文化创意产业聚集区，这种文化创意产业聚集区的大量涌现对于我国大力发展文化创意产业来讲是非常有利的，它使得文化创意产业的价值更容易得以实现，但其发展过程中也同样存在着一些

---

① 厉无畏，王慧敏. 创意产业新论 [M]. 上海：东方出版中心，2009：132.

问题不容忽视。

6.2.1 文化创意产业聚集发展的相关支持平台仍不健全

如前所述,文化创意产业聚集区的形成和发展离不开相关方面的支撑,如政府的相关政策的支持,商业配套文化创意中介服务机构的参与,知识产权的充分保护,公共服务平台的建立等。

首先,政府出台的相关政策是文化创意产业聚集区建设必不可少的政策支持。目前,各地扶持文化创意产业的政策较多,但是特色不太鲜明、对文化创意产业的聚集发展针对性并不强。当前各地的文化创意产业的相关政策包括规划、产业促进、资金扶持、税收优惠等类型,虽然各类繁多,但内容创新仍然不足,主要表现在:在政策手段仍主要是采纳传统的项目支持、税收减免等,而在信息交流、企划咨询等方面却有所欠缺;现有的政策体系在某种程度上人为地设定了行业界限,不仅不能促进企业和个人提升创意和创新能力,反而容易造成行业之间的不平等竞争,同时阻碍了行业之间的交流与协作,影响了优秀创意的孕育。另外,现有的国内各个聚集区内只有优惠政策却缺乏相应的准入机制,结果必然导致进入文化创意聚集区的文化创意企业鱼龙混杂,素质参差不齐,难以真正地起到聚集的规模效应。

其次,从目前我国已有的文化创意产业聚集区的现状来看,大多文化创意产业聚集区内的文化创意中介机构普遍规模较小,竞争能力弱,而且类型比较单一,自身管理较为落后,无法真正承担发挥文化创意资源的市场配置职能。以上海为例,在上海的文化创意产业聚集区内,文化创意中介机构普遍规模都较小,其中1~5人的企业比例达到40.5%,10人以下占57.5%。[①]由此可见,文化创意中介机构的小规模经营将直接限制其在文化创意产业聚集区内应发挥的功能和作用,无法为文化创意产业聚集的发展提供中介服务职能。

再次,文化创意产业是以人的创造力和智慧作为主要生产要素的产业形态,它凝聚的是文化创意人员的创造力智慧。目前,我国在发展文化创意产

[①] 潘瑾,陈晓春.上海创意产业知识产权保护问题及对策研究 [J].上海企业,2006 (5):28–29.

业过程中普遍面临着文化创意人才不足的问题，即使是在北京、上海这样的文化创意产业聚集较为发达的城市，文化创意人才的短缺现象也非常严重。从表现形式来看，主要表现在：文化创意产业目前还未形成人才体系，文化创意人才总量相对不足，而且文化创意人才也出现结构性的短缺的问题。不仅缺少高端的文化创意人才和策划人才，而且也缺少擅长将文化创意作品"产业化"和"市场化"的专业的经营人才和管理人才。

最后，构建文化创意产业的公共服务平台，将起到对文化创意活动的关键作用。但是目前我国的实际情况却是一些文化创意产业聚集区内的管理主体对如何进行科学管理和经营，缺乏整体性的认识，现有的文化创意产业聚集区的公共服务平台提供的服务更多的是停留在物业配套服务上，聚集区停留在企业和产品的聚集上，而对于建设文化创意产业发展的公共信息平台、公共技术平台、投融资平台等考虑得并不多。这种现实问题的存在，极大地制约了我国文化创意产业的发展。

6.2.2 文化创意产业聚集区的企业融资困难尚未得到真正缓解，文化创意产业发展所需的资金缺口较大

文化创意产业作为一种比较新型的产业形态，较之传统的产业而言，更需要有充足的资源注入文化创意产业中。一个好的创意，如果没有交配的注入，永远就只能停留在脑海之中、纸面之上。因此，一个良好、通畅的融资和筹资渠道，一个高效率运作的资本市场是发展文化创意产业聚集必不可少的要件。

在我国，目前各行各业的企业融资的主要来源还是银行，但是目前我国银行的抵押贷款的方式和文化创意企业资产存在的表现形式之间的矛盾造成了中小型文化创意企业融资的困难。具体来讲，表现在：我国的商业银行对前来贷款的企业基本上均采取统一的评估体系和抵押贷款的方式，即对保证人的偿还能力、抵押物、质押物的权属和价值以及实现抵押权、质押权的可行性进行严格的审查。而文化创意企业主要是以知识产权和品牌价值等无形资产作为资产存在的主要形式，对这些企业而言，机器设备等有形资产所占的比重显然比传统企业小得多，因此，他们可用于抵押的资产比传统产业而

言就相对较少,这种现实的情况决定了大多文化创意企业很难满意商业银行发放抵押贷款的要求。与此同时,由于知识产权质押贷款业务也是近几年来才刚刚在我国展开,各商业银行对此均持谨慎的态度。因此,中小型文化创意企业在获取银行贷款方面就存在着很多困难。从这一角度来看,建立针对文化创意产业的投融资渠道,开拓新的投融资模式就势在必行。

6.2.3 文化创意产业聚集区的文化创意人才相对缺乏,无法形成对文化创意产业发展的智力支持

文化创意产业和产业聚集的发展离不开文化创意人才的智力支撑。我国当前发展文化创意产业过程中普遍面临着文化创意人才不足的问题,即使是在我国文化创意产业比较发达的北京、上海、天津、杭州、宁波等地,这种文化创意人才匮乏现象也比较严重,这一问题的存在,极大地阻碍了文化创意产业和产业聚集区的发展。据有关统计资料显示,在美国纽约,文化创意产业人才占所有工作人口总数的12%,英国伦敦是14%,日本东京是15%,而在我国文化创意产业比较发达的上海这一比例却不到0.1%。[1] 特别是在英国的伦敦,有68万人从事文化创意产业工作,其贡献的产值占伦敦经济的15%。[2] 根据国家统计局2009年首次发布的我国文化产业的有关数据,如表6-1所示。

表6-1 2008年与我国文化创意产业经济相关的统计指标

地区	文化创意产业增加占GDP的比重(%)	人均地区生产总值(元)	第三产业增加值占GDP的比重(%)	文化产业就业人员的比重(%)	第三产业就业人员比重(%)	就业人员总量(万人)
全国	2.15	22698	40.7	1.32	33.2	77480
北京	6.37	63029	73.2	6.20	72.5	1173.8
天津	2	55473	37.9	3.58	44.0	503.1

---

[1] 蒋三庚. 文化创意产业研究 [M]. 北京:首都经济贸易大学出版社,2006:163.
[2] [加] 查尔斯·兰德利. 伦敦:文化创意城市 [M]//林拓,等. 世界文化产业发展前沿报告. 北京:社会科学文献出版社,2004.

续表

地区	文化创意产业增加占GDP的比重（%）	人均地区生产总值（元）	第三产业增加值占GDP的比重（%）	文化产业就业人员的比重（%）	第三产业就业人员比重（%）	就业人员总量（万人）
河北	0.89	23239	33.2	0.75	26.5	3651.7
山西	1.02	20398	34.2	0.98	33.1	1583.5
内蒙古	1.07	32214	33.3	0.99	32.7	1103.3
辽宁	1.34	31259	34.5	1.45	41.2	2098.2
吉林	1.30	23514	38.0	1.10	35.4	1143.5
黑龙江	1.01	21727	34.4	0.98	33.0	1670.2
上海	3.34	73124	53.7	6.17	55.2	896
江苏	1.72	39622	38.1	1.92	34.7	4384.1
浙江	2.34	42214	41.0	2.56	35.3	3691.9
安徽	1.17	14485	37.4	0.63	28.3	3594.6
福建	2.39	30123	39.3	2.66	33.3	2079.8
江西	1.22	14781	30.9	0.77	31.9	2223.3
山东	1.91	33083	33.4	1.52	31.0	5352.5
河南	1.19	19593	28.6	0.66	24.4	5835.5
湖北	1.27	19860	40.5	0.96	40.1	2875.6
湖南	1.93	17521	37.8	0.72	30.4	3811.0
广东	3.70	37589	42.9	5.36	38.2	5478.0
广西	1.49	14966	37.4	0.72	24.8	2807.2
海南	1.68	17175	40.2	1.26	34.9	412.1
重庆	1.4	18025	41.0	0.84	36.3	1837.1
四川	1.34	15378	34.8	0.82	33.1	4874.5
贵州	1.42	8824	41.3	0.35	36.3	2301.6
云南	1.54	12587	39.1	0.61	25.1	2679.5
西藏	2.08	13861	55.5	1.11	33.9	160.4
陕西	1.44	18246	32.9	0.87	32.5	1946.6
甘肃	1.07	12110	39.1	0.64	32.8	1388.7
青海	1.09	17389	34.0	1.11	34.2	276.8
宁夏	1.82	17892	36.2	1.30	30.1	303.9
新疆	1.09	19893	33.9	1.12	34.7	813.7

资料来源：根据2009年《中国统计年鉴》整理计算而得。

表6-1的数据表明了，我国文化创意产业人才占就业人员的比重较低，与西方发达国家相比，比例相对较低，存在着文化创意人才的急缺问题。另外，从文化创意产业的人才结构来看，我国文化创意企业拥有的高级工、中级工、技师等层次的文化创意产业从业人员的比例也远远低于发达国家和地区，特别是高端原创人才、管理人才、经营人才和复合型人才。[①] 从教育机制上来看，目前我国国内高校的教育机制仍旧无法满足目前文化创意产业发展的需要，虽然在国内各大高校中设有美术、广告、影视、艺术等相关专业，但大多采用规范化、制度化和应试化的培养方式，缺乏对学生创新能力的培养和塑造，传统学科之间的界限明显，这种专业设置明显无法满足现阶段文化创意产业蓬勃发展对文化创意产业专业人才的需求。

6.2.4 文化创意产业聚集区尚未形成完整、顺畅、高效的产业链

产业链（industry chain）是指经济布局和组织中，不同地区、不同产业或相关联行业之间构成的，具有链条绞合能力的经济组织关系。[②] 产业链对于经济模块之间的联系，以及产业复合体的形成有着重要的推动作用。

目前，构筑文化创意产业链已经成为我国各地方政府进行文化创意产业发展规划的一项重大的议题。从目前的总体上看，我国的文化创意产业还处于起步阶段，文化创意产业的同构现象比较严重，没有形成产业聚集的互补和协调机制，创意资源较为分散，缺乏有效的整合和聚集。在我国，各种文化资源极其丰富，但由于创意聚集区尚未形成完整的产业链。从目前的情况来看，我国大多数文化创意产业的发展大多属于单闯型，产业链条尚未形成，核心企业与上、下游企业之间还未形成紧密的互动联系，创意资源、信息、资金在核心企业与上、下游企业之间的流动出现某种程度的断节，横向企业之间的合作亦在某种程度上出现过脱节，没能有效地实现协同。在文化创意产业链中，创意产生、技术、生产、营销、渠道经营、管理等产业环节之间衔接极不顺畅，往往是创意产业之后，要经历相当的时间才能真正转化为具

---

① 冯梅. 中国文化创意产业发展问题研究 [M]. 北京：经济科学出版社，2009：119.
② 李思屈，李涛. 文化产业概论 [M]. 杭州：浙江大学出版社，2008：163.

体的创意产品，创意产品进入市场后，也往往由于营销技术或渠道方面等问题导致了创意产品的市场销售并不理想。同时，文化创意产品之间的关联性、拓展性较差，较少能向相关产业进行有效的拓展，发展前景较为有限，结果必然导致其经济效益还没有得以有效地发挥。

6.3 文化创意产业聚集的发展对策

文化创意产业聚集对于社会经济的促进作用是毋庸置疑，美国作为世界上第一个创建文化创意产业园区并利用这种模式成功发展文化创意产业的国家，经过半个多世界的发展已雄霸世界。迪士尼乐园、好莱坞影视、百老汇戏剧产业园……这些文化创意产业的累累硕果，无一不是产业聚集的效应。在创意经济时代，文化创意产业已经在西方发达国家发展到一定的程度，而在我国尚处在起步阶段。在现实背景下，如何更高效地促进文化创意产业聚集是当前摆在我们面前的一个现实问题。

6.3.1 完善文化创意产业的市场环境，加快文化创意产业的聚集发展

（1）建立切实有效的公共政策对于文化创意产业聚集区的发展有着重要的引导和扶持作用。政府对文化创意产业聚集的政策支持不能简单地以行业为界限，而应该以"创意"本身作为支持对象，为具体的创意提供财政补贴等支持政策，并且为文化创意人才和文化创意企业提供相关的信息咨询服务，努力提升全社会的创意能力和动力，创造良好的创意环境。政府在出台文化创意产业聚集的优惠政策的同时，还应建立相应的准入机制，真正扶持有创意的中小企业，引导企业以创造差异化的体验为经营理念，使文化创意聚集区真正成为创意的聚集、内容的聚集和人才的聚集，而不只是空间和形式上的聚集。在我国文化创意产业发展的过程中，可以考虑设立专业的文化创意产业行业发展的专项基金，为重点行业的文化创意企业提供资金保障；通过设立文化创意产业创新基金的手段，鼓励和扶持文化创意企业的创

新活动。

（2）鼓励商业配套文化创意中介服务机构的参与，构建中介服务体系，搭建信息交流平台是促进文化创意产业聚集的发展的重要举措。在众多的中介服务体系，主要是指行业协会。可以考虑以政府引导、企业自愿市场运作为基本原则，由政府出面协调，着手建立文化创意聚集区内的文化创意中介机构。以文化创意产业协会为平台，鼓励各个文化创意企业积极参与，发展和完善经纪、代理、推介、咨询等中介机构，以进一步拓宽文化创意产业聚集区内文化信息传播渠道，优化配置文化创意资源。例如，2007年11月，上海创意产业中心就成立了我国第一个创意产业门户网站——"创网"（www.021CI.com），该网站就是专门为文化创意产业聚集区内的各文化创意企业提供信息咨询、企业展示、合作交流、知识产权保护、创意产品买卖等服务的文化创意产业门户网站。该网站的成立有效地促进了上海地区文化创意产业聚集的发展。

在文化创意产业的聚集过程中，行业协会在加强企业之间的联系和协调过程中起着极其重要的作用。因此，构建中介服务体系就应当积极协助和成立文化创意产业聚集区中的行业协会。充分发挥行业协会在营造公平竞争的市场环境，制定各行业的市场规则，[①] 发挥行业自律方面的积极作用，积极开展有关文化创意企业的信息咨询的作用，为文化创意企业提供充足的决策信息。同时，可以考虑定期举办各种有关文化创意产业的展览会，加强文化创意产业聚集区的文化创意企业与外部企业的交流与合作，提高聚集区的集聚和辐射功能，为创意产品走向市场创造更多的机会。以英国为例，英国政府为了有效促进创意产业聚集区的建设，英国政府通过非政府性的CIDA（Creative Industry Development Agency，即创意产业发展局）来协调其产业发展。通过成立非营利性的中介服务机构，为文化创意企业提供包括金融、法律、产业等各方面的信息服务，为文化创意产业聚集区内的企业争取政府基金支持，进行项目策划等服务，有效地促进了英国创意产业的大发展。

（3）保护知识产权，营造良好的环境。著名的文化创意学者霍金斯把创意看作文化创意产业的核心资源，把知识产权视为文化创意产业的核心价值。

---

① 吴俐萍. 创意产业发展的政策支撑体系研究［J］. 科技进步与对策，2006（11）：21-24.

事实上，只有被《知识产权法》所支持和保护的创造性才能转化为产品，才能实现与知识产权相联系的收益和权利，在这种情况下，创造力才能真正地转化为资产，而知识产权制度所保护的收益支配权正是对未来经济价值衡量的基础。因此，发展文化创意产业，促进文化创意产业聚集区的形成，必须大力建立和完善知识产权保护体系，采取多种形式，提高全社会的知识产权意识，形成一个尊重和重视知识产权的良好氛围。[①] 同时，加大知识产权的保护和宣传力度，建立关于文化创意产业知识产权评价的制度，加大力度进一步促进文化创意产品的价值转化。同时，可以考虑在促进文化创意产业聚集区的发展过程中，将"创意"纳入到知识产权保护体系中，以维护创意人员的合法权益，促进创意保护。除此之外，还应加大知识产权保护制度的执行机制，严厉打击各种盗版行为，为文化创意产业和产业聚集区的建设营造一个好的外部环境。

（4）构建文化创意产业的公共服务平台，将起到对文化创意活动的关键作用。在国际上，一些西方发达国家建立的大型的文化创意产业聚集区都普遍提供了一个良好的发展平台，为产业聚集区内的创意企业提供了各种配套设施，他们通过在文化创意产业聚集区内的管理、协调、行业准入资格的认定、营造公平竞争的市场环境和行业自律方面都起到了积极的作用。对于公共服务平台的建设方面，我国可以借鉴西方发达国家政府的做法，进一步鼓励文化创意产业聚焦区依托高等院校、科研机构、公众服务机构等各类社会资源建立一批行业技术研究、测试、市场推广等公共服务平台，有效提升包括策划、制作、推广、服务等领域的水平，以及文化创意企业的经营管理等各个方面的商业运作能力，[②] 全面推动文化创意产业聚集的发展。

6.3.2　加大资金支持力度，进一步拓宽文化创意产业聚集区的投融资渠道

文化创意产业作为一种比较新型的产业形态，较之传统产业而言，政府和社会投资规模小，融资渠道也比较狭窄。这就需要政府在投融资上予

[①] 蒋三庚．文化创意产业研究［M］．北京：首都经济贸易大学出版社，2006：93．
[②] 仇勇懿．创意产业——基于集群化和通讯网络角度的分析［D］．上海：华东师范大学，2007．

以政策支持，帮助文化创意企业获得资金投入的支持，以打开文化创意企业的融资渠道。在这一方面，国外的一些发达国家的做法在促进文化创意产业聚集的发展中值得我国借鉴。例如在英国，每年有将近2万亿美元用于文化创意产业，其中财政性拨款46.1%，地方政府31.1%，彩票15.2%，赞助商的资金支持5.3%，信托基金的投入1.5%，欧盟资助0.2%，其他资金来源0.6%。[①] 这种多元化的投融资渠道为英国文化创意产业的发展立下了汗马功劳。

在投资支持上，政府可以考虑根据文化创意产业发展的基础、发展环境、发展前景以及本地区文化创意产业的长期规划，以针对性地制定本地区文化创意产业投资的指导目录，确定产业投资的走向，明确文化创意产业投资的重点，引导社会资本进入文化创意产业。此外，还可以考虑在每年的政府财政预算中安排文化创意产业发展的专项财政资金，以贷款贴息、项目补贴、政府重点采购等方式对本地的文化创意产业聚集的发展予以扶持。在融资上，在我国应当考虑为文化创意产业聚集的发展拓宽思路，在制定融资优惠政策的同时，可以考虑通过风险投资基金和股票市场中的创业板市场，以吸纳社会资金，以解决中小文化创意企业融资难的问题；在信贷政府方面可以考虑采取更加灵活多样的措施，探索专利权、著作权以及经过评估的文化创意资源项目、销售合同等作为银行信贷抵押的途径和方式，使文化创意产业的发展得到更多的间接融资支持。

6.3.3 加快文化创意人才的聚集，为文化创意产业聚集的发展提供强有力的智力支持

文化创意产业的发展，文化创意人才的培养需要集合多方面的力量，尤其是政府和高校。可以考虑，构建具有中国特色的"创意学"，为我国文化创意产业的发展提供系统性的理论支撑。[②] 世界经济的发展与理论发展密不可分，文化创意产业作为新崛起的一种新经济形态，至今在我国尚未形成自

---

① 张京成. 中国创意产业发展报告（2009）[M]. 北京：中国经济出版社，2009：16.
② 赵曙明，李程骅. 创意人才培养战略研究[J]. 南京大学学报（哲学·人文科学·社会科学版），2006（6）：111-118.

身的理论体系。在这种情况下，构建具有中国特色的"创意学"，对于我国文化创意产业的发展就尤为迫切。但从目前我国高校的现状来看，创意学在我国依旧处于起步阶段，西方发达国家较为成型的创意学科不一定适用我国实际，因此，我国在建设创意学学科体系应该建立在马克思主义哲学的基础上，兼具中国特色，以我国特有的历史文化为资源，同时吸取西方发达国家的成功范例，总结国外和我国现有的实践经验以构建我国特有的创意学理论体系。

在文化创意人才的培养上，本书认为应该注重"两手抓"。一手抓自主培养；另一手抓人才引进。对此，在目前我国国内各大高校的课程体系的设置，应该要突破传统的学科专业设置的界限，打破原有的学科界限。例如，在理工专业中可以加强文化创意素养的培育，在文科专业中可以加入工程设计、工艺美术等学科的相关课程，甚至在一些条件较好的大学院校中可以考虑设立文化创意学科，以系统地进行文化创意人才的培养。同时，可以考虑利用网络媒介进行文化创意专业培训，加强与国外的交流与合作，为文化创意产业的发展提供人力支撑。在文化创意人才引进方面，应该考虑出台更多的鼓励政策，如"创意产业吸引高级人才奖励办法""允许和鼓励技术、创作成果等要素参与收益分配的办法"等政策，同时，深化人事制度改革，建立人尽其才的用人机制，通过举办一些具有特色的高级文化创意人才招聘会、人才交流会，积极主动地吸引国内外的优秀的文化创意人才到我国各地来发展，以促进创意人才在产业内合理流动，优化产业内的人才结构，从而为我国文化创意产业的发展提供源源不断的人才资源。

6.3.4 构建完整的产业链，奠定文化创意产业发展的基础

世界上的一些国家如新加坡和韩国文化创意产业的发展经验告诉我们，完整的产业链是文化创意产业发展的关键。完善的文化创意产业链，是文化创意价值扩散和产业分工协作的过程，也有利于创意产业化和产业创意化的形成。文化创意产业的发展壮大需要完整的产业链为依托，离开了前期的融资和后期的营销推广等环节，文化创意产业就没有了生命力和活力。

因此，构建完整的文化创意产业链是大力发展文化创意产业聚集的必由

之路。在此,我们强调文化创意产业聚集的目的,就是要把文化创意产业的上游研究开发、中游的生产制造、下游的市场营销及衍生品的开发汇聚在一起,打造完整的产业链条,发挥产业聚集的溢出效应,使整个产业都处于一个良性发展的轨道。① 从目前的情况来看,可以考虑将已经出现的文化创意产业的企业群、现有的产业链和各种基地园区为依托,进一步加快文化创意产业链的建设。同时应该进一步做好文化创意产业聚焦区内的企业结构而已的规划工作,激励文化创意产业聚集区内的各文化创意企业之间互补合作,以实现文化创意产业链向横向、纵向方面进行延伸,形成规模经济。应该把文化创意产业链做成文化创意产业聚集发展的主线,使围绕在文化创意产业价值链的众多文化创意企业之间能够建立紧密联系,在文化创意产品创新和市场推广中发挥个体的作用。具体来讲,文化创意产业链的构建,应与传统的产业结构紧密结合,通过"越界行为"实现文化创意产业与各类产业之间的无缝衔接,以文化创意产业及其产业链条效应直接优化传统的工业和农业结构,形成产业链的各个环节之间形成有机联动,提升产业链的整体价值并在此基础上实现其经济效益。通过将文化创意拓展到产业链的上、中、下游的各个不同的环节,尤其是强化文化创意产业链的上游研发、中游生产、下游销售的融合,用最终市场的消费需求引导文化创意产品的设计和功能的优化。同时,可以考虑加快文化创意企业的产品、服务结构的调整,建立以市场为导向的内容集成、加工制作、传播的生产机制。

总而言之,文化创意产业聚集化的发展将极大地促进文化创意产业的扩展,文化创意产业聚集区内的文化创意企业可以通过相互之间紧密的合作与交流,才能发挥规模经济和范围经济的效益,② 从而带动整个社会经济的飞速发展。文化创意产业聚集的发展在西方发达国家已经达到了一定的高度,但在我国目前尚处于发展的初级阶段,但发展速度极为迅速,从最近几年文化创意产业聚集区的大量涌现就足以说明这一问题,这一发展现象不仅使得文化创意产业的创意价值更容易得到实现,而且使得文化创意产业发展的规律更加有章可循。虽然目前我国文化创意产业聚集化发展过程中存在着这样

---

① 杨永忠. 创意产业经济学 [M]. 福州:福建人民出版社,2009:351.
② 严红梅. 我国创意产业集群发展研究——基于波特集群竞争理论分析视角 [J]. 湖北行政学院学报,2009(4):38-42.

那样的问题，但只要我们能够不断地完善文化创意产业聚集化发展的外部环境，加大对文化创意产业聚集的支持力度，加快文化创意人才的培育，构建更加完善的文化创意产业链，那么我们国家的文化创意产业聚集的腾飞并非不可预期，文化创意产业聚集区整体核心竞争力的提高将达到前所未有的水平和高度。

第 7 章
基于价值链视角的文化创意产业的可持续运营

文化创意产业的运营过程决定着文化创意产业的整体价值的最终实现,认识文化创意产业的运营流程,对于促进文化创意产业的可持续发展,实现产业的价值增值至关重要。本章将围绕着文化创意产业的运营流程,从产业经营的角度分析和探讨促进文化创意产业可持续发展的运营方式和对策建议。

7.1 文化创意产业运营概述

文化创意产业曾经被有关学者定义为当前经济条件下的"朝阳产业",对社会经济的发展有着强大的拉动作用,其产业的发展离不开创意行为,不仅在文化创意产品的生产、品牌的设计等环节创意因素都起到关键因素,而且在整个文化创意生产流程中,都离不开创意因素。因此,如何才能更有效地促进文化创意产业的发展,了解我国文化创意产业的运营过程就显得十分必要了。

7.1.1 文化创意产业运营概述

文化创意产业是当前经济条件下的新兴产业,作为一种以创意为主的、

第 7 章 | 基于价值链视角的文化创意产业的可持续运营

强调精神消费的产业领域，它的价值实现高度依赖于个性化的精神创造性劳动，即创意，因而，作为产业经营本身来看，其运营的形式也有了自己明显的特征。在我国，文化创意产业等相关产业的运营的经历了经济体制变革的时期，体现了中国特色的运营特征。

7.1.1.1 文化创意产业运营概述

本书认为，产业的运营是指运营通过一定的市场运行方式，对产业发展所需的资源进行必要的拓展和整合，在外部环境构成因素的配合下，实现产业的繁荣与发展。确定产业的运营方式将最终决定该产业的发展路径和方向、决定着产业的生命运动形式是以怎样的一种方式和形态存在和发展，将影响该产业运行和发展的轨迹，将最终有助于解决整个产业的发展战略等相关问题。

文化创意产业作为一种新兴的产业形态，与传统产业形态相比存在着较大特殊性，这种特殊性决定了文化创意产业的运营方式、运营机制与传统产业相比的巨大差异。文化创意产业是以知识、智力和创造力作为基本投入要素，在投入要素产品化过程中，涉及多产业之间资源的整合，最终通过一系列的营销手段在消费市场中完成销售，实现其价值。因此，文化创意产业的运营，跨越了多产业之间的"边界"，在文化创意产业运营过程中传统产业部门之间的界限被打破，各种相关资源能够在各部门之间，根据文化创意产业生产的需要自由地流动，创意成果能够在各个产业、各个部门和领域进行相应的生产和运用，从而有力地推进多部门的融合。可以说，文化创意产业的独特的运营方式，融合了商业、文化与制度的跨行业、超意识形态、多价值链的新经济系统，这种独有的特征是传统产业运营所不具备的。

7.1.1.2 文化创意产业可持续运营的必要性

（1）文化创意产业是未来经济的新增长点。我们知道，世界各国经济的增长方式从粗放型向集约化转变是全球经济发展的大趋势。相对于一般的产业形态而言，文化创意产业属于知识经济范畴，属于集约化的经济形态。[1]

---

[1] 胡惠林. 文化产业学 [M]. 北京：高等教育出版社，2006：212.

在前面的章节中，我们也论证过，文化创意产业将会带来增值的附加值，它不仅改变了一般产业的增长结构与盈利模式，而且带动了新的工业革命或变革。发展经济学理论告诉我们，不同的经济增长方式对应着不同的经济发展阶段。如果说粗放型经济发展方式是较低级的经济增长方式，对应着较为落后的经济发展阶段的话，那么，集约化的经济增长方式则是高级的经济增长方式，它就应该对应着较为发达的经济发展阶段。实际上，两种经济增长方式与经济发展阶段之间的对应关系是一个社会文明发展程度和发展阶段的对应。[①]

在人类社会发展史上，农业社会的发展依赖于土地和劳动力，工业社会相应地转变为对机器设备和传统资本的依赖，那么，在当前信息时代下，社会经济的发展则转向于对应数字信息技术的发明利用和创新，从而在最大程度上减轻对土地、劳动力和传统资本的依赖程度。文化创意产业的发展对于当前世界经济的发展来讲，起着不可估量的重视影响作用。其产业发展的本质是以人的智慧和创造力作为基本的投入要素，其产业的发展能够在最大限度发挥人的智力和脑力的创造力在社会财富创造过程中的作用，最大限度地减少对土地等自然资源的消耗，以积累和创造社会财富，同时引起社会生产结构的变革，促进社会资源从传统部门向附加值增值较高的文化创意产业转移。著名的经济学家钱纳里曾经指出："经济增长方式是生产结构转变的一个重要方面，生产结构的变化能更有效地对技术加以利用，因此，劳动和资本从生产率较低的部门向生产率较高的部门转移，能够加速经济的增长。"[②] 这也就是说，结构结构随着经济的增长而变化，又能反过来作用于一个国家或地区的经济增长。文化创意产业的发展，不仅能有效推动经济的增长，还能带来与文化创意产业相关的其他产业的发展和增长，拓展传统产业的发展空间，推动文化与科技、经济的融合，成为未来经济的新的成长点。

（2）知识经济的来临和精神消费的蓬勃发展是文化创意产业可持续运营的坚实的社会基础。20世纪末以来，知识经济在全世界范围内初现端倪。知

[①] 胡惠林. 文化产业学 [M]. 北京：高等教育出版社，2006：33.
[②] [美] 霍利斯·B. 钱纳里. 工业化和经济增长的比较研究 [M]. 上海：上海三联书店，1989：22.

第 7 章 | 基于价值链视角的文化创意产业的可持续运营

识经济是建立在知识和信息基础上的经济,是以知识和信息的生产、分配与使用为根本的经济。[1] 在社会经济发展过程中,以知识为主的无形资产对经济增长的贡献越来越大。20 世纪 20 年代,知识等无形资产对经济增长的贡献率不足 20%,到了 70 年代,这一比率达到 50% 左右,20 世纪未,这一数字又发生了变化,达到了 60%~80%。在经济增长中已经起到了举足轻重的作用。在知识经济时代面临的条件下,人们越发地意识到了,未来社会经济的发展的领头羊将不再是传统的制造业,而是转向与文化相关的产业,如文化创意产业。这一趋势主要是由文化创意产业本身的特征所决定。因为文化创意产业具有传统的制造业所不具备的显性特征,那就是其发展不再依赖于传统的土地、资本、劳动等资源的约束,因此,其产业的发展将代表了未来社会发展的方向。这一点正如英国的学者奥康纳所说的:"……可以断言,创造性、风险、创新和信息、知识与文化将在全球经济中具有核心作用。"[2] 文化创意产业带来的产业附加值增值的来源已经由传统的经济资本转向文化、知识资本。

在知识经济蓬勃发展过程中,体验经济随之发展。这种精神形态是以"精神消费"作为主体特征。特别是在我国经济持续多年的高速增长的大背景下,人们的收入水平逐年增加,至 2010 年,我国的人均 GDP 已经达到 3603 美元。根据国外经济发展的经验数据,当一国的人均 GDP 超过 1000 美元时,旅游需求将急剧膨胀;超过 2000 美元时,将迎来休闲需求的高速增长期;人均 GDP 超过 3000 美元时,就会进入普遍休闲消费高胀的新阶段。当前的形势经济无疑为我国休闲经济的发展提供良好的市场空间。尤其是我国自 1995 年实行双休制 1999 年开始实行的"春节、五一、十一"三个长假日制度以来,引起了我国的旅游业逐渐升温和井喷现象,进而引发了休闲产业的大发展。[3]

目前,休闲应该说是 1/3 的城市的生活状况。每年 114 天的法定假日,

---

[1] 冯梅. 中国文化创意产业发展问题研究 [M]. 北京:经济科学出版社,2009:5.
[2] 贾斯廷·奥康纳. 欧洲的文化产业和文化政策 [M]//林拓,李惠斌,薛晓源. 世界文化产业发展前沿报告(2003~2004). 北京:社会科学文献出版社,2004:135-138.
[3] 黄志锋. 我国休闲产业发展问题研究 [J]. 经济地理,2010 (9):1497-1502.

加上带薪休假的落实，相当于城市生活的 1/3。① 如此庞大的闲暇时间的存在，为休闲经济和消费的发展创造了契机。众所周知，休闲经济是以"精神消费"为主的新兴产业，就是人们以货币换取精神体验和感受的市场交易行为。因而，随着我国社会经济的持续增长，发展型和享受型消费在人们的日常消费结构中所占的比重将持续增加，占据越来越重要的位置，在享受更高品质、质量的物质产品的同时，所追求的精神生活方面的需求也必将更加丰富和多样化。需求是产业蓬勃发展的动力，文化创意产业的价值核心是精神财富的生产。它通过将独创性的创意思维，融合到具体的产品实体之上，以满足人们的精神愉悦的需求，它传递给市场中的消费者是一种独特的精神体验的过程。因而，文化创意产业的发展有利于满足人们日益增长的精神文化需求，同时，反过来它也将进一步引起人们的精神文化需求得到不断的拓展和提升。在这一市场过程中，广阔的消费市场空间为文化创意产业的可持续运营夯实了产业运营的市场基础。

（3）文化创意产业的可持续运营是实现文化创意产业自身价值的需要。在商品经济时代，包括创意在内的文化因素仅仅是附着在物质产品之上，作为普通商品的附属物而存在的，其价值和经济效益并未得到人们的重视。而当人们经历了创意经济席卷全球的时期，见识了创意也与传统产业的生产一样，能给社会经济创造巨大财富的时候，才猛然发现了创意的不可估量的巨大价值所在。可以说，文化创意产业的发展是社会现实所驱动，其产业的发展是其自身价值的实现，是历史的必然。各国政府部门随之出台了一些促进文化创意产业发展的对策和措施，加大了对文化创意产业的扶持力度，以促进文化创意的生产。

现在，文化创意产业生产者的智力成果越来越受到尊重和重视，文化创意的生产者的积极性和创造性将得到进一步激发，确保为整个文化创意产业的价值链提供源源不断的创意源泉。文化创意产业是以创意为核心投入资源、以知识产权为主要价值的产业，其产生的经济效益能够有效地在创意价值的生成、实现的市场过程中。其价值的实现过程与传统产业产品价值的实现一样，同样要受到价值规律的制约。也就是说，一切文化创意产品也都必须进

---

① 魏小安. 中国休闲经济 [M]. 北京：社会科学文献出版社，2005：3.

入到市场流通领域，其自身固有的价值将更明显地凸显出来，经过消费者消费才能实现其价值及附着在文化创意之上的附加价值，而这一切归根结底在于文化创意产业的运营。

7.1.2 文化创意产业的运营机制

产业经济学理论告诉我们，一个产业的发展前景与该产业的市场运营机制关系紧密，纵观产业发展规律，任何产业的繁荣都离不开相应的科学有效的市场运营机制提供的平台。

7.1.2.1 运营机制概述

所谓的运营机制是产业运动规律和其内在工作方式及其相互关系的存在方式，[1] 是产业发展运动过程中所采取能促进产业健康发展的各项战略和保障措施的集合。文化创意产业是一种对文化创意产品和服务的制造与经营的过程，是一个遵循市场价值规律进行生产、流通和消费的过程。但在这一过程中，整个产业是如何实现生产、流通和消费，在我国而言，存在着计划经济体制和市场经济体制的区别。以下将对计划经济体制和市场经济体制框架下我国的文化创意产业的市场运营机制的剖析，以期从中探索不同经济时期，文化创意产业运营活动的差异，由此导致的价值的市场形成的差别。

7.1.2.2 计划经济时代我国文化产业运营机制分析

在计划经济时代下，文化产业运营采取由中央计划管理部门垄断社会资源的配置权，通过国家政府部门逐级下达行政命令的方式，进行社会资源配置的经济运行方式。[2] 按照陈立旭（1999）的观点，在计划经济时代下，文化产业运营机制最显著的特点，就是在全社会范围内依靠政府事先制订的计划来对文化资源进行配置，文化发展中的基本决策权都集中在计划的制订者——即政府的手中，因此其产业的发展也具有高度集中的形式。其运行机制的过程如图7-1所示。

---

[1] 胡惠林. 文化产业学 [M]. 北京：高等教育出版社，2006：264.
[2] 刘彦武. 发展文化学：一门建设中的学科 [M]. 北京：中央编译出版社，2009：172.

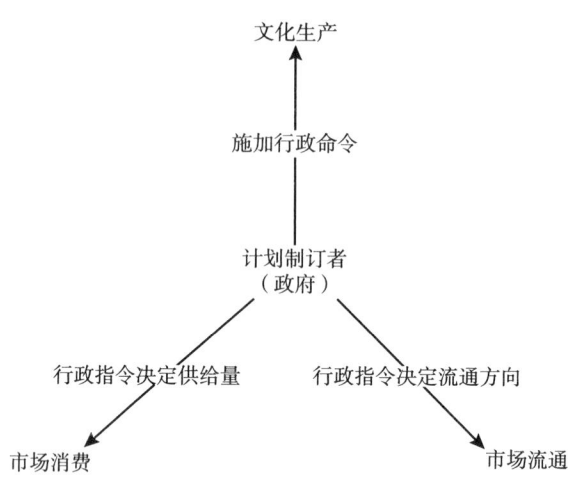

图 7-1　计划经济条件下文化产业运营机制

资料来源：根据陈立旭. 市场逻辑与文化发展［M］. 杭州：浙江人民出版社，1999：9 整理而得。

在计划经济时代，文化产业运行主要依靠政府（即文化产业发展的计划制订者）确定文化产品的创作和生产，之后，再由政府向文化生产者下达行政命令，指示他们按照确定的计划进行生产和创作，但不能自己决定文化产品创作和生产的品种和数量，具体生产和创作多少则由政府通过行政指令的方式进行综合平衡、统一计划而后进行施行，从而决定了市场中总的文化产品的供给量。至于文化产品的市场流通也是由政府通过行政命令的形式，通过新华书店、电影发行公司等机构，从而确定该文化产品通过什么样的渠道流向市场的哪一个领域。因此，在计划经济时代，文化产品的生产、消费和流通都纳入了计划经济的统一的模式之中，由政府进行统一的管理。文化生产并不是根据市场需要和消费需要，而主要是根据政治任务的需要来安排，市场主体和消费主体并没有自主的选择权。[①] 由于一切都是按照计划进行，因此就不存在着市场竞争。计划经济体制下由政府进行统购统销，使国家和政府成为文化产品生产唯一的投资方和受益方，但同时也是唯一的风险承担者。这种运营机制要想充分地发挥作用，必须要求政府能够充分地了解和掌握社会的文化资源状况、文化的供给能力和需求状况及其发展趋势。但由于

[①] 胡惠林. 文化产业发展与国家文化安全［M］. 广州：广东人民出版社，2005：7-8.

信息的不对称和不充分性的特点,结果必然导致文化产品的供给难以真正满足人民日益增长的精神文化需求,导致文化资源配置的低效率。特点是在当前的社会经济条件下,文化创意产业的发展的基础单纯地依托在政府的主导下,文化创意产业的发展前景就可想而知了。随着知识经济的来临和信息技术的进一步发展,产业的发展更多地应该回归到市场经济的框架下。

7.1.2.3 市场经济条件下,文化创意产业运营机制分析

如前所述,文化创意产业的发展及运营,需要包括政府在内的各方面力量的协调,特别是在当前的经济条件下,加强政府的宏观调控功能,对于文化创意产业的繁荣不可或缺。应该考虑在市场经济体制框架下,使市场在政府的宏观调控下实现对文化创意资源的配置起到基础性的作用,使创意活动遵循价值规律的要求,适应市场供求关系的变化,通过引入价格杠杆和竞争机制,给文化创意企业以压力和动力,实现文化创意企业的健康可持续发展。在当前的条件下,文化创意企业的运营机制可实现如图7-2所示的发展路径。

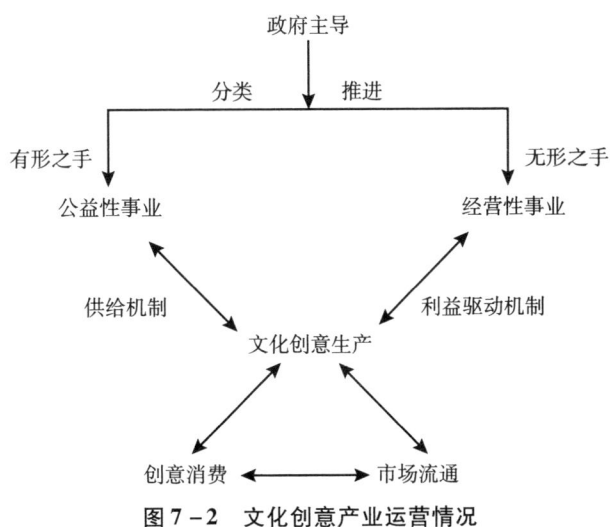

图7-2 文化创意产业运营情况

在市场经济条件下,政府在文化创意产业发展过程中依旧起着不可替代的重要作用。政府的角色应该从计划经济体制下办文化产业转向管理文化创

意产业的职能上来。通过运用国家的影响力制度文化创意产业的发展战略，主导或引导文化创意产业的发展方向，制定一系列的政策、措施，以控制和引导文化创意产业的走向及文化创意资源的配置。对现在存在的文化创意产业中的市场主体，依靠市场机制，组织和调节创意资源配置和文化创意产业市场的运行，通过"有形之手"即政府政策等的贯彻和"无形之手"即市场价值规律的作用，对文化创意产业的发展进行分类、推进。文化创意产业、大众文化创意产品可以利用市场价值规律，用利益驱动机制，引导文化创意产业的市场主体成为自主经营、自负盈亏的经营性事业主体；对于公益性的事业，通过引入政府的干预的政策，引导、投入和补偿等供给机制，使其得到合理的发展，以保障人民的基本权益，解决由公共产品带来的"市场失灵"的问题，确保文化创意产业的生产的正常进行。在文化创意产品生产出来后，将借助文化创意产业链中的众多的文化创意中介机构和服务体系，拓宽文化创意产品的信息传播的渠道，加快文化创意产品在市场中的自由流通，以合适的价格、在合适的时间供给特定的消费者群体，以供其消费。正是在这样一条运营机制的链条下，文化创意产业实现了价值增值。

文化创意产业价值的增值需要在各个环节中注入文化创意元素，在价值创造、价值开发、价值挖掘和价值实现的各个发展阶段，分别投入适当的人力、产业、文化、社会资本等相关的产业要素，有效地实现"一次投入、多次产出"的经济效益。

在所有产业中，通过以文化和时尚元素作为文化产业价值实现的载体，向文化创意产业注入产品和服务，提升其附加值。在文化创意产业链的上、中、下游各个环节中不断进行文化创意投入。实际上，在产业的设计、生产和销售的每个环节都可以通过创意投入实现附加值的增加，文化与时尚元素的投入来自个人创造，但可以是 C2B 或 B2B 多种形式。以制造业为例，产品的设计研发、产品的制造和销售都可以进行拆分，围绕着研发、设计、制造和销售等价值链环节在商品生产过程中形成若干个横向产业，处于不同文化背景中的创意主体可以根据自身的特点，选择适合的价值切入点，注入创意思想与文化内涵。让众多的类似的价值活动通过产业聚集与重新整合，形成专门化的、以提升顾客价值为目标的创意产业聚集区，如图 7-3 所示。

第 7 章 | 基于价值链视角的文化创意产业的可持续运营

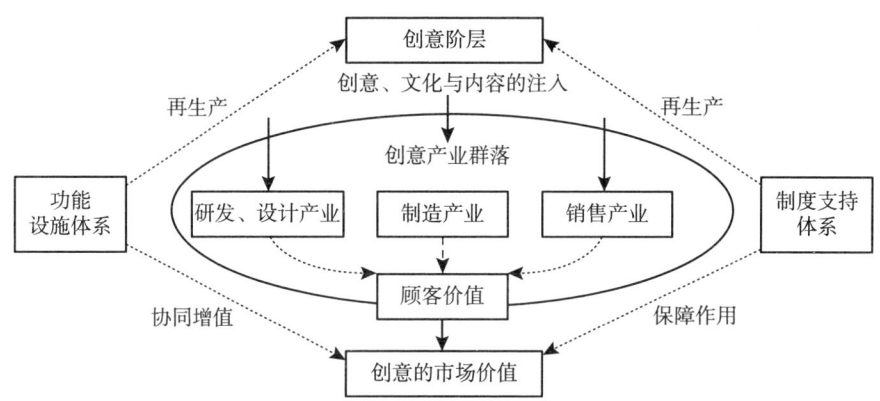

图 7-3 文化创意产业的运行机制

世界上的一些国家如新加坡和韩国文化创意产业的发展经验告诉我们，完整的产业链是文化创意产业发展的关键。完善的文化创意产业链，是文化创意价值扩散和产业分工协作的过程，也有利于创意产业化和产业创意化的形成。文化创意产业的发展壮大需要完整的产业链为依托，离开了前期的融资和后期的营销推广等环节，文化创意产业就没有了生命力和活力。

因此，构建完整的文化创意产业链是大力发展文化创意产业聚集区的必由之路。在此，我们强调文化创意产业聚集的目的，就是要把文化创意产业的上游研究开发、中游的生产制造、下游的市场营销及衍生品的开发汇聚在一起，打造完整的产业链条，发挥产业聚集的溢出效应，使整个产业都处于一个良性发展的轨道。① 从目前的情况来看，可以考虑将已经出现的文化创意产业的企业群、现有的产业链和各种基地园区为依托，进一步加快文化创意产业链的建设。同时应该进一步做好文化创意产业聚焦区内的企业结构而已的规划工作，激励文化创意产业聚集区内的各文化创意企业之间互补合作，以实现文化创意产业链向横向、纵向方面进行延伸，形成规模经济。应该把文化创意产业链做成文化创意产业聚集发展的主线，使围绕在文化创意产业价值链的众多文化创意企业之间能够建立紧密联系，在文化创意产品创新和市场推广中发挥个体的作用。具体来讲，文化创意产业链的构建，应与传统

---

① 杨永忠. 创意产业经济学 [M]. 福州：福建人民出版社，2009：351.

的产业结构紧密结合,通过"越界行为"实现文化创意产业与各类产业之间的无缝衔接,以文化创意产业及其产业链条效应直接优化传统的工业和农业结构,形成产业链的各个环节之间形成有机联动,提升产业链的整体价值并在此基础上实现其经济效益。通过将文化创意拓展到产业链的上、中、下游的各个不同的环节,尤其是强化文化创意产业链的上游研发、中游生产、下游销售的融合,用最终市场的消费需求引导文化创意产品的设计和功能的优化。同时,可以考虑加快文化创意企业的产品、服务结构的调整,建立以市场为导向的内容集成、加工制作、传播的生产机制。

7.2 文化创意产业发展的投融资策略

资金是文化创意产业发展、文化创意企业起步的基础条件,融资则是文化创意能够成为产业的首要条件。[1] 近年来,我国的文化创意产业在各方面的努力下有了长足的发展,但是与西方发达国家如英国、美国等相对比,仍然存在着比较大的差距。整个产业呈现出"少量的大企业,大量的小企业"的特点,[2] 这种特点主要是因为文化创意产业本身所具有的高风险性、高成长和高收益特征所决定的,因此其融资的难度要远远大于传统产业。如前所述,目前我国的文化创意企业主要依靠国家的财政补贴和自我投资实现发展,其投融资渠道较为单一,融资数额较为有限,结果必然影响企业的成长。在这种情况下,构建科学有效的投融资体系,完善投融资策略对于文化创意产业的发展势在必行。

7.2.1 优化国家的财税政策,加大资金支持力度

发展文化创意产业,离不开国家的财税政策的扶持。特别是在文化创意产业发展的初期,其产业基础较为薄弱,尤其需要政府在文化创意产业发展中予以产业政策的指导。纵观发达国家的文化创意产业发展经验,以英国、

---

[1] 吴安安. 我国现行文化产业政策析论 [D]. 长春:吉林大学,2007.
[2] 冯梅. 中国文化创意产业发展问题研究 [M]. 北京:经济科学出版社,2009:214.

美国、澳大利亚、日本等国为例，其文化创意产业的快速发展，与政府的支持密不可分。具体来讲，可以从以下几个方面入手。

7.2.1.1 设立各种文化创意产业发展基金

发达国家和地区的文化创意产业发展经验表明，来自政府和社会各界的资金支持是文化创意产业发展必不可少的，而对文化创意产业的发展实行资金支持，最常见的手法之一，就是通过设立各种文化创意产业发展基金。以韩国为例，韩国政府为了引导文化创意产业的发展，设立了多项专项基金，如信息化促进基金、电影振兴基金等，为韩国文化创意产业的发展提供了经济上的支持。2000 年，基金的投入突破国家总预算的 1%，2001 年又增长了 9.1%，达到 1 万亿韩元，2003 年增长超过 15%，达到 11673 亿韩元。[①] 韩国的做法值得我们借鉴，我国在发展文化创意产业过程中，亦应建立文化创意产业专项基金，每年安排相应的资金用于文化创意产业链条上的参与企业的贷款贴息、项目补贴、创意奖励等，以此鼓励文化创意企业的科技创新。特别是应运用文化创意产业专项基金培育重点项目，扶持重点企业，如近年来我国发展速度较快的游戏、动漫产业，打造一批具有较强竞争力的龙头企业，以提升文化创意产业的整体竞争力。

7.2.1.2 制定出台财政、税收优惠政策

文化创意产业是一个新兴的产业，很多企业在初创和发展阶段，风险比较大，因此需要政府在财政、税收方面的大力支持。本书认为，在这一方面，政府应当发挥更大的作用。

首先，适当加大政府的低息甚至是贴息的方式，支持具有较大潜力的文化创意企业的发展，持续增加对文化创意产业的政策性投入，不断地优化和调整财政投入的结构、数量和方式，促进文化创意产业的发展。其次，逐步完善政府的采购制度，通过政府采购的形式，采购具有文化创意特点的产品，加大对优质的文化创意项目进行补助，对本地的文化创意产业的发展予以扶持。再次，在国家已出台的关于促进动漫产业发展的意见的基础上，根据文

---

① 杨永忠. 创意产业经济学 [M]. 福州：福建人民出版社，2009：306 - 309.

化创意产业不同领域再出台各种税收优惠政策，特别是文化创意产业中的重点领域，予以支持和优惠，甚至是实行减免税政策。最后，可以考虑将出口领域所适用的出口退税政策应用于文化创意产业中。对于一些市场表现优异的文化创意企业，实行税利返还政策，将返还的税利作为其奖励的基金，作为支持其创意活动的经费，以刺激文化创意企业的创新积极性，实现文化创意企业的创新溢出效应。

7.2.1.3 实行差别税率政策，鼓励文化创意产业的发展

所谓的差别税率政策，是指根据不同纳税人或不同课税对象分别征收高低不同的税率，是现有税率中的一种类型。差别税率通常在比例税率和定额税率形式下，用于体现不同的税收负担政策。在文化创意产业发展中，政府可以考虑通过出台差别税率政策，对不同类型的文化创意产业和产品征收不同税率，在营业税、增值税、所得税、房产税、土地使用税等税收的征收上，实行差别税率政策，以此拉动资源在文化创意产业之间的合理流动。具体来讲，可以考虑对于发展迅速、产业关联效应较好的文化创意产业领域，如游戏、动漫产业等，收取较低的税率，甚至是给予政府的相应补贴；而对于那些发展较为缓慢，远离人们大众生活的产业收取较高的税率，如奢侈品行业等。以差别税率引导文化创意产业的发展，塑造文化创意产业的龙头企业或领域，对于我国未来文化创意产业的发展将起到不可估量的作用。

7.2.1.4 提供政策性贷款或补助

政策性贷款是由政策性银行所承担的政府的部分金融职能，对重点产业领域发放的贷款，这种贷款的形式与传统商业银行相比有一点的差别，最主要的是体现在它不是以盈利作为主要目的。文化创意产业的发展对于一个国家经济的发展与转型至关重要，因此，国家有必要加大对文化创意产业的政策性贷款的支持和补助。我国的政策性银行如国家开发银行的政策性贷款的发放应该考虑向服务经济和转型经济的产业形态倾斜。在政策性银行的机构设置中，建议成立面向中小型企业的贷款部门，简化政策性贷款的审批手续，建立相应的法规制度，确保对中小文化创意企业的贷款发放的比例，扶持其

创新和发展。同时，政府也可参与，以政府贷款贴息、项目补贴、政府重点采购等方式，对优质的文化创意项目进行补助，对本地的文化创意产业的发展予以扶持。

7.2.2 重视间接融资方式，拓宽市场融资渠道

所谓的间接融资，是指企业通过银行等金融机构获得各种短期、中长期资金的融资行为。[①] 在间接融资活动的过程中，银行等金融机构发挥着重要的中介作用。在我国，由于市场环境和文化创意企业自身的特点和原因，银行提供的贷款一直以来是文化创意企业间接融资的最主要的方式。但我国的商业银行体系却一直无法给文化创意企业，特别是中小文化创意企业提供充分的资金支持，资金的不足严重地制约了文化创意产业的可持续发展。因此，重视间接融资方式的创新，拓宽文化创意企业的融资渠道，对于文化创意产业的可持续发展有着极其重要的意义。

本书认为，首先，当前应该鼓励商业银行进行金融创新，调整商业银行的信贷结构，开办以知识产权为主的质押贷款业务，加大对文化创意企业的信贷支持。文化创意产业最主要的特征就是拥有独立的知识产权，无形资产在文化创意企业资产总额中所占的比例较大，对知识产权等无形资产进行合理评估，并以此为基础向文化创意企业提供质押贷款就显得至关重要。其次，为了加强对贷款的跟踪与管理，降低贷款的风险，应建立适合文化创意企业运行特点的信用评级体系。可以考虑借鉴风险投资所注重的项目成长性及价值评估体系的内核，重点注重文化创意企业的未来现金流和成长性上，建立信用记录制度，实时跟踪文化创意企业的成长变化，以降低商业银行的贷款风险。再次，应当建立信用信息征集，实现文化创意企业信用信息查询、交流和共享的社会化，并以此为基础，推进文化创意企业信用担保体系，推动对文化创意企业的信用担保建设，为文化创意企业的融资创造有利的条件。最后，考虑建立符合文化创意企业特点的贷款审批方式，调整传统贷款审批方式中不适合文化创意企业贷款评估的环节，为具有较大

---

① 荆新，王化成，刘俊彦. 财务管理学（第四版）[M]. 北京：中国人民大学出版社，2008：145.

发展前景的文化创意企业提供审批贷款的"绿色通道",及时满足这些企业的贷款需求。同时,逐步改善信贷管理,扩展服务领域,开发适应文化创意企业发展的金融产品,为文化创意企业提供信贷、结算、财务咨询和投资管理等金融服务。

7.2.3 鼓励民间资本参与文化创意产业

在我国改革开放以后,企业的资本构成日益多元化,资本来源渠道多样化。民间资本亦是企业资金来源一大渠道之一,特别是对于中小企业而言,民间资本所扮演的角色举足轻重。近年来,国家政策对于民间等社会资本的流动逐步放宽和鼓励,2004年国务院下发的通知《国务院关于投资体制改革的决定》,要求"放宽社会资本的投资领域,允许社会资本进入法律法规未禁入的基础设施、公用事业及其他行业和领域",允许和鼓励民间资本进入产业领域,这也为民间资本进入文化创意产业提供了法理的基础。

发达国家在鼓励民间资本参与文化创意产业运行的做法值得我们深思。如美国洛杉矶剧院的演出,排一个戏要300万~400万美元,每年的经费达2200万美元,但其中40%是靠票房收入,其余60%是由社会私人捐助,政府的补贴不到1%。[1] 亚洲的韩国在发展文化创意产业时也是以动员社会资金为主、官员共同融投资的运作方式;在日本,民营企业也是文化创意产业发展壮大所需资金的主要供给者。由此可见,民间资本在各国的文化创意产业发展中起着举足轻重的作用。对于我国而言,鼓励民间资本参与文化创意产业运行,解决文化创意企业特别是中小企业资金需求,势在必行。首当其冲的就是必须加强对民间资本的投入的引导。借助《国务院关于投资体制改革的决定》,以集约化和规模为导向,鼓励民间资本与文化创意资源的结合,扩大民间资本投资的领域,拓宽文化融资渠道,降低民间资本投资的"门槛",形成政府投资与社会投入相结合的多渠道和多元化的投资条件。另外,应当积极鼓励社会企业的风险投资[2]。建立风险投资体系,支持民间资本参

---

[1] 蔡尚伟,温洪泉等. 文化产业导论[M]. 上海:复旦大学出版社,2006:61.
[2] 所谓的风险投资是指企业所进行的权益投资,其特点就是投资的周期较长,流动性较差,风险较高,但是一旦投资经营成功,却能为风险投资者带来丰厚的利润回报。

与其中,通过政府行为影响风险投资的投放量,力争用少量的启动资金带动大量的社会资本的持续进入,为我国目前社会中闲置的大量的民间资本的使用指明投资方向,同时解决日益困扰着文化创意产业的资金来源不足的问题。

7.2.4 完善中小企业担保体系,降低文化创意企业的融资门槛

在我国,企业特别是中小企业的融资担保体制起步比西方发达国家晚,发达国家的经验告诉我们,信用担保制度是政府对中小企业融资提供支持的有效方式之一。[①] 完善中小企业的担保体系,对于我国文化创意产业的发展意义重大。

本书建议,第一,应该进一步完善企业特别是中小企业的融资担保体制,支持和引导担保机构、风险投资机构为文化创意企业特别是中小文化创意企业的融资提供担保或风险投资,并鼓励金融机构探索专利权、著作权以及经过评估的文化资源项目等作为银行信贷抵押的途径和方式的可能性,在条件允许的情况下开展文化创意企业知识产权权利质押业务。第二,制定中小企业的信用担保体系的条例,规范信用担保的市场运行机制,完善担保机构运行规范和法律责任,为文化创意产业的担保机制的市场运行提供一个良好的市场环境。第三,推进文化创意企业的信用制度建设,建立信用信息征集与评价体系,实现文化创意企业信用信息交流和共享的社会化,并以此为契机,建立文化创意企业信用担保体系,推动金融机构对文化创意企业的信用担保,为其融资创造有利的条件。第四,加大政府对担保机构的资金投入,提高担保资金的规模。鼓励担保机构按照市场经济的运行规律,与文化创意企业进行合作,为文化创意企业的市场运营提供资金。

7.3 利用信息技术促进文化创意产业的发展

高新技术的发展催生了文化创意产业与经济的一体化融合。这种融合进

---

① 冯梅. 中国文化创意产业发展问题研究[M]. 北京:经济科学出版社,2009:223.

一步增强了文化创意产业对社会经济发展的贡献度。[①] 技术进步和发展是推动社会经济腾飞的一大关键因素之一，按照世界经济发展史的经验，每一次技术进步，都会给产业发展带来新的传播手段。在当前文化创意产业发展的新时期，就必须加大力度促进文化创意产业与信息技术的融合，由此推动整个文化创意产业结构的调整，使新型的生产门类获得行业发展的优先权。

7.3.1 信息技术对文化创意产业发展的影响

信息技术的飞速发展给文化创意产业的发展带来了极大的推动力，从某种角度上来讲，信息技术的发展是文化创意产业发展的有力支撑。影响了文化创意产业的发展进程和市场运行。

7.3.1.1 信息技术改变了文化创意产业的竞争优势

摩尔定律[②]告诉我们，随着技术和性能的不断提高，价格必将随之大幅下降，这就意味着，在文化创意产业中广泛应用信息技术，必将导致文化创意产业的低成本价值模式显现，同时，文化创意产业本身又有聚集的趋势，文化创意企业之间在技术和信息上可以实现共享，因此，比较容易产生外部效应和规模经济的优势，进一步带来其运行成本的下降。信息技术使得各种文化资源能够以低廉的成本迅速地转化为文化创意产品，而且通常是可以以低成本的代价进行复制。这也使得文化创意产品在实际的市场经营中更易于以低成本生产、高价格销售实现盈利，从而塑造自己独有的竞争优势。以音像产品为例，现在借助网络制作和传播各种出版产品已经成为音像产品制作的一种主要形式，这种形式的变化就是由于信息技术的应用所带来的，网络技术革新了音像产品的传统制作工艺，将产品的制作与上市销售融合在一起，

---

① 相关资料显示，目前美国各类文化产业的产值约占 GDP 的 25%，成为美国的第二大产业，意大利为 25%，日本约占 17%，英国约为 10%，而我国的统计数据显示，文化产业的产值仅占 GDP 的 3% 左右，因此，文化等相关产业发展空间巨大，特别是在当前国家能源较为紧缺，中央提倡建设节约型社会的背景下，文化创意产业应该成为我国转变经济增长方式的战略选择。

② "摩尔定律"是英特尔公司创始人之一戈登·摩尔（Gordon Moore）于 1965 年在总结存储器芯片的增长规律时（据说当时在准备一个讲演），发现"微芯片上集成的晶体管数目每 12 个月翻一番，性能也将翻一倍"。同时，价格也必将急剧下降。

不仅能够有效地降低生产制作和流通的成本，同时，还使得这些企业的服务更具特色，为企业的经营带来了新的盈利空间。

7.3.1.2 信息技术的发展为文化创意产业提供了技术支持

各种高新技术的出现和应用，为文化创意产业的可持续发展提供技术上的支持。我国的各种文化资源极其丰富，这是我们的文化创意产业迅速发展的先天优势，但由于各种原因，这些文化资源并未完全得到很好的利用，尤为可惜。而信息技术等高新技术的发展，为文化创意产业融合创意资源提供了契机。通过信息技术的应用，文化创意产业发展可以充分地融入文化、艺术、历史等资源，通过信息技术可以搭建各种数字平台、网络平台，整合相关的信息、技术、智力、创意等资源，并为文化创意产业的发展提供有效的服务。例如，在现在我国发展较快的媒体、动漫和娱乐产业中，越来越多的文化创意企业开始运用 CD 等高新信息技术来进行内容创作、动画创作和影视数字的特技创作，这种生产运作的方式就是依托信息技术对这些产业进行了融合，使得各种资源（如语音、图像与数据等资源）能在不同行业中进行互换、共享，给文化创意产业的可持续发展注入了新的活力。

7.3.1.3 信息技术的应用提高了文化创意产品的传播效率

随着信息技术的进一步发展，信息技术对文化创意产品和创意思维的影响程度将进一步扩大。个体创意表达所创造的经济价值，将在信息技术的作用下加倍增长，结果导致对同一种表达形式的需求进一步扩大，从而在市场传播中，创造出一种价值螺旋式上升的景象。文化创意产业利用信息技术来影响创意思想的价值，这将是一种产业发展的内在趋势，特别是互联网的普及，这种趋势越发的明显。通过互联网，文化创意企业可以用经过精心设计的知识性和创造性思想的形式和利用数码技术传播，通过网络空间，最大限度向市场中的每一个消费者传播文化创意产品，而且这种传播方式不受时间、地域等因素的限制，大大地加快了文化创意产品的传播速度，扩大了文化创意产品的传播范围。同时，信息技术的发展脚步并未停止，随着信息技术的不断升级，将使得人们获得互动交流、体验、娱乐等的新平台。

7.3.2 充分利用信息技术，促进文化创意产业的可持续发展

信息技术与服务已经成为世界各国发展现代经济的主导部分，对于文化创意产业而言也同样不能例外。现代的国际社会已经进入了"后资本主义"时代，社会经济的增长已不再取决于资金的投入，而是越来越依赖于知识水平、信息技术应用的高低。

7.3.2.1 运用信息技术增强文化创意企业的核心竞争力

核心竞争力是企业生存之本，也是文化创意企业发展的动力源之一。在信息时代下，以信息技术为先导，文化创意企业完全有可能形成自己独特的核心竞争力。世界上众多的文化企业成功的经验表明，提高自主创新、开发能力、加强创意投入、提供差异化、个性化的创意产品是关键的因素。[①] 信息技术的应用，为文化创意产品的设计、改进、生产、延伸等环节提供了更好的发展平台。以游戏为例，视频游戏《毁灭战士》的销售量超过 2000 万元，其制作人只是借助信息技术设计出游戏中主角的原型，而后把软盘插入电脑并点击"复制"，制造出更多的复制品，最后通过因特网配销其游戏。[②] 实现了产供销一体化，极大地提高了创意产品的生产销售的效率，同时确保其供给的创意产品的独特性、个性化的特征，给消费者带来了全新的消费体验，带来了巨大的经济效益。

同时，通过引入信息技术于文化创意产业的日常管理中，对文化创意产业的生产、经营和市场运行等流程进行全方位的改造，将极大地带来生产效率和经济效益的改善，提高文化创意企业的信息处理能力，使企业内部信息流通更加顺畅，外部信息传递更加便捷，实现文化创意企业的生产、决策、营销的智力化，不断地提高文化创意企业的核心竞争力。

7.3.2.2 运用信息技术加快文化创意产业的市场运行

文化创意产业的市场运行是由文化创意设计、生产、传播、营销几个环

---

① 蔡尚伟，温洪泉，等. 文化产业导论 [M]. 上海：复旦大学出版社，2006：220 – 222.
② ［英］约翰·霍金斯. 创意经济：如何点石成金 [M]. 洪庆福，孙薇薇，刘茂玲，译. 上海：上海三联书店，2006：200 – 201.

节组成。文化创意设计必须关注市场中的消费者审美、娱乐、休闲、兴趣等的不断变化，依据特定的消费指向，设计出相应的创意产品，以满足公众的需求。创意的生产则是建立在创意设计的基础上，最终形成有形的、可体验的创意产品。创意的传播环节主要包括媒体信息、网络信息等的采集、制作、复制和传播，通过信息技术把企业的创意产品推向市场，进入消费者的视野。营销环节包括了流通、承销两个环节，确定创意产品的销售方式和销售渠道，最终转移到消费者的手中。在以上几个市场运行的环节中，无论是创意设计、生产、传播还是营销阶段，都离不开信息技术的支撑。可以说，当今文化创意产业的发展，创意产品不仅要包含创意元素，也要有技术含量，这样的创意产品在市场中才有广阔的空间。温彻尔丽（Venturelli，1998）曾经研究了信息技术对文化创意产业的影响中所发现，*各国在创意生产力方面的差距并非来自国家低层次的创造性人才或低质量的创造性内容；相反，差距体现在通过广告、市场营销及对众多网络实行控制以实现销售的力量上，体现在通过与广播、有线电视网、卫星、无线技术和互联网等其他媒体的横向和垂直的联系来进行销售的力量上。*[①] 从温彻尔丽的研究中我们可以发现，信息技术的应用极大地改变了文化创意产业的市场运行。特别是在当前发展文化创意产业的关键时期，加大力度促进信息技术与文化创意产业的融合势在必行。

7.3.2.3 以现代信息技术为手段，以创意为核心实现对文化创意产业价值链上的各种资源的融合

产业融合为理解文化创意产业的价值链整合提供了重要视角。由于文化创意产业是产业融合的产物，因此，文化创意所包含的相关产业以及内部各环节之间的联系更为紧密。从横向来看，影视、出版、动漫游戏、文化传媒、文艺演出、广告会展等产业互相交叉和渗透，它们共同构成了文化创意产业增值的组成部分，使文化创意产业形成了以创意为核心的网状产业价值链结构。从纵向来看，文化创意技术研发和应用、产品和服务的运营传播以及衍生产品的制作推广等关键环节环环相扣，形成了具有内在逻辑的线性价值链

---

① Venturelli Shalini. Liberalizing the European Media：Politics，Regulation and the Public Sphere [M]. Oxford：Oxford University Press，1998：47－76.

结构，推动了文化创意产业的有效整合。

如图7-4所示，在文化创意产业价值链中，文化创意产业处于核心位置。文化创意相关产业——电影电视、音像图书、网络传媒、动漫游戏、文艺演出和广告会展等——建立了广泛的内在联系，在产业增值过程彼此分工与合作，共同组成了文化创意产业价值增值的组成部分，我们可以将其称为文化创意产业的网状价值链结构。

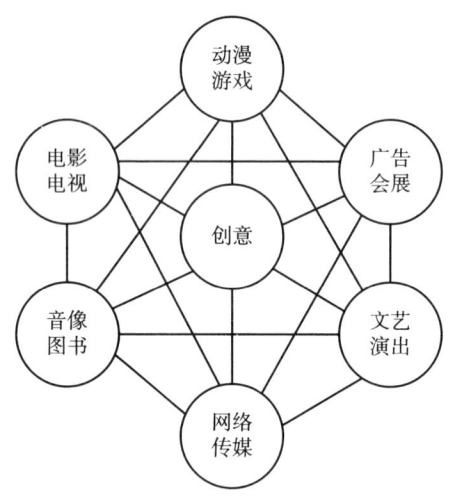

图7-4 文化创意产业的网状价值链结构

单个企业有可能介入文化创意产业的不同领域，此时，其网状价值链的经济价值可以通过轮次收入模式来实现。所谓轮次收入模式，是指企业在不同的发展阶段，运用不同的产业发展模式对核心创意进行开发，从而为企业持续创造经济利益的收入实现模式。迪士尼公司的核心创意是其创造的动画形象，它通过发行拷贝和录像带赚取到第一轮收入，解决了成本回收的问题。之后，迪士尼通过主题公园对其核心创新进行开发，通过世界各地的迪士尼公园赚取了第二轮收入。最后，通过授权的迪士尼商店和品牌产品，赚取了第三轮收入。在轮次循环发展过程中，迪士尼介入的领域越来越广泛，其品牌的影响力也越来越强。

不同的企业也可以围绕核心创意进行共同开发以创造行业价值。在这方面比较成功的例子是《哈利·波特》。众多企业参与开发和分享哈利·波特的创意。它们在图书、电影、游戏以及衍生产品方面都取得了令人瞩目的成绩。迄今为止，《哈利·波特》一书已经被翻译成 64 种语言，前 6 部小说的全球总销量超过了 3.25 亿册。由时代华纳投拍的《哈利·波特》，前 5 部电影的票房累计 43 亿美元。游戏方面，SONY 公司的 PS2 自 2001 年就已开始与影片同步发行游戏软件，2007 年与《哈利·波特与凤凰社》同名的游戏首度在 SONY 的 PS2、PS3、任天堂的 Wii 上同步发行。在美国，Mattel 和 Hasbro 公司共同负责对衍生产品的开发。此外，罗琳的官方网站也成为魔法幻想的奇趣乐园。所有这些都构成了哈利·波特价值增值的组成部分，它们相互支撑，共同创造了巨大的经济价值。

对于文化创意产业而言，要促进价值链整合，推动各环节有效衔接，更好地实现产业的价值增值，需要特别重视价值链中的关键环节，主要是：

（1）技术集成。我国在文化创意关键技术集成方面还存在不足。传统软件和信息服务企业的业务重心主要在于技术研发，而传统影视制作企业又缺乏相应的技术条件，导致在文化创意关键技术集成方面存在断层，限制了现代信息技术在文化产业中的应用。例如，中关村软件园在软件和信息技术领域具有国内领先地位，然而，能够提供影视特技技术一揽子解决方案的公司却并不多见。在技术集成环节的发展中，应注重基础研发对于技术集成的带动作用，促进基础研发成果的转化和利用。在现有高新技术产业园区的基础上推动技术集成是文化创意产业发展的重要方向。

（2）内容制作。好的技术解决方案需要与好的内容相结合才能做出好的产品。网络等媒介产业的生存能力取决于"内容"的创造和消费，内容产业已成为文化经济传播交流的"基础的基础"。近年来，我国在文化产品制作中存在"重技术，轻内容""重引进，轻开发""重数量，轻质量"等现象，文化产品水平不高，制约了我国文化创意产业的健康发展，也影响了文化创意产业价值链的拓展。

（3）产品运营。文化创意产业的发展有赖于盈利模式的创新，其核心是为创意产品提供展示和传播的平台，同时，依托该平台实现各种资源的整合，以创造经济价值。例如，分众传媒利用覆盖全国 100 个城市高级楼宇的网络系统，在电梯内或电梯等候厅内滚动播放广告，产生了良好的经济效益。主要可以考虑两个方面：一是利用数字化技术手段提升内容制作的水平，实现技术与内容的有机结合；二是利用数字和网络多媒体平台推动内容的传播，进行产品运营。

（4）版权贸易。除了通过产品运营以增加受众之外，文化创意产业还注重通过版权贸易来实现价值增值。通过搭建版权交易平台，促进成果的授权和使用，有利于文化创意产业的发展。

7.4 文化创意产业发展的可持续运营方式

可持续发展是当前世界各国发展其国内经济的主题，对于文化创意产业，可持续发展问题同样重要。大量的事实表明，社会发展所需要的能源会逐步减少，而全球的人口却将持续增加，因此，未来产业的发展，走可持续增长的道路便成为唯一的选择。文化创意产业的发展也不例外，如何优化创意资源配置，做到物尽其用、人尽其才，将决定着文化创意产业的发展前景。

7.4.1 可持续发展的概念

20世纪80年代以来，一种新的发展观，即可持续发展观开始在全球范围内逐步形成。1987年，世界环境与发展委员会提出了长篇专题报告《我们共同的未来》。1989年，第15届联合国环境署理事会通过了《关于可持续发展的声明》，对可持续发展做了如下的定义：可持续发展，是指既满足当代人的需要，又不对后代人满足其需要的能力构成危害的发展。[1] 这一概念开始得到了广泛的接受和认可，在1992年联合国环境与发展大会上形成了全球范围内的共识。

按照这一概念，可以归纳出可持续发展的核心思想：健康的经济发展应该建立在生态可持续发展能力、社会公正和人民积极参与自身发展决策的基础上。它追求既要使人类的各种需要得到满足，个人得到充分发展，又要保

---

[1] 中华人民共和国教育部."三个代表"重要思想概论[M]．北京：中国人民大学出版社，2003：73．

护资源和生态环境，不对后代人的生存和发展构成威胁的目标。这一思想是在传统的经济发展模式严重地制约了经济发展和社会的进步背景下产生的。可持续发展的新经济增长模式将打破传统经济增长方式，由"高消耗、高污染、低效益"的粗放型增长向"低消耗、低污染、高效益"的集约型增长方式转变。可持续发展的思想特别是对于当前我国文化创意产业发展将更具备普遍的指导意义。对于当前文化创意产业的发展就更应以可持续发展的思想为指导，在发展指标上，不能够再单纯地用传统的 GDP 作为衡量发展的唯一指标，而应该用社会、经济、文化、环境等多项指标来衡量发展。[①]

7.4.2　通过挖掘文化内涵引领产业发展

在文化创意产业的网状价值链中，创意居于核心地位。通过挖掘文化内涵，推动文化与创意的结合，并以此为核心引导文化创意相关产业的互动与协作，是文化创意产业发展的重要途径。

传统文化对于文化的表现形式都具有持久的影响力。我国在 20 世纪七八十年代的动画片大都采用了传统的表现形式。例如，融会了中国诗画意境和笔墨情趣的水墨动画《小蝌蚪找妈妈》、木偶动画《阿凡提》、剪纸动画《葫芦兄弟》等都具有传统文化的烙印。而 2008 年暑期《葫芦兄弟》电影版的大热，则说明了传统文化在人们心中的地位。传统文化与现代数字技术和创意相结合是产业发展的重要途径。例如，2008 年"梦工厂"暑期档的大片《功夫熊猫》就是将中国民族文化元素与好莱坞创意相结合的典型。

特定地区的文化背景也是发展文化创意产业的重要源泉。通过挖掘城市的历史文化传统，改造旧厂房、老仓库以唤起人们的历史记忆，并以此开展文艺创作、艺术品交易、艺术教育和培训是我国许多城市发展文化创意产业的现实选择。例如，上海重视工业历史建筑的保护性开发，为老仓库和大楼注入新的产业元素，使这些工业老建筑所特有的历史底蕴、想象空间和文化内涵得到充分的诠释和延伸。

---

① 杨永忠. 创意产业经济学 [M]. 福州：福建人民出版社，2009：247.

7.4.3 以内容产业为重点带动产业增长

促进文化创意产业发展，本书认为应该以内容产业为重点带动产业增长。文化创意产业具有"内容为王"的特征。一个打动人心的故事、一个充满了悬念的情节、一段意味深长的历史都有可能成就一部成功的作品。例如，动画片《福娃奥运漫游记》《葫芦兄弟》和《哈利·波特》的电影和网络游戏以及长演不衰的剧目《茶馆》等都以内容见长，产生了很大的影响力。

特别是近年来，随着现代传播媒介的高速发展，人们对于创意内容的需求也日益迫切。在新经济的泡沫破灭之后，人们认识到，传播什么或发送什么显得极为重要，正是短信这样最不起眼的"内容"以惊人的力量支持了新经济的复苏。欧盟"Info2000 计划"中把内容产业的主体定义为那些制造、开发、包装和销售信息产品及其服务的产业。而数字化内容产业则是指将图像、文字、影像、语音等内容，运用数字化高新技术手段和信息技术进行整合运用的产品或服务。数字化内容产业涉及移动内容、互联网服务、游戏、动画、影音、数字出版和数字化教育培训等多个领域，是各国发展文化创意产业发展的重点，也是拓宽文化创意产业链的关键一环。

7.4.4 以现代科技为手段提升产业发展水平

20 世纪 90 年代以来，以网络和数字技术为主的高新技术成为引领文化产业变革的重要力量。高新技术是推动文化创意产业线性价值链整合及其关键环节发展的重要手段，它具有数字化、全息化和交互性的特征，对文化产业产生了深刻的影响。高技术对于文化创意产业发展的作用主要体现在两个方面：一是利用数字化技术手段提升内容制作的水平，实现技术与内容的有机结合；二是利用数字和网络多媒体平台推动内容的传播，进行产品运营。

电脑特技是电影制作中广泛采用的技术手段。美国好莱坞影视公司注重将电脑特技运用于影视制作中，实现了数码技术和表演艺术的完美结合，生产了《指环王》等一系列具有很高技术含量的电影，表明技术正在影响着影视艺术的走向。德国法莱美地区在世界上享有"最佳电影后期制作之都"的美誉,许多好莱坞电影大片都是由该地区的数字图像处理专家参与完成的。除此之外,动漫游戏、广告制作、文艺演出等也广泛采用了现代视觉和影音技术,丰富了艺术的表现手段和方式。

移动电视、手机上网等移动媒体的发展为文化创意产品的传播创造了广阔的平台。数字电视的普及,实现了数字电视制作、放映的数字化。网络电视可配置多种多媒体服务功能,包括数字电视节目、可视 IP 电话、DVD/VCD 播放、互联网浏览、电子邮件,以及多种再现信息咨询、娱乐、教育及商务功能。这些数字和网络平台的发展,对于文化创意产业的发展具有重要的支撑作用。

7.4.5 以版权贸易为主线整合产业链

文化创意产业的发展,在很大程度上依赖于知识产权制度,因此,文化创意产业也可以视为版权产业。在版权产业中,版权贸易属于末端环节,但是也是构成文化创意产业线性价值链的关键环节。全球化背景下,版权贸易有可能引发行业内的调整和重组,对产业链整合具有重要的作用。2007 年 12 月,中央电视台与国际奥委会签约,宣布 CCTV 的新媒体平台 CCTV.corn 成为北京奥运会官方互联网/T-机转播机构。国际奥委会出售数字版权,加剧了媒体巨头在赛事转播版权上争夺,对于媒体领域的竞争和博弈格局产生了深远的影响。

要发展版权贸易,需要为版权机构创造良好的贸易条件。一是要加强版权保护;二是要建设版权登记、认定的平台;三是要营造版权机构进行展示、交流和交易环境。2007 年 11 月,国家版权局在中国人民大学文化科技园成立"国际版权贸易基地",这是我国唯一受国家版权局批准的版权贸易基地,它的建设在推动版权贸易,整合版权相关产业方面将发挥积极作用。

第 8 章
总结与展望

本章主要对本书研究的一些问题进行总结，归纳本书的创新之处，并在此基础上展望未来的研究方向。

8.1 本书的主要结论

本书是采用价值链的相关视角对文化创意产业的发展研究的尝试与探索。在价值链理论在文化创意产业发展问题中的系统的应用，是价值链理论研究的范围上的扩大，同时，也是价值链理论在文化创意产业发展问题的相关分析思路的创新性实践。本书研究的基本结论如下。

（1）文化创意产业无限界，能打破传统产业之间的严格界限，实现产业之间的融合，促进资源更好地在产业之间的合理流动。

文化创意产业是通过"越界"促成不同行业不同领域的重组与合作。这种越界主要是面对原有的第一、第二产业的升级调整，第三产业即服务业的进一步细分，打破了第一、第二、第三产业的原有的界限，通过越界，寻找提升第一、第二产业，融合三产的新的增长点，实现二产要三产化，要创意化、高端化、增值服务化，以推动文化发展与社会经济的发展，并且通过在全社会范围内全面有效地推动创造性发展，来促进社会机制的改革与创新。

文化创意产业的发展，可以有效地实现对传统的第二、第三产业实现进一步的渗透。文化创意产业是以文化创意产品为主体，通过其杂糅性的特点，向传统产业进行有效的渗透，将创意产品融合到第二、第三产品的相关产业产品中的方式，有效地延长了产品的生命周期，进一步带动了这些产业的发展。文化创意产业链条上既有设计、研发、制造等生产活动领域的内容，同时也具有传统三产中的一般服务业，更有艺术、文化、信息、休闲等服务活动的内容。正是通过文化创意产业的这种杂糅特征，促成了不同行业、不同领域的重组与合作。使得有限的社会资源能更好地、更自由地在各产业之间实现合理的流动。可以说，文化创意产业的发展对优化我国的产业结构、促进产业升级、转变经济增长方式具有广泛而重要的意义。

（2）精神消费是文化创意产业需求的本质特征，同时也是决定着文化创意产业价值产生、创造、开发和实现的关键因素。

作为一种特殊的产业形态，它向市场中的顾客提供的产品不同于传统产业的产品，它所提供的更多的是差异化的体验。改革开放以来，我国居民的可自由支配收入逐年增长，在消费领域完成了从满足生理欲望、物质欲望向精神欲望的转变。

加快发展文化创意产业，促进更多的社会资源向文化创意产业汇聚，促进文化创意产业的成长，同时充分利用文化创意产业较强的渗透性，促进传统产业通过思想创新以实现产业升级，是当前摆在我们面前的重大任务。产业经济学的研究成果已经表明，"经济增长是生产结构转变的一个方面，生产结构的变化，应能更有效地对技术加以利用"，因此，"劳动和资本从生产率较低的部门向生产率较高的部门自由转移，能够加速经济增长"。[1] 在当前的经济条件下，世界各个发达国家的发展模式相继发生了以"知识"为核心的变革，即所谓的"知识价值革命"。[2] 人们已经不再追求资源、能源和农产品的更大消费，而是追求时间和智慧的价值，这种价值中则蕴含着大量的创意元素。同时，随着经济的发展和人们收入水平的显著提高，人们除了基本的物资生活追求之外，将更加注重精神方面的消费。随着社会生产力的提高，人们对于物质性产品的消费需求将会有所减缓，而对于精神文化产品的消费需求必将逐渐增加，这种变化将成为深层次扩大内需的关键所在。文化创意

---

[1] 霍利斯·B. 钱纳里等. 工业化和经济增长的比较研究 [M]. 上海：上海三联书店，1989：22.
[2] 杨永忠. 创意产业经济学 [M]. 福州：福建人民出版社，2009：15.

产业作为一种新兴的产业形态，本身就是现代工业文明的产物，是一个需要较高的劳动力素质和较高的资本形态来创造较高生产率、较高经济效益的部门，才能更好地满足当前社会经济的差异化需求。

在文化创意产业的产品和服务中，科技与文化的附加值的比重明显要高于传统产业产品和服务中的劳动力以及资本附加值的比重。其中，文化创意产业的高附加值特征主要表现在创意能赋予产品观念价值。[①] 特别是随着当前社会经济的高速发展，人民物质生活的极大提高，现在市场的消费需求越来越呈现出个性化的趋势，人们消费产品一改过去那种仅仅是为了获得产品的基本效用，而转向当前更加注重产品与服务所蕴含的观念价值，这种观念价值在一定的程度体现在附加在产品之上的"精神、文化体验"，在消费者所消费的整体价值中，这种精神性的观念价值所占的比重将随着消费需求个性化趋势逐渐趋向显性化。因此，文化创意产业通过高品质的创意，并将之附着在大多数消费者认同的文化创意的产品之上，那么，它就具有更高的附加值。同样，在市场交易中也就越能卖出更高的价格，实现价值增值。

（3）文化创意产业价值的创造、开发和实现的过程，决定其产业价值增值的最终结果。

价值创造是文化创意转化为产业的核心，也是文化创意产业实现市场效益的关键所在。与传统产业价值创造过程不同的是，文化创意产业是具有原创性和显著知识特征、蕴含丰富文化意义的新兴产业，它具有将原创的创意产业化、商品化的特征，在其市场化过程中，是以创意为核心，以高新技术手段为辅助，创意具有个性化特征的价值，最终形成完整的文化创意产品，销售给最终消费者。文化创意产业的价值创造大体可以分为内容创意的产生、创意的生产、市场经营、创意的传播、创意的消费五个环节。在内容创意的产生环节中，主体工作主要是创意生成和创意开发两个步骤；在创意的生产环节，主要体现为创意产品化阶段；在市场经营环节，确定参与其市场经营环节的诸如代理商、策划人、经纪人等中介机构，通过这些中介机构的参与，采用各种营销方式将文化创意产品传递、销售给最终消费者，以实现文化创意产品的市场价值；在创意的传播环节，主体工作主要是

---

① 杨永忠. 创意产业经济学 [M]. 福州：福建人民出版社，2009：10.

合适的传播渠道和方式的选择与确定；在创意的消费环节，消费者的认同并由此产生的购买行为。

价值开发是文化创意产业市场化的前提。文化创意企业在经营中首先会以消费者的需求（特别是文化等精神领域的需求）为导向，其经营的关键首先是促进消费者对文化创意产品的观念价值的形成，以提高消费者对文化创意产品中所蕴含的文化的认同，文化创意产业通过其独特的观念价值的塑造，向传统产业的产品中注入了新的文化信息要素，提供了新的价值元素，促进了新的市场需求。

文化创意产业的价值开发是实现文化创意产业价值的基础，同时也是文化创意产业价值链中的关键一环。文化创意产业的价值开发，一方面是对其核心创意的开发，更重要的是应挖掘并实现其所蕴含的附加价值。其价值的实现类似垄断产业的利润产业，可以通过两种途径来实现。第一种是文化创意企业通过并购或自建生产企业的形式，独自生产独一无二的文化创意产品，以提高自身的利润水平；第二种是在市场销售中通过价格加成策略来实现盈利水平的增长。

当然，在文化创意产业价值链运动过程中，需要文化创意产业运行的组织保证、动力机制和调控机制，为文化创意产业价值链的健康运行创造必要的外部条件。

（4）文化创意产业是可以实现可持续运营的。

文化创意产业的运营过程决定着文化创意产业的整体价值的最终实现，认识文化创意产业的运营流程，对于促进文化创意产业的可持续发展，实现产业的价值增值至关重要。

加快文化创意产业的发展，促进其可持续运营是一项长期的、系统工程，需要包括政府在内的各方面力量的协调，需要社会环境、投融资体系、知识产权保护和人才开发等多方面工作的协调推进。特别是在当前的经济条件下，加强政府的宏观调控功能，使市场在政府的宏观调控下实现对文化创意资源的配置起到基础性的作用，同时，政府部门应该成为文化创意产业可持续发展及运营的重要力量，以实现文化创意企业的健康、可持续发展。在文化创意产业的运营过程中，应加大力度引入各种新兴的信息技术，促进文化创意产业与信息技术的融合，由此推动整个文化创意产业结构的调整，为文化创意产业发展及可持续运营提供强有力的技术支撑。与此同时，更进一步地通过挖掘文化内涵引领产业发展，以内容产业为重点带动产业增长，以现代科技为手段提升产业发展水平，以版权贸易为主线整合产业链。

8.2 本书的创新之处

本书的创新之处主要体现在以下两个方面。

（1）提出从价值链视角上研究文化创意产业的发展问题。创意产业发展是一个新兴研究领域，其理论建设及其实践应用处于起步阶段，而且理论研究落后于产业实践应用。从目前国内外研究的现状来看，对文化创意产业发展的研究，不仅限于经济学、哲学、社会学、战略理论等角度，也有从理学、工学、农学等领域的视角对文化创意产业进行研究，但从价值链视角对文化创意产业发展进行研究则是微乎其微。本书结合相对成熟的价值链理论，从价值链视角分析了文化创意产业领域的相关问题，为学术界对文化创意产业的研究开拓了一个新的视角。应该说，本书的命题在我国相对还是一个比较新颖的领域。

（2）提出文化创意产业价值链中价值的创造、开发和实现的过程。本书结合波特的价值链理论，根据文化创意产业生产运行过程的实际特点，对该过程进行了一定程度上的分析和探讨，论证了文化创造产业的价值链运行机制、市场价值实现的过程，这一过程是以文化创意为核心，以各种高新技术和新颖的经营模式为辅助，实现的内容创意的产生、创意的生产、市场的经营、独特的创意传播方式以及创意的最终消费为中心环节的价值创造。以消费者精神需求的激发为导向，促进文化创意产品的观念价值形成。并在此基础上，以独特的创意融合到产品中，实现蕴含其中的附加价值。本书研究对为文化创意产业的延伸和拓展提供了理论上的依据。

8.3 本书研究的不足及有待进一步研究的问题

由于文化创意产业内涵极其丰富，涉猎的领域也非常广泛，其所处的跨学科的位置和知识面的交叉性，使文化创意产业研究相对困难。同时，因笔者学术水平有限，本书研究的不足之处主要有以下两点。

（1）缺乏对地区差异上的考量。本书的研究大多是从理论的角度，来分析文化创意产业发展问题，研究的结论的模式化过强，对于文化创意产业在地域上的差异可能没有充分地考虑到。因此，面上的研究会相对较多，点上或具体区域的研究涉及较少。

（2）定性的研究多，定量的研究相对较少。尽管本书的选题具有前沿性和新颖性，但囿于自己的视野和能力的限制，以及所掌握的资料不足，导致对一些问题的研究更多是停留在定性分析上，定量分析与佐证仍有待以后进一步的研究。实际上，在本书的写作过程中，作者曾经走访了福建省的一些企业，但大多数企业都是以商业机密为借口，不愿提供涉及产业问题的数据，这在一定的程度上也限制了本书定量研究的进展。

8.4　有待进一步研究的问题

（1）文化创意产业的聚集与区域经济发展问题的研究。文化创意产业的聚集，对城市环境的改造、城市品牌的塑造、城市经济的发展等方面都有着极其重要的影响。而文化创意产业在聚集发展中，如何实现与区域经济环境条件的融合，如何提出符合区域资源条件、人文条件、科技条件等合理化构思等实践性较强的问题，是今后在文化创意产业聚集研究的一大方向。

（2）文化创意产业价值的评估。我国目前的文化创意产业还处在初级发展阶段，相关的一些研究也处于摸索前进的状况。而文化创意产业本身内涵丰富，包含着众多的行业分类，且各种分类在统计的口径上又常常与其他产业类别发生重叠现象。因此，在文化创意产业价值的评估研究中，如何对文化创意产业链的各环节进行较为精确的定量判断，并在此基础上进行实证分析，是进一步需要深入研究的重点和难点。

虽然在本书的第 3 ~ 5 章对上述问题进行了初步的探讨，并进行了一定程度上的案例分析，但在分析诸如文化创意产业价值体系的价值评估体系仍需要大量的实证研究。

参考文献

一、中文部分

[1] 安宇, 沈山. 日本和韩国的"文化立国"战略及其对我国的借鉴 [J]. 世界经济与政治论坛, 2005 (4): 114-117.

[2] 白远, 池娟. 文化创意产业发展比较研究——理论与产品的国际贸易 [M]. 北京: 中国金融出版社, 2009.

[3] 蔡尚伟. 文化产业导论 [M]. 上海: 复旦大学出版社, 2006.

[4] 柴越尊. 我国创意产业评估统计指标体系研究 [J]. 商业时代, 2007 (21): 88-89.

[5] 曹继军. 创意产业点亮上海现代服务业 [N]. 光明日报, 2005-03-24: 1.

[6] 曹永玖. 现代日本大众文化 [M]. 北京: 中国经济出版社, 2000.

[7] 陈少峰. 文化产业读本 [M]. 北京: 金城出版社, 2009.

[8] 陈信康, 兰斓. 创意体验概念辨析及概念识别 [J]. 管理学报, 2010 (12): 1805-1810, 1818.

[9] 陈顺龙. 厦门发展文化创意产业的思路 [J]. 发展研究, 2008 (4): 11-13.

[10] 陈蕴真. 北京市文化产业的发展 [J]. 城市发展研究, 2001 (5): 45-48.

[11] 陈倩倩, 王缉慈. 论创意产业及其聚集的发展 [J]. 地域研究与开

发，2005（5）：5-8，37.

［12］陈祝平，黄艳麟. 创意产业集聚区的形成机理［J］. 国际商务研究，2006（4）：1-6.

［13］崔世平，兰小梅，罗赤. 澳门创意产业区的规划研究与实践［J］. 城市规划，2004（6）：93-96.

［14］褚劲风. 世界创意产业的兴起、特征与发展［J］. 世界地理研究，2005（4）：16-21.

［15］仇勇懿. 创意产业——基于集群化和通讯网络角度的分析［D］. 上海：华东师范大学，2007.

［16］丁建辉. 创意产业与广告创意［M］. 杭州：浙江大学出版社，2008.

［17］董焕忠，方淑芬. 类生产函数企业价值链管理模型研究［J］. 中国管理科学，2005（6）：46-51.

［18］范桂玉. 北京市文化创意产业聚集发展机制研究［J］. 特区经济，2009（10）：84-86.

［19］范中汇. 英国文化管理［M］. 北京：文化艺术出版社，2001.

［20］冯梅. 中国文化创意产业发展问题研究［M］. 北京：经济科学出版社，2009.

［21］冯子标，焦斌龙. 大趋势：文化产业解构传统产业［M］. 北京：社会科学文献出版社，2006.

［22］符韶英，徐碧祥. 创意产业聚集化初探［J］. 科技管理研究，2006（5）：54-57.

［23］高长春，崔文秒. 从五大基准看上海创意产业［J］. 上海经济，2006（10）：68-70.

［24］高鸿业. 西方经济学（第二版）［M］. 北京：北京大学出版社，2004.

［25］高伟. 经济与文化的交融与互动［J］. 理论学习（山东干部函授大学学报），2002（8）：41-42.

［26］高占祥. 文化力［M］. 北京：北京大学出版社，2007.

［27］龚亚夫. 改善分配吸引人才　加强文化教育创意产业［EB/OL］.

http：//www.scic.gov.cn/cms/Article_Show.asp？ArticleID = 1984.

[28] 郭辉勤. 创意经济学 [M]. 重庆：重庆出版社，2007.

[29] 郭金龙，林文龙. 中国市场十种赢利模式 [M]. 北京：清华大学出版社，2005.

[30] 郝风林. 发展城市文化产业的思考 [J]. 科学社会主义，2005 (2)：57 - 59.

[31] 贺寿昌. 关于创意产业的理论思考 [J]. 戏剧艺术. 2006 (3)：4 - 13.

[32] 贺寿昌. 创意学概论 [M]. 上海：上海人民出版社，2006.

[33] 胡惠林，李康化. 文化经济学 [M]. 上海：上海文艺出版社，2003.

[34] 胡惠林. 文化产业概论 [M]. 昆明：云南大学出版社，2005.

[35] 胡珊. 国外发展创意产业的经验与启示 [D]. 武汉：武汉理工大学，2008.

[36] 胡小武. 创意经济时代与城市新机遇 [J]. 城市问题，2006 (5)：21 - 27.

[37] 花建等. 软权利之争：全球化视野中的文化潮流 [M]. 上海：上海社会科学出版社，2001.

[38] 花建. 产业界面上的文化之舞 [M]. 上海：上海人民出版社，2002.

[39] 花建. 我国文化产业投资战略的思考 [J]. 上海社会科学院学术季刊，2002 (2)：139 - 147.

[40] 花建，王冷一，郭洁敏. 文化金矿 [M]. 深圳：海天出版社，2003.

[41] 花建，巫志南. 文化产业竞争力 [M]. 广州：广东人民出版社，2005.

[42] 花建. 创新·融合·集聚——论文化产业、信息技术与城市空间三者间的互动趋势 [J]. 社会科学，2006 (1)：44 - 50.

[43] 花建. 创意产业规律的探索和应用 [J]. 电影艺术，2006 (3)：21 - 26.

[44] 皇甫晓涛. 创意中国与文化产业——国家文化资源版权与文化遗

产安全研究 [M]. 广州: 暨南大学出版社, 2007.

[45] 皇甫晓涛. 文化产业新论 [M]. 长沙: 湖南人民出版社, 2007.

[46] 黄志锋. 对当前我国企业社会责任现状的思考 [J]. 哈尔滨商业大学学报 (社会科学版), 2009 (4): 52-54.

[47] 黄志锋, 吕庆华. 市场营销组合理论演进及发展趋势综述 [J]. 江南大学学报 (人文社科版), 2009 (6): 103-108.

[48] 黄志锋, 孙伟. 市场营销学 [M]. 成都: 西南交通大学出版社, 2009.

[49] 黄志锋. 竞合背景下企业的联盟问题的研究 [J]. 石河子大学学报 (人文社科版), 2010 (1): 57-60.

[50] 黄志锋. 基于闽南文化生态保护的文化创意产业发展问题的研究——以泉州市为例 [J]. 商场现代化, 2010 (4): 91-93.

[51] 黄志锋. 创意产业理论研究综述 [J]. 延边大学学报 (社会科学版), 2010 (5): 43-48.

[52] 黄志锋, 吕庆华. 略论我国休闲产业发展的现状及对策 [J]. 南京航空航天大学学报 (社会科学版), 2010 (2): 34-39.

[53] 黄志锋. 浅论新经济形势下企业的社会责任 [J]. 华东经济管理, 2010 (5): 91-94.

[54] 黄志锋. 我国休闲产业发展问题研究 [J]. 经济地理, 2010 (9): 1497-1502.

[55] 纪永英. 创新的赢利模式 [M]. 北京: 机械工业出版社, 2009.

[56] 贾春峰. 文化力 [M]. 北京: 人民出版社, 1995.

[57] 降巩民, 严力强, 初小玲. 首都文化创意产业大家谈 [M]. 北京: 同心出版社, 2007.

[58] 蒋三庚. 文化创意产业研究 [M]. 北京: 首都经济贸易大学出版社, 2006.

[59] 焦兴国. 产业塔论 [M]. 北京: 经济科学出版社, 2003.

[60] 金元浦. 文化生产力与文化经济 [J]. 上海社会科学学术季刊, 2000 (1): 136-144.

[61] 金元浦. 当代文化创意产业的勃兴 [EB/OL]. http: www. culin-

dustries. com/news/displaynews. asp？id = 1074.

［62］金元浦. 创意产业的全球勃兴［J］. 社会观察，2005（2）：22 - 24.

［63］金元浦. 当代世界创意产业的概念及其特征［J］. 电影艺术，2006（3）：4 - 11.

［64］金元浦. 文化创意产业北京发展新引擎［J］. 数据，2006（5）：13 - 17.

［65］金元浦. 文化创意产业：创新型我国的战略选择［N］. 人民日报，2006 - 12 - 29.

［66］李冬，陈红兵. 文化产业的基本特征及发展动力［J］. 东北大学学报（社会科学版），2005（2）：91 - 93.

［67］李富强. 让文化成为资本——中国西部民族文化资本化运营研究［M］. 北京：民族出版社，2004.

［68］李江帆. 第三产业经济学［M］. 广州：广东人民出版社，1990.

［69］李建军. 西方国家创意产业研究综述［J］. 边疆经济与文化，2008（3）：97 - 98.

［70］李津. 创意产业人才素质要求与胜任力研究［J］. 科学学与科学技术管理，2007（8）：193 - 195.

［71］李思屈，李涛. 文化产业概论［M］. 杭州：浙江大学出版社，2008.

［72］李书文. 文化产业化的战略问题［J］. 软科学，2004（2）：28 - 30.

［73］李向民. 精神经济［M］. 北京：新华出版社，1998.

［74］李亚夫，孙萍. 创意如何成为产业？［J］. 21 世纪商业评论，2005（9）：150 - 157.

［75］李一凡. 北京文化创意产业发展与人才培养模式研究［J］. 北京印刷学院学报，2006（4）：2 - 5.

［76］厉无畏，王慧琴. 国际产业发展的三大趋势［J］. 社会科学季刊，2002（2）：14 - 18.

［77］厉无畏，王如忠. 创意产业——城市发展的新引擎［M］. 上海：上海社会科学院出版社，2005.

［78］厉无畏. 上海创意产业发展的思路与对策［J］. 上海经济，2005（1）：32 - 36.

[79] 厉无畏. 创意产业推动城市发展 [J]. 团结, 2006 (4): 24-28.

[80] 厉无畏. 创意产业导论 [M]. 北京: 学林出版社, 2006.

[81] 厉无畏. 创意改变中国 [M]. 北京: 新华出版社, 2009.

[82] 厉无畏, 王慧敏. 创意产业新论 [M]. 上海: 东方出版社, 2009.

[83] 厉无畏, 于雪梅. 关于上海文化创意产业基地发展的思考 [J]. 上海经济研究, 2005 (8): 48-53.

[84] 廖灿. 创意中国 [M]. 北京: 中国经济出版社, 2008.

[85] 林拓, 李惠斌, 薛晓源. 世界文化产业发展前沿报告 [M]. 北京: 社会科学文献出版社, 2004.

[86] 刘保昌. 文化创意产业综论 [J]. 襄樊学院学报, 2007 (9): 53-56.

[87] 刘海丽, 尹建中. 文化产业的战略地位与发展途径 [J]. 经济与管理, 2005 (2): 17-20.

[88] 刘吉发, 岳红记, 陈怀平. 文化产业学 [M]. 北京: 经济管理出版社, 2005.

[89] 刘丽, 张焕波. 北京文化创意产业聚集发展问题研究 [J]. 中国农业大学学报 (社会科学版), 2006 (3): 47-52.

[90] 刘南昌. 强国产业论——产业政策若干理论问题研究 [M]. 北京: 经济科学出版社, 2006.

[91] 刘绪义. 论我国网络文化产业发展的几个问题 [J]. 北京理工大学学报 (社会科学版), 2005 (1): 33-35.

[92] 刘彦武. 发展文化学——一门建设中的学科 [M]. 北京: 中央编译出版社, 2009.

[93] 刘奕, 马胜杰. 我国创意产业聚集发展的现状及对策 [J]. 学习与探索, 2007 (3): 136-138.

[94] 柳洲. 发展创意产业的必然性分析 [J]. 未来与发展, 2006 (3): 27-30.

[95] 陆祖鹤. 文化产业发展方略 [M]. 北京: 社会科学文献出版社, 2006.

[96] 吕庆华. 文化资源的产业开发 [M]. 北京: 经济日报出版社, 2006.

[97] 吕庆华. 现代商学理论与营销管理 [M]. 北京: 华龄出版社, 2006.

[98] 吕学武, 范周. 文化创意产业前沿: 希望——新媒体的崛起 [M].

北京：中国传媒大学出版社，2007.

［99］吕学武，范周．文化创意产业前沿：理论——碰撞与交融［M］．北京：中国传媒大学出版社，2007.

［100］吕学武，范周．文化创意产业前沿：见证——使命与方向［M］．北京：中国传媒大学出版社，2007.

［101］吕学武，范周．文化创意产业前沿：现场——文化的质感［M］．北京：中国传媒大学出版社，2007.

［102］吕文栋，张辉．全球价值链下的地方产业聚集战略研究［J］．中国软科学，2005（2）：119－124.

［103］马健．产业融合理论研究评述［J］．经济学动态，2002（5）：78－82.

［104］孟晓驷．文化经济学的思维——物质与文化均衡发展分析［M］．北京：人民文学出版社，2005.

［105］牛维麟．国际文化创意产业园区发展研究报告［M］．北京：中国人民大学出版社，2007.

［106］欧阳友权．文化产业通论［M］．长沙：湖南人民出版社，2006.

［107］潘成云．解读产业价值链——兼析我国新兴产业价值基本特征［J］．当代财经，2001（9）：7－15.

［108］潘瑾，陈晓春．上海创意产业知识产权保护问题及对策研究［J］．上海企业，2006（5）：28－29.

［109］潘瑾，李鉴，陈媛．创意产业聚集的知识溢出探析［J］．科技管理研究，2007（8）：80－82.

［110］钱竞，胡波．创意产业发展模式借鉴与探索［J］．经济论坛，2006（4）：25－27.

［111］曲媛媛．发展文化创意产业关注点［J］．北京规划建设，2007（2）：106－107.

［112］荣跃明．超越文化产业：创意产业的本质与特征［J］．毛泽东邓小平理论研究，2004（5）：18－24.

［113］荣跃明．我国发展创意产业的战略思考［J］．电影艺术，2006（3）：11－15.

[114] 单凤儒. 管理学基础（第三版）[M]. 北京：高等教育出版社，2008.

[115] 盛垒. 北京发展创意产业的战略意义、比较优势及其应对策略 [J]. 北京社会科学，2005（3）：72－80.

[116] 盛垒. 创意产业：21世纪新的经济增长点 [J]. 市场研究，2006（1）：35－43.

[117] 申维辰. 评价文化 [M]. 太原：山西教育出版社，2004.

[118] 石杰，司志浩. 文化创意产业概论 [M]. 北京：海洋出版社，2008.

[119] 宋冬英. 创意产业研究综述 [J]. 重庆工商大学学报（西部论坛），2006（5）：57－60，67.

[120] 苏勇. 创意产业需要创新氛围"孵化" [N]. 解放日报，2005－08－27：7.

[121] 孙安民. 文化产业理论与实践 [M]. 北京：北京出版社，2005.

[122] 孙茂竹. 管理会计的理论思考与架构 [M]. 北京：中国人民大学出版社，2002.

[123] 孙启明，郭玉锦，刘宇，曾静平. 文化创意产业前沿——希望：新媒体崛起 [M]. 北京：中国传媒大学出版社，2008.

[124] 王德禄. 创意产业：区域经济发展的新引擎 [J]. 企业研究报告，2006（3）：26－28.

[125] 王海军，汪水波. "创意产业"与浙江产业发展 [J]. 中共浙江省委党校学报，2006（4）：107－111.

[126] 王红亮，李国平. 从创意到商品：运作流程与创意产业成长——基于"一意多用"视角 [J]. 中国工业经济，2007（8）：58－65.

[127] 王缉慈. 创意产业聚集的价值思考 [J]. 发展规划与结构调整，2006（3）：24－27.

[128] 王书昆，王树林. 发展文化创意产业提升北京软实力 [J]. 新视野，2006（2）：22－25.

[129] 王万举. 文化产业创意学 [M]. 北京：文化艺术出版社，2008.

[130] 王中桥. 论新的发展阶段我国文化产业的发展 [J]. 理论月刊，2001（2）：14－17.

[131] 魏鹏举. 文化创意产业导论 [M]. 北京：中国人民大学出版社, 2010.

[132] 魏小安. 中国休闲经济 [M]. 北京：社会科学文献出版社, 2005.

[133] 吴存东, 吴琼. 文化创意产业概论 [M]. 北京：中国经济出版社, 2010.

[134] 吴俐萍. 创意产业发展的政策支撑体系研究 [J]. 科技进步与对策, 2006 (11)：21-24.

[135] 吴满意. 广告文化 [M]. 北京：中国经济出版社, 1995.

[136] 魏爱梳. 创意产业文献综述 [J]. 经济论坛, 2009 (1)：64-66.

[137] 夏颖. 价值理论初探 [J]. 理论观察, 2006 (4)：136-137.

[138] 夏征家. 辞海 [M]. 上海：上海辞书出版社, 1999.

[139] 向勇. 北大文化产业前沿报告 [M]. 北京：群言出版社, 2002.

[140] 谢名家等. 文化产业的时代审视 [M]. 北京：人民出版社, 2003.

[141] 熊澄宇. 文化产业研究：战略与对策 [M]. 北京：清华大学出版社, 2006.

[142] 徐浩然, 雷琛烨. 文化产业管理 [M]. 北京：科学文献出版社, 2006.

[143] 徐清泉. 创意产业：城市发展的又一引擎 [J]. 社会观察, 2004 (9)：16-17.

[144] 薛晓源, 曹荣湘. 全球化与文化产业 [M]. 北京：社会科学文献出版社, 2005.

[145] 严红梅. 我国创意产业集群发展研究——基于波特集群竞争理论分析视角 [J]. 湖北行政学院学报, 2009 (4)：38-42.

[146] 严三九, 王虎. 文化产业创意与策划 [M]. 上海：复旦大学出版社, 2008.

[147] 杨恩卓, 周意纯, 汪召辉等. 赢利模式 [M]. 广州：广东经济出版社, 2004.

[148] 杨海霞, 郑晓红. 国外创意产业发展情况及其启示 [J]. 经济师, 2006 (10)：53-54.

[149] 杨永忠. 创意产业经济学 [M]. 福州：福建人民出版社，2009.

[150] 杨周南. 价值链会计管理信息化的变革 [J]. 会计研究，2005 (4)：36-40.

[151] 叶辛，蒯大申. 创意上海 [M]. 北京：社会科学出版社，2006.

[152] 尹美群. 价值链价值分布研究：价值库的构建 [J]. 海南大学报人文社会科学版，2007 (8)：420-426.

[153] 于雪梅. 柏林与上海文化创意产业发展比较 [J]. 上海经济，2005 (Z1)：72-76.

[154] 张辉. 全球价值链理论与我国产业发展研究 [J]. 中国工业经济，2004 (5)：38-46.

[155] 张辉. 全球价值链动力机制与产业发展策略 [J]. 中国工业经济，2006 (1)：40-49.

[156] 张京成. 中国创意产业发展报告 [M]. 北京：中国经济出版社，2009.

[157] 张京成. 中国创意产业发展报告 [M]. 北京：中国经济出版社，2008.

[158] 张京成，刘光宇. 创意产业的特点及两种存在方式 [J]. 北京社会科学，2007 (4)：3-8.

[159] 张京成，周学政. 创意为王：中国创意产业安全典藏 [M]. 北京：科学出版社，2007.

[160] 张琦，孙理军. 产业价值链密炼机理及优化模型研究 [J]. 工业技术经济，2005 (7)：111-113.

[161] 张胜冰，徐向昱，马树华. 世界文化产业概要 [M]. 昆明：云南大学出版社，2006.

[162] 张晓明，胡惠林，章建刚. 2001~2002 年：中国文化产业发展报告 [R]. 北京：社会科学文献出版社，2002.

[163] 张晓明，君昌龙，李平. 国际文化产业发展报告第一卷（2007）[M]. 北京：社会科学文献出版社，2007.

[164] 张晓明，胡惠林，章建刚. 2008 年文化蓝皮书 [A]. 2008 年中国文化产业发展报告 [M]. 北京：社会科学文献出版社，2008.

[165] 张幼文. 知识经济的生产要素及其国际分布 [J]. 经济学动态, 2004 (5): 20-24.

[166] 赵弘, 王俊红. 论北京文化创意产业发展 [J]. 北京市经济管理干部学院学报, 2006 (2): 3-6.

[167] 赵弘, 张西玲. 发展文化创意产业要高度重视知识产权保护 [J]. 经济论坛, 2006 (13): 62-65.

[168] 赵莉. 首都文化创意产业人才状况的实证分析 [R]. 潘晨光主编. 中国人才发展报告——人才蓝皮书 [M]. 北京: 社会科学文献出版社, 2007.

[169] 郑淑蓉. 电子商务经营与管理 [M]. 北京: 华龄出版社, 2006.

[170] 周灵雁, 褚劲风, 李萍萍. 上海创意产业空间集聚研究 [J]. 现代城市研究, 2006 (12): 4-9.

[171] 周淑清. 苏南模式的新发展 [J]. 集团经济研究, 2004 (4): 90-91.

[172] 邹文广, 徐庆文. 全球化与中国文化产业发展 [M]. 北京: 中央编译出版社, 2006.

[173] 周子琰, 姜奇平. 创意经济新论——中国蓝海风暴 [M]. 北京: 新星出版社, 2006.

[174] 朱玲. 创意产业启动北京经济引擎 [J]. 金融经济, 2007 (1): 19-20.

[175] 朱善利. 微观经济学 (第二版) [M]. 北京: 北京大学出版社, 2005.

[176] 朱相远. 文化创意产业的兴起与分类 [J]. 数据, 2006 (5): 16-17.

[177] [美] 阿尔温·托夫勒. 未来的冲击 [M]. 贵阳: 贵州人民出版社, 1985.

[178] [美] 埃弗雷特·M. 罗杰斯. 创新的扩散 [M]. 北京: 中央编译出版社, 2002.

[179] [英] 安德鲁·坎贝尔, 凯瑟琳·萨姆斯·卢克斯. 战略协同 (第二版) [M]. 任通海, 龙大伟, 译. 北京: 机械工业出版, 2000.

[180] [美] 安德森. 长尾理论 [M]. 乔江涛, 译. 北京: 中信出版社,

2006.

[181] [美] 查尔斯·W. L. 希尔，[澳] 史蒂文·L. 麦克沙恩，李维安，周建. 管理学 [M]. 北京：机械工业出版社，2009.

[182] [加] D. 保罗·谢弗. 新发展观 [M]. 张宁，等译. 北京：华夏出版社，1987.

[183] [马来西亚] 冯久玲. 文化是好生意 [M]. 海口：海南出版公司，2003.

[184] [美] 佛罗里达. 创意经济 [M]. 方海萍，魏清江，译. 北京：中国人民大学出版社，2006.

[185] [加] 弗朗索瓦·科尔伯特. 文化产业营销与管理 [M]. 高福进，等译. 上海：上海人民出版社，2002.

[186] [日] 界屋太一. 知识价值革命 [M]. 黄晓勇，韩铁英，刘大洪，译. 上海：上海三联书店，1987.

[187] [美] 哈维·汤普森. 创造顾客价值 [M]. 赵占波，译. 北京：华夏出版社，2003.

[188] [美] 霍利斯·B. 钱纳里. 工业化和经济增长的比较研究 [M]. 上海：上海三联书店，1989.

[189] [美] 赖因哈德·莫恩. 合作致胜——贝塔斯曼的成功之道 [M]. 北京：华夏出版社，1992.

[190] [美] 理查德·E. 凯恩斯. 创意产业经济学——艺术的商业之道 [M]. 孙绯，等译. 北京：新华出版社，2004.

[191] [美] 理查德·L. 达夫特. 组织理论与设计 [M]. 王凤彬，张秀萍，等译. 北京：清华大学出版社，2003.

[192] [美] 琳达·S. 桑福德，戴夫·泰勒. 开放性成长——商业大趋势：从价值链到价值网络 [M]. 刘曦，译. 上海：东方出版社，2008.

[193] [德] 马克思. 马克思恩格斯全集（第42卷）[M]. 北京：人民出版社，1979.

[194] [美] 迈克尔·E. 波特. 竞争优势 [M]. 陈小悦，译. 北京：华夏出版社，2001.

[195] [美] 迈克尔·E. 波特. 竞争战略 [M]. 陈小悦，译. 北京：华

夏出版社，2002.

［196］［美］迈克尔·E. 波特. 国家竞争优势［M］. 李明轩，邱如美，译. 北京：华夏出版社，2002.

［197］［日］名和太郎. 经济与文化［M］. 高增杰，郝玉珍，译. 北京：中国经济出版社，1987.

［198］［美］莫博涅. 蓝海战略：超越产业竞争，开创全新市场［M］. 吉宓，译. 北京：商务印书馆，2005.

［199］［日］日下公人. 新文化产业论［M］. 上海：东方出版社，1989.

［200］［美］J. E. 斯蒂格利茨. 经济学（第二版）（上册）［M］. 梁小民，黄险峰，译. 北京：中国人民大学出版社，2003.

［201］［美］施密特. 娱乐至上：体验经济时代的商业秀［M］. 北京：中国人民大学出版社，2004.

［202］［澳］斯图亚特·坎尔安. 从文化产业到创意产业：理论、产业和政策的涵义［EB/OL］. http：//creative industries. qut. edu. au/research/circa/documents.

［203］［美］特里·A. 布里顿，戴安娜·拉萨利. 体验——从平凡到卓越的产品策略［M］. 北京：中信出版社，2004.

［204］［美］亚德里安·J. 斯莱沃斯基. 发现利润区［M］. 北京：中信出版社，2003.

［205］［美］沃尔夫. 娱乐经济［M］. 北京：光明日报出版社，2001.

［206］［美］约翰·费斯克. 理解大众文化［M］. 王晓珏，宋伟杰，译. 北京：中央编译出版社，2001.

［207］［澳］约翰·哈特利. 创意产业读本［M］. 曹书乐，包建女，李慧，译. 北京：清华大学出版社，2007.

［208］［英］约翰·霍金斯. 创意经济：如何点石成金［M］. 洪庆福，孙薇薇，刘茂玲，译. 上海：上海三联书店，2006.

［209］［德］约瑟夫·熊彼特. 经济增长理论［M］. 北京：商务印书馆，1990.

［210］［美］约瑟夫·B. 派恩，詹姆斯·H. 吉尔摩. 体验经济［M］. 北京：机械工业出版社，2002.

[211] [新加坡] 张志强，冯美珍. 最大利润：客户中心方法 [M]. 北京：中国人民大学出版社，2003.

二、外文部分

[1] Achrol Ravi S., Kotler P. Marketing in the Network Economy [J]. Journal of Marketing, 1999, 63: 146-163.

[2] Adorno T. W. The Culture Industry: Selected Essays on Mass Culture. London: Routledge, 1991.

[3] Arlene Goldbard. New Creative Community: The Art of Cultural Development [M]. New Village Press, 2006.

[4] Allen Scott. Creative cities: conceptual issues and policy questions [J]. Journal of Urban Affairs, 2006, 28 (1): 1-17.

[5] Besmer S., Treffinger D. Analysis of Creative Products: Review and Synthesis [J]. Journal of Creative Behavior, 1981, 15 (3): 158-178.

[6] Besmer S. Creative Product Analysis Matrix: Testing the Model Structure and a Comparison Among Products - Three Novel Chairs [J]. Creativity Research Journal, 1998, 11 (4): 333-346.

[7] Besmer S. P., O'Quin K. Confirming the Three factor Creative Product Analysis Matrix Model in an American Sample [J]. Creativity Reaearch Journal, 1999, 12 (4): 287-296.

[8] Bob Hopkins. Clusters: Creative Mid - Sized Missional Communities, 3dm Pub, 2007.

[9] Carissa Bryce Christensen, Suzette Beard. Iridium: failure & successes, Acta Astronomical, 2001.

[10] Charles Landry. The creative city: a toolkit for urban innovators, Earthscan Publication, 2000.

[11] Caves R. Creative Industries: Contracts between Arts and Commerce [M]. Cambridge, MA: Harvard University Press.

[12] Chris Bilton. Management and Creativity: From Creative Industries to Creative Management, Wiley - Blackwess, 2006.

[13] Chris Freeman. The "national system of innovation" in historical perspective [J]. Cambridge Journal of Economics, 1995 (19): 5 – 24.

[14] Christoph Weckerle, Manfred Gerig, Michael Sondermann, and L. Bruce. Creative Industries Switzerland: Facts Models Culture, Birkhauser Basel, 2008.

[15] Colette Henry. Entrepreneurship in the Creative Industries: An International Perspective [M]. Edward Elgar Publishing, 2008.

[16] Currid E. New York as a Global Creative Hub: A Competitive Analysis of Four Theories on World Cities [J]. Economic Development Quarterly, 2006 (20): 330 – 350.

[17] David Hesmondhalgh. The Cultural Industries [M]. Sage Publications Ltd (Second Edition), 2007.

[18] Davis, H. and R. Scase. Managing Creativity: The Dynamics of Work and Organization [M]. Open University Press, 2000.

[19] D. Pauly, V. Christensen. Primary production required to sustain global fisheries [J]. Nature, 1995 (374): 255 – 257.

[20] Enright M. "The geographic scope of competitive advantage", in Stuck in the Region? Changing Scales of Regional Identity [J]. Netherlands Geographical Studies, 1993, 155: 87 – 102.

[21] From cultural to creative industries theory, industry, and Policy implications [R]. Queensland: Queensland University of Technology, 2006.

[22] Gary Gereffi. International trade and industrial upgrading in the apparel commodity chain [J]. Journal of International Economics, 1999, 48 (1): 37 – 70.

[23] Gereffi G., Kaplinsky R. The Value of Value Chains [J]. IDS Bulletin, special issue, 2001 (32): 3.

[24] Gould S. The Mismeasure of man. New York W. W. Norton and Co, 1981.

[25] Hesmondhalgh D. The Cultural Industries. Sage, London, 2006.

[26] Holbrook M., Hirschman E. The experience Aspects of Comsumption: Comsumer Fantancies, Feelings and Funs [J]. Journal of Comsumer Research, 1982, 9 (2): 132 – 139.

[27] Holm D. B., K. Eriksson, J. Johanson. Creating value through mutual commitment to business to business network relationships [J]. Strategic Management Journal, 1999 (20): 467 – 486.

[28] Hutton T. The new economy of inner city [J]. Cities21 (2): 89 – 108.

[29] John Howkins. Creative Economy: how people make money from idea [M]. London: Penguin books, 2002.

[30] John K. Shank, Vijay Govindarajan. Strategic Cost Management and the Value Chain [J]. Journal of Cost Management, 1992: 5 – 21.

[31] John K. Shank, Vijay Govindarajan. Strategic cost management: the value chain perspective [J]. Journal of Management Accounting Reasearch, 1992 (4): 177 – 199.

[32] Leadbeater, C. and K. Oakley. The Independents: Britain's New Cultural Entrepreneurs [M]. London: Demos/Institute of Contemporary Arts, 1999.

[33] Miege, B. The Capitalization of Cultural Production. International General, Paris, 1989.

[34] MKW Wirtschaftsforschung GmbH (2005) Exploitation and Development of the Job Potential in the Cultural Sector in the Age of Digitization. Final Report. Module 2: Employment Trends and Sectors of Growth in the Cultural Economy. Commissioned by European Commission DG Employment and Social Affairs, June.

[35] Mommaas H. Cultural clusters and the post-industrial city: towards the remapping of urban cultural policy [J]. Urban Studies, 2004, 41 (3): 507 – 532.

[36] O' Conner, J. Art, Popular culture and cultural policy: Variations on a theme of John Carey [J]. Critical Quarterly, 2006, 48 (4): 49 – 104.

[37] O' Quin K., Besemer S. P., Buffalo N. Using the Creative Product Semantic Scale as a Metric for Results Oriented Business [J]. Creativity and Innovation Management, 2006, 15 (1): 34 – 44.

[38] Owens C. Beyond Recognition: Representation, Power, and Culture. In N. Wheale (ed.), Postmodern Arts. London: Routledge.

[39] Peter Hines. Creating your own world-class supply chain [J]. Logistics Focus, 1994 (2): 32.

[40] Philip Cooke, Luciana Lazzeretti. Creative Cities, Cultural Clusters and Local Economic Development [M]. Edward Elgar Publishing, 2007.

[41] Porter M. Clusters and Competition: New agendas for companies, governments, and institutions. In M. Porter, On Competition [M]. Boston: Harvard Business School Press, 1998.

[42] Porter M. The microeconomic foundations of economic development (parts Ⅰ and Ⅱ) [R]. The global competitiveness report 1998. Geneva: World Economic Forum, 1998.

[43] Pratt A. Creative clusters: towards the governance of the creative industries production system [J]. Media International Australia: culture and policy, 2004 (112): 50-66.

[44] P Stoneman, M., J. Kown. Technology adoption and firm profitability. The Economic Journal, 1996 (7).

[45] Rayport Jeffrey F., John J. Sviokla. Exploiting the Virtual Value Chain [J]. Harvard Business Review, 1995: 75-85.

[46] Richard Breeknoe. Creative Industries in the creative city [J]. Creative CaPital, 2004 (1): 8-21.

[47] Richard Cave. Creative Industries [M]. Cambridge. Mass: Harvard University Press, 2000.

[48] Richard Florida. The Rise of Creative Class [M]. New York: Basic, 2002.

[49] Ryan, B. Making Capital from Culture: The Corporate Form of Capitalist Cultural Production [M]. De Gruyter, Berlin, 1992.

[50] Ryan, R., Deci, E. Self determination Theory and the Facilitation of Intrinsic Motivation, Social Development, and Well being [J]. American Psychologist, 2000, 55 (1): 68-78.

[51] Sassen, S. On Concentration and Centrality in the Global City. In P. L. Knox and P. J. Taylor (eds.), World Cities in a World-System. Cambridge: Cambridge University Press, 1995.

[52] Sydney Finkelstein. Shade H. Sanford. Learning from corporate mistakes: the rise and fall of iridium [M]. Organization Dynamics, 2000.

[53] Tom Borrup. The Creative Community Builder's Handbook: How to Transform Communities Using Local Assets, Arts, and Culture [M]. Fieldstone Alliance, 2006.

[54] Venturelli Shalini. Liberalizing the European Media: Politics, Regulation and the Public Sphere. Oxford: Oxford University Press, 1998.

[55] WIPO. Guide on surveying the Economic Contribution of the Copyright – Based Industries [R]. Geneva, 2003.

后　　记

　　本书是在我博士学位论文的基础上修改而成的。在本书即将付梓之际，我首先要向我的导师吕庆华教授致以最诚挚的谢意！吕教授是我国文化产业、创意经济的知名学者，有着严谨的学术精神、极高的学术涵养和诲人不倦的学者风范，而且吕教授在文化产业领域方面的学术研究成果丰硕。吕教授的谆谆教诲和无私的关心帮助给了我强有力的支持，使我不断鞭策自己，努力奋斗！本书的写作凝聚着导师的辛劳。从论文的选题、框架的设计，到论点的推敲、资料的选择、文字的润色，都倾注了导师的热情关怀。导师为人师表，高风亮节，更使我受益终生。在吕老师的言传身教中，他为我从事理论研究打下了坚实的学术基础，使我不断丰富了科研工作经验，提高了科研工作能力，使我从一名不谙世事的学子逐步走向成熟，不断提升和完善自我。在吕老师身边学习的岁月是我终生宝贵的财富！同时，还要感谢师母郑淑蓉教授，她给予我的关心和帮助令我终生难忘。

　　在此，我同样要感谢泉州师范学院政治与社会发展学院的领导、同事，感谢他们对于我进入泉州师范学院以来的工作予以的帮助和扶持。感谢泉州师范学院桐江学术丛书出版基金的出版资助，让拙著能顺利面世。

　　我还要感谢曾经予以我帮助的同学、同事和朋友，正是参与一次次的学术讨论，都得到他们关心和支持，从而使我深受同窗之谊、朋友之义，特别是在本书实证数据分析时，得到了黎明职业大学郑承志教授的帮助，在此一并表示我深深的感激之情！

　　最后，如果说近年来我的情况有了较大的改观的话，我还要感谢我的妻子柯珊蓉女士。在漫长的求学道路上，她不仅给予我精神上的巨大支持，而且毫无怨言地承担起了家庭事务和对女儿的教育，成为我求学路上的坚强堡垒和可靠后方，她的鼎力支持、营造的良好的家庭氛围使我在前进的道路上并不感到孤独。另外，我得感谢我的母亲涂淑华女士、哥哥和大嫂，正是他

后　记

们对我点滴进步的关注，给我精神上以巨大鼓励，才保证我专心攻读博士学位。

　　文化创意产业是一个不断丰富、不断完善的新兴学科，其理论的复杂性和实践中可能遇到的各种困难是不言而喻的，本书仅对其中的部分问题进行了初步的探索，难免存在着一些缺陷和不足，甚至是错误，我真诚地期待各位老师、专家和同学们的批评和帮助，鄙人将不胜感激。

　　本书受泉州师范学院桐江学术丛书出版基金、泉州师范学院青年博士预研基金、历史学重点学科基金资助出版，在此特表谢意。

黄志锋

2017年9月于泉州阳光巴黎家中